渉外相続・不動産登記・会社取引等で役に立つ

英文の法律・法的文書作成に関する実践と書式

宣誓供述書・証明書・通知書・届出書・許可書・誓約書・保証書・捺印証書・売渡証書・売買契約書・贈与書・委任状・遺言書・遺産分割協議書・株主総会議事録・信託証書等における英文・日本文の作成・翻訳

石田佳治／山北英仁 著

日本加除出版株式会社

は し が き

　渉外事件を扱うには自分の英語力はどうであろうかと考える方は少なくないと思われる。日常では英語を使う頻度は人それぞれであり，日常で意識をしていなければ徐々に忘れていくこともあり得るし，久しぶりに相談や依頼が来ると，記憶を喚起したり，過去の資料を確認し対応することにもなる。被相続人又は相続人が外国人の場合に被相続人の身分を証明する場合，外国人に遺産分割協議書での合意を得る場合，海外の裁判所に法的文書を提出する場合など，日本の法的文書を英文に，または海外の法的文書を和訳文にする必要が生じる。

　本書では英文で法律・法的文書を作成しなければならない場合に加えて，渉外不動産登記，相続登記及び会社の取引等において必要とされる法律・法的文書の英文・和訳文の作成方法を，実際の書式を基に解説するとともに，具体的に活用できる例文，書式，実際に用いた見本を収録している。一般的に法律文書の翻訳というと大変難しいように思う方が多いようだが，実はそうではなく，法律文書はスタイルを理解してしまえばバリエーションの多い文芸翻訳などよりはずっと簡単だといえる。

　著者の石田は長年渉外司法書士協会において，契約書など英文法律・法的文書の勉強会の講師等を務めたり，様々な法律・法的文書を作成したりと，実務に密接に関わってきた。また，著者の山北は司法書士・行政書士として長年渉外事案に携わってきた。本書は1，2編を石田が，3編を山北が取りまとめることで，「作成方法・文例・実例」を収録し，両者の視点を反映した。

　英文の理解，習得には実践が不可欠であり，上記勉強会においても実務で実際に用いられるものをテキストとして，内容に齟齬のない法

はしがき

律・法的文書を勉強・作成してきた実績がある。本書はスタイルを学ぶとともに，初心者からベテランまでが現場で使える文例を基に解説し，特に渉外不動産登記などでそのまま実務にいかせるよう工夫した。なお，個々の事件により明記すべき内容は異なるので，その点は文例を書き替えて活用してほしい。渉外事件を扱う実務家，企業，その他関係者において，広く活用していただければ望外の喜びである。

平成30年11月

著　　者

目 次

第1編　文章作成の基本ルール

1章　英文法律・法的文書の種類と特徴 ——————— 1
1　法律事務所内，企業内で作成される英文の法律・法的文書 ········· 1
　(1)　英文契約書　1
　(2)　英文定款・規則・規定　1
　(3)　英文議事録　1
　(4)　英文訴訟文書　1
　(5)　英文証明書その他の法的文書　2
2　英文の法律・法的文書とその文体の特徴 ··················· 2
　(1)　英文契約書　2
　(2)　英文定款・規則・規定　2
　(3)　英文議事録　2
　(4)　英文訴訟文書　3
　(5)　その他の英文法的文書　3

2章　英文法律・法的文書の書き方 ——————— 4
1　サティフィケート（証明書）······························· 4
2　コンファメーション（確認書）···························· 19
3　ノーティフィケーション（通知書・通告書）················ 20
4　ノーティフィケーション（届出書）······················· 22
5　アクセプタンス（承諾書），オーソリゼーション（承認書），アプルーバル（認可書），パーミッション（許可書），ライセンス（許諾書）等 ··· 23
6　プレッジ（誓約書），コベナント（誓約書）················· 28
7　ディード（捺印証書），ビル・オブ・セール（売渡証書），ギフト（贈与書）等 ··· 29
　(1)　ディード（捺印証書）　29
　(2)　ビル・オブ・セール（売渡証書）　37
　(3)　ギフト（贈与証書）　40
8　アフィダヴィッツ（宣誓供述書）························· 42

iii

目次

- 9 パワー・オブ・アトーニーとプロキシー（英文委任状）……………50
- 10 ウィル（英文遺言書）の書き方………………………………54
- 11 トラスト・インデンチュア（英文信託証書）………………61
- 12 シュアティシップ，ギャランティ，ワランティ，リプレゼンテーション（保証書）……………………………………………72
  - (1) シュアティシップ　73
  - (2) ギャランティ　73
  - (3) ワランティ　73
  - (4) リプレゼンテーション　73
- 13 アポロジー（謝罪書）…………………………………………87
- 14 ウェーバー（権利放棄書）……………………………………88
- 15 アサインメント（債権譲渡書）とデレゲーション（債務委譲書）……89
  - (1) アサインメント（債権譲渡）　89
  - (2) デレゲーション（債務委譲）　90
  - (3) アサインメント・オブ・コントラクト・ポジション（契約上の地位の移転）　90
- 16 ディスクレーマー（責任否認書）……………………………93
- 17 デクラレーション（宣言書）…………………………………99

第2編　文章作成上の注意

1章　英文法律・法的文書の文章作成の実務 ── 101
1 英文文章作成の前段階………………………………………101
  - (1) 依頼者からの聴取　101
  - (2) 作成のための事前調査　102
  - (3) 文書の起草と検討　103
2 修　正…………………………………………………………105
3 外部に依頼する場合の注意…………………………………105

2章　英文法律・法的文書の文の基本 ── 107
1 法律文の必要条件……………………………………………107
  - (1) 法律文書の役目　107
  - (2) 法律文の7条件　108
  - (3) 法律文で避けるべきこと　109
  - (4) 法律文の長さ　111

2　法律文の基本的文法 ……………………………………………………… 112
　(1)　基本文型　*112*
　(2)　時　制　*114*
　(3)　時制の一致　*117*
3　叙　法 …………………………………………………………………… 118
4　態 ………………………………………………………………………… 119
5　人称及び格 ……………………………………………………………… 119
6　性及び数 ………………………………………………………………… 119

3章　主語・動詞，代名詞・先行詞の不整合の問題 ── 121
1　長い主語を書かないこと ……………………………………………… 121
2　倒置文における注意 …………………………………………………… 122
3　単数形の動詞をとる主語 ……………………………………………… 122
4　集合名詞の場合の注意 ………………………………………………… 123
5　不定代名詞と動詞 ……………………………………………………… 124
6　複合主語と動詞 ………………………………………………………… 125
7　代名詞とその先行詞の一致 …………………………………………… 126

4章　法律文における修飾の問題 ── 127
1　修飾語と被修飾語 ……………………………………………………… 127
　(1)　両にらみ修飾語（Squinting Modifiers）　*127*
　(2)　懸垂修飾詞（Dangling Modifiers）　*128*
　(3)　被修飾語が不分明（Unclear Modificand）　*128*
　(4)　二つ以上の先行詞を修飾する場合　*129*
　(5)　先行修飾語と複数の被修飾語　*129*
　(6)　複数の先行修飾語と一被修飾語　*129*
2　修飾語の適正な使用 …………………………………………………… 130
　(1)　形容詞の乱用を避ける　*130*
　(2)　副詞についての注意　*131*
　(3)　法律文に出る必要な副詞句　*132*
3　関係代名詞，関係形容詞，関係副詞による修飾 …………………… 134
　(1)　関係代名詞文節　*134*
　(2)　関係代名詞の制限用法と非制限用法　*135*
　(3)　重複関係代名詞節　*136*
　(4)　関係形容詞節による修飾　*137*
　(5)　関係副詞による修飾　*138*
4　各種の修飾句による修飾 ……………………………………………… 139

(1)　分詞句による修飾　*139*
　(2)　不定詞句による修飾　*139*
　(3)　前置詞句による修飾　*140*
5　名詞の連続……………………………………………………………… 141

5章　冠詞と前置詞 ─── 143
1　法律文における冠詞と単数複数の問題……………………………… 143
　(1)　不可算名詞と可算名詞　*143*
　(2)　可算名詞で不定冠詞をとる場合と可算名詞で複数形の場合　*148*
　(3)　定冠詞を使用する場合　*150*
2　法律文における前置詞の使用上の問題……………………………… 155
　(1)　慣用句における前置詞　*155*
　(2)　特に注意を要する前置詞　*157*
　(3)　前置詞を増やす場合，減らす場合　*162*

6章　法律文中で特別の注意を要する語 ─── 165
　(1)　「等」を示す英語表現のsuch as, and the like, etc.などの使い方　*165*
　(2)　「それぞれ」，「場合により」を意味するrespectivelyとas the case may beの使い方　*167*
　(3)　当該をあらわすsaid, such, same, the matter in question等の使い分け　*168*
　(4)　慣用句としてのifやasの小句　*170*
　(5)　法律文の特殊用語としてのhereby, hereinなどの慣用語　*171*
　(6)　「上の」「次の」を示すabove, below, preceding, followingの使い方　*174*
　(7)　形容詞の多用は意味を不明確にする　*175*
　(8)　法律文によくあらわれる重複語　*176*
　(9)　英文法律文章に出てくるラテン語　*179*

7章　法律上特別な意味をもつ語群 ─── 183
1　合理的な，承諾できる，許可されうる，一般的な，最有利の(Reasonable, Acceptable, Permissible, Prevailing, Most Favorable)等の使い分け…………………………………………………… 183
2　公正に，適切に，公平に(Duly, Fairly, Properly, Appropriately, Equally, Equitably)等の使い分け……………………………… 184
3　直ちに，早急に，できるだけ早く，遅滞なく，合理的期間内に(Immediately, Forthwith, Promptly, Without delay, Within a

reasonable time）等の使い分け ……………………………………………… 184
4 最善の努力，努める，約定義務なしで等（Best Effort, Endeavour, Without Commitment, etc.）の使い分け …………………………… 186
5 含む，〜を除外する，例として含むがこれに限らず等（Including, Excluding, Including Among Other Things, Including But Not Limited To, etc.）の使い分け ………………………………………………… 187
6 権利を放棄することなく，義務を負担することなく，なんら制限することなく等（Without Prejudice to, Without Commitment, Without Restriction）の使い方 ………………………………………… 189
7 オプション，第一選択権，予約，停止条件等（Option, First Refusal, Pre-engagement, and Condition Precedent）の使い方 ……… 190
8 共同で，個別に，連帯して（Jointly, Individually, Jointly and Severally）の使い方 ……………………………………………………… 192
9 〜と同じ，〜と類似した，〜と全く同一の，〜と同等の（The same as, Similar to, Identical with (to) and Equivalent to）の使い分け ……………………………………………………………………… 193
10 約因（Consideration）とその書き方 …………………………………… 194
11 支払についての各種の表現（Various Expressions for Payment）……………………………………………………………………… 195

8章　英日の重要な法律用語 ─ 196

1 法の適用の各種表現 ………………………………………………………… 196
　(1) "apply to" 適用する　196
　(2) "apply mutatis mutandis to" 準用する　196
　(3) "be applicable to" 適用することができる　197
　(4) "subject to" "instead of" "apply to"「〜によるものとする」の使い方　198
　(5) "accord to" or "comply with"「にしたがうものとする」の書き方　199
2 法の疑制（「みなす」と「推定する」。Fiction and Presumption by Rule）…………………………………………………………………… 199
3 法的効力─無効と取消し（Void and Voidable）の問題 ……………… 201
　(1) Voidance ab initio 無効　202
　(2) Voidance pro futuro 取消し　202
4 契約等の期間終了と廃止・撤回（Termination and Revocation）の問題 ………………………………………………………………………… 203
5 法的効果発生の時期（Time for Legal Effect） ………………………… 205

目　次

6　承認と報告（Approval and Report）の問題 ………………………… 205

9章　法律文章によく使う語と慣用句 ——————— 208
1　理由づけ（Reasoning）のための用語 ………………………… 208
2　依拠（いきょ）と原則（Basis and Principle）………………… 209
　(1)　"basis"「に基づき」 *209*
　(2)　"based on", "on the basis of"「に基づき」を使う注意 *209*
3　因果関係（Causal　Relationship）……………………………… 210
4　方法，手段（Method, etc.）をあらわす語 …………………… 210
5　従属・準拠（Compliance）をあらわす語句 …………………… 211
6　目的（Purpose）を示す語句 …………………………………… 212
7　対象範囲・程度（Coverage or Scope）の限定 ………………… 212
　(1)　範囲（Scope）の限定 *212*
　(2)　限定を正確にする（"only", "not otherwise", etc.）*213*
8　言い換え（Restating）のための語句 …………………………… 213
9　例示（Exemplifying）のための語句 …………………………… 214
10　導入（Introducing a Subject Matter）のための語句 ………… 215

10章　法律・法的文書における数量表現 ——————— 216
1　法律文書中によく出る数字表現 ………………………………… 216
　(1)　Monetary Units（金額の表現）*216*
　(2)　日付と時間（Date and Time）の表記 *219*
　(3)　期間と期限（Period and Deadline）の表記 *222*
　(4)　年齢（Age）*227*
　(5)　料率，比率（Rate and Ratio）の表記 *228*
2　法律文書の数量表現の原則（Principle of Writing Numerals in Legal Documents）………………………………………………… 230
　(1)　数字表現の色々（Expressions of Figures）*230*
　(2)　単位の表記（Expression of Units）*232*
　(3)　数量表現についての追補（More about Figures）*234*
3　数量表現の変化（Allowable Changes of Figures）……………… 236
　(1)　概数表現（Round Numbers）*236*
　(2)　数量の限界と範囲（Limit and Extent）*238*
4　数量の抽象表現と比較表現（Abstract Expression and Comparative Expression of Figures）……………………………………… 240
　(1)　抽象的数量表現（Abstract Expression of Figures）*240*
　(2)　数量の比較表現の色々（Comparative Expression of Figures）*241*

5 計算表現 (Expressions of Calculation) ……… 243
- (1) 四則計算・加減乗除 (Calculations) *243*
- (2) 複雑な計算の表記法 (Expression of Complex Calculations) *244*
- (3) 数式による表記 (Expression by Formulae) *246*

11章 読みやすくする技術及び定義 ——— 247

1 列挙法 (Tabulation) ……… 247
- (1) 平明化のための列挙法 (Tabulation for Simplification) *247*
- (2) 条項の分割と配列 (Division, Subdivision and Arrangement of Stipulation) *251*

2 定　義 (Definitions) ……… 257
- (1) 定義一般 (Definitions in General) *257*
- (2) 定義が現れる場所 (Places Where Definitions Appear) *258*
- (3) 定義語の各種 (Variety of Defined Terms) *260*
- (4) 定義の書き方 (How to Write Definitions) *261*
- (5) 定義のための動詞 (Verbs for Definitions) *262*

12章 法律・法的文書の編集 (Editing Legal Documents) ——— 267

1 法律・法的文書のための句読点法と技術 (Punctuations and Mechanics in Legal Documents) ……… 267
- ◎ 各種英文符号・記号 (Punctuations) の使用について *267*

2 表現技術 (Mechanics for Other Expressions) ……… 274
- (1) 略語 (Abbreviations) *274*
- (2) 大文字使用 (Capitalization) *275*
- (3) 下線と斜体字 (Underlines and Italics) *276*

3 法律文書編集のための諸用具他 (Instruments for Edition of Legal Documents, etc.) ……… 276
- (1) 編集のための用具 (Instruments for Edition) *276*
- (2) 添付書式 (Appendix) *279*
- (3) 法律文書の最終版の調製 (Preparation of Complete Form of Legal Document) *280*

第3編　各種書式例

1章　個人の履歴関係 — 285
- 第1節　出生証明書 …………………………………… 285
- 第2節　婚姻証明書 …………………………………… 290
- 第3節　離婚証明書 …………………………………… 292
- 第4節　死亡証明書 …………………………………… 294
- 第5節　宣誓供述書 …………………………………… 303
- 第6節　健康診断書 …………………………………… 307
- 第7節　履歴書 ………………………………………… 308
- 第8節　居住者証明書 ………………………………… 310

2章　会社関係の証明 — 311
- 第1節　宣誓供述書 …………………………………… 311
- 第2節　取締役会等関係 ……………………………… 312
  - 第1　送付状 ………………………………………… 312
  - 第2　議事録 ………………………………………… 314
  - 第3　議決権行使書 ………………………………… 326
- 第3節　抵当権解除証書 ……………………………… 328

3章　財産処分・管理関係 — 333
- 第1節　宣誓供述書 …………………………………… 333
  - 第1　遺産分割協議のための宣誓供述書 ………… 333
  - 第2　相続分がない旨の証明書 …………………… 343
  - 第3　相続人であることの証明書 ………………… 346
  - 第4　贈与書 ………………………………………… 348
- 第2節　登記事項証明書 ……………………………… 350
- 第3節　登記原因証明情報 …………………………… 359
- 第4節　登記識別情報 ………………………………… 362
- 第5節　不動産売買契約書 …………………………… 364
- 第6節　住宅賃貸借契約書 …………………………… 378

〈例〉一覧

例 1	卒業証明書	4
例 2	翻訳証明書	6
例 3	資格認定証明書	7
例 4	翻訳証明書	8
例 5	出生証明書	9
例 6	死亡証明書	10
例 7	医療証明書	11
例 8	婚姻証明書	13
例 9	無犯罪証明書	18
例10	債務確認書	20
例11	契約解除通知書	21
例12	届出書（盗難届）	22
例13	就任承諾書	24
例14	著作権許諾書	25
例15	著作物複製許可申請書	25
例16	特許権実施許諾書	27
例17	秘密保持誓約書	28
例18	捺印証書(1)	30
例19	捺印証書(2)不動産譲渡	32
例20	売渡証書	38
例21	贈与書	41
例22	宣誓供述書(1)（会社証明）	43
例23	宣誓供述書(2)	47
例24	独身用の婚姻要件宣誓供述書	49
例25	委任状(1)	51
例26	委任状(2)	53
例27	遺言書	57
例28	信託証書	63
例29	保証書（シュアティシップ）	74
例30	身元保証書	79
例31	製品保証書	80
例32	謝罪書	88
例33	通知受領権放棄書	89
例34	債権譲渡書	91
例35	債務委譲書	92
例36	ディスクレーマー（責任否認書）(1)	94
例37	ディスクレーマー（責任否認書）(2)	95
例38	ディスクレーマー（責任否認書）(3)	96

〈例〉一覧

例39	ディスクレーマー（責任否認書）(4)	96
例40	デクラレーション・オブ・フォース・マジュール	100
例41	出生証明書	286
例42	テキサス州の婚姻許可書（Marriage License）	290
例43	テキサス州の婚姻証明書（Marriage Certificate）	291
例44	ワシントン州の離婚証明書	292
例45	死亡証明書	294
例46	添付している死亡証明書の正確な翻訳である旨の翻訳者による宣誓供述書	300
例47	前記日本文死亡証明書及び翻訳文並びに翻訳者の宣誓書をハワイ州のプロベイト・コートに提出した申請書	301
例48	オレゴン州の死亡証明書（Certificate of Death）	302
例49	宣誓供述書（アメリカのある州での検認手続（Probate Court）において，相続人の一人が日本との家庭裁判所で被後見人と宣告され，後見人が選任されている旨プロベイト・コートに申立てをするための翻訳者が正確である旨の宣誓供述書）	303
例50	健康診断書（Certificate of Health）	307
例51	履歴書	308
例52	居住者証明書（Certificate of Residence）	310
例53	宣誓供述書（会社代表者居住地証明）	311
例54	送付状	312
例55	取締役会議事録	314
例56	株主総会議事録(1)	318
例57	株主総会議事録(2)	322
例58	議決権行使書（VOTING CARD）	326
例59	抵当権解除証明書（Discharge of Mortgage）	328
例60	遺産分割協議のための宣誓供述書(1)	333
例61	遺産分割協議のための宣誓供述書(2)	339
例62	宣誓供述書	343
例63	宣誓供述書（相続人であることの証明書）	346
例64	贈与書（Gift）	348
例65	登記事項証明書	350
例66	登記原因証明情報	359
例67	英文登記識別情報の書式	362
例68	英文登記識別情報の取扱いの書式	363
例69	不動産売買契約書（日本文及び英文）	364
例70	住宅賃貸借契約書	378

第1編

文章作成の基本ルール

1章　英文法律・法的文書の種類と特徴

1　法律事務所内，企業内で作成される英文の法律・法的文書

　国際化の進展に伴って，法律事務所や企業の中でたくさんの英文の書類が作成されるようになってきている。その中で法律的に重要な文書には次のようなものがある。

(1)　英文契約書

　　海外の企業との間の契約書類あるいは国内の契約書であっても外資系企業を相手とする契約書は原則として英文で書かれる。

(2)　英文定款・規則・規定

　　社内の定款・規則・規定類であっても，外国人の役員がいる，あるいは外国人を雇用している企業にあっては，それらの外国人に社内の規定類を理解させるため，定款・規則・規定類は日本語を英語にして用意しなければならない。

(3)　英文議事録

　　株主総会議事録，取締役会議事録，その他の議事録は，これらの構成員に外国人がいるときは，それらの者に理解させることができるよう日本語と英語の双方で作成しなくてはならない。

(4)　英文訴訟文書

　　訴訟や仲裁にかかる文書についてもそれが外国で行われる場合には，訴訟の進行をウォッチするために英語と日本語の双方で訴状や答弁書そ

の他の準備書面を用意する必要がある。
(5) 英文証明書その他の法的文書

　企業や個人が発行する証明書，確認書，誓約書，通知書，承諾書，届出書などは必要に応じて英文で作成しなければならない場合がある。また宣誓供述書，委任状，遺言書，信託証書，捺印証書などを英文で書かなければならないこともある。これらの書類はいずれもその書類の発行者が署名し相手方に交付することによって法的効力を生ずるものである。

　また，相続人に外国人がいる場合，英文等の遺産分割協議書を用意する必要がある。

2　英文の法律・法的文書とその文体の特徴

(1) 英文契約書

　英文契約書は，複数の契約当事者が契約交渉で定めたことを書くものであるから，その内容は契約当事者それぞれの権利，義務，禁止，許可を条項として記したものになる。

　英文契約書の条文の表現は，したがって，shall（義務の記述），shall not（禁止の記述），may（許可の記述），及びbe entitled to（権利）の主文と，これら主文の効力発生のための条件（If, in the event thatなどの条件節）の組合せの文になる。

(2) 英文定款・規則・規定

　定款や就業規則，賃金規程，経理規程などの企業の規則・規定類の英文はそれらの規定類が適用される株主や従業員などの構成員の権利，義務，禁止，許可を書くものであるからその内容は英文契約書と同じように，会社と構成員の間の権利，義務，禁止，許可となる。その表現は，したがって，shall（義務の記述），shall not（禁止の記述），may（許可の記述）及びbe entitled to（権利の記述）と，これら権利，義務，禁止，許可の効力発生のための条件の組合せとなる。

(3) 英文議事録

　議事録は会議の記録であるから，その内容は会議名，日時，場所，出席者名，議題，議事経過，議事結果（可決・否決などの），議事録署名人

の表示などであり，その英文の表現は記録であることを示す過去形文体となる。

(4) 英文訴訟文書

訴状や答弁書，陳述書や申立書などの訴訟書類の内容は，裁判所に対する主張や懇請を記したものであるから，英文の表現は主張（request）や懇請（petition）を示す動詞を使った文となる。主張や懇請の理由や背景は過去や現在の事実を示すものであるから，英文は過去形や現在形を使った記述となる。

(5) その他の英文法的文書

証明書，確認書，通知書，届出書，誓約書，承諾書などの文書は，署名者から相手方（文書の受領者）に交付されるもので，その英文の表現はそれぞれの文書の内容を表示する現在形の英文で書かれる。

宣誓供述書，委任状，捺印証書，譲渡証書，遺言書，信託証書などの法的文書は，これらの文書が企図する一定の法律行為を示す内容を特定の表現で書かれるもので署名者の意思を示すものである。英文は署名者を主語とする現在形で書かれる。

本書は，上述(5)の英文証明書その他の法律・法的文書の書き方を中心に述べたものである。英文契約書，英文定款，英文訴訟文書については述べていない（ただし，規程，議事録，売買契約書等の文例は後録）。英文契約書については，牧野和夫『英文契約書の基本表現』（日本加除出版，2017）及び黒河内明子＝ムーン・キ・チャイ『第2版　英文契約書文例集』（日本加除出版，2017）参照。

2章　英文法律・法的文書の書き方

本書では前記(5)のその他の法律・法的文書の英語をどのように書くかを中心に解説する。個別的には次の通りである。

1　サティフィケート（証明書）

英文で書く証明書類には卒業証明書，成績証明書，出生証明書，結婚証明書，死亡証明書，国籍証明書，無犯罪証明書，未成年者証明書，在職証明書などいくつもの証明書があるが，体裁や文言は概ね決まっている。

体裁としては，最上部に証明者の表示が書かれる。レターヘッド同様の様式である。

次に証明書の標題が書かれる。卒業証明書（Certificate of Graduation），翻訳証明書（Certificate of Translation）など，証明書の名前である。

その下に証明文言が書かれる。「下記の者が当大学を卒業したことを証明する。(This is to certify that the following person has been successfully graduated of the University.)」というような文である。

次に証明書の日付（Date of Certificate）が書かれる。そして，最下段に証明者のフルネームが書かれ署名される。体裁としては次のようになる。

〈例1　卒業証明書〉

University of ○○
Address: 1-1, ○○ 1-chome, Bunkyo-ku, Tokyo, Japan
Telephone: 081-03-111-1111
Facsimile: 081-03-2222-2222

Certificate of Graduation

This is to certify that the following person has been graduated of the Faculty of Law, University of ○○, on March 31, ○○.

Name: Tarou Suzuki

Date of Birth: September 30, ○○
Sex: Male

Date of Certification: December 1, ○○

(Signature)
_____
○○○○
Dean, Faculty of Law
University of ○○

（日本語訳）
　　　　　　　　　　　　　　　○○大学
所在地：東京都文京区○○○丁目1番地1
電話番号：081-03-111-111
ファックス番号：081-222-2222

　　　　　　　　卒業証明書
次の者は，○○年3月31日，当大学法学部を成功裏に卒業したことを証する。

氏名：鈴木太郎
生年月日：○○年9月30日
性別：男性

証明年月日：○○年12月1日

○○大学法学部　学部長

○○○○＿＿＿＿＿＿＿＿＿＿＿＿＿＿＿＿＿＿＿＿（署名）

英文証明書の証明文体としては，正式の証明文体と略式の証明文体がある。
(a) 正式の証明文体（Formal Description）は，証明書の発行者を主語にして，発行主主体が証明内容を証明する書き方である。
　例えば，翻訳証明書は原文（ソース・ランゲージ）が対応する訳文（オブジェクト・ランゲージ）に正確に翻訳されていることを証明するものであるが，証明者のフルネームを主語にして次のように書かれる。

2章　英文法律・法的文書の書き方

〈例2　翻訳証明書〉

Certificate of Translation

Japan Translation Association hereby certifies that the below documents separately delivered are true and complete English translation of the following Japanese documents made by Nippon Translation Center Co., Ltd. to the best of its knowledge, skills, and belief.

Medical Certificate of Ms. Hanako Sakura by Dr. Masao Tanaka, M.D. of ○○ Hospital, Akashicho ○-1 Chuo-ku, Tokyo, Japan, dated on July 31 2018.

These documents were translated by professionals of Nippon Translation Center Co., Ltd. with adequate experiences and qualification in the medical translation field to properly interpret and translate such documents.

Date of Certification: December 31, 2018

Japan Translation Association

_____(Signature)
Tarou Honyaku, Chairperson

（日本語訳）

翻訳証明書

　日本翻訳協会は，別途交付した下記の文書がその最良の知識，熟練，及び信頼において，日本翻訳センター株式会社の翻訳者によって作成された次の日本語文書の真正かつ完全な英文翻訳であることを，本書をもって証明する。

記

　2018年7月31日付の，日本国東京都中央区明石町○-1所在の○○病院の田中正夫博士によって発行された佐倉花子氏の医学証明書

　本文書は，この種の文書を適切に解釈し翻訳することにつき医学翻訳の分野における適切な経験と力量を有するプロフェッショナルにより翻訳されたものである。

証明年月日：2018年12月31日

日本翻訳協会

_____（署名）
会長　翻訳太郎

(b) 正規の証明文体においては上記のように証明書の発行者のフルネームが主語として記載されるのであるが，その発行者名が後半に再出して重複するような場合には，発行者名が初出したときにカッコ内に略称を書いておき再出の時に略称で書く。下記の例の通りである。

〈例3　資格認定証明書〉

Certificate of Certified Professional Translation Authorized by
Japan Translation Association

Tarou Yamada
born January 30, 1947

Japan Translation Association (JTA) hereby certifies that the above named person has fulfilled the requirements to be recognized as a JTA Certified Professional Translator by having passed the JTA Certified Professional Translator Examination in the legal translation field as well as the JTA investigation of translation practices and performance.

Date of Certification: March 1, 2018

Japan Translation Association

_____(Signature)
Tarou Honyaku, Chairperson

（日本語訳）
　　　　　日本翻訳協会公認翻訳専門職認定証明書

山田太郎
1947年1月30日生まれ

日本翻訳協会は，上記の者が日本翻訳協会の法律翻訳分野の翻訳専門職試験及翻訳実務実績試験に合格したことにより，同協会が認定する公認翻訳専門職の要件を満たしたことを，本証明書により証明する。

2018年3月1日

一般社団法人日本翻訳協会

_____（署名）

会長　翻訳太郎

(c)　略式の証明文体（その1）

　　略式の証明文体（インフォーマル・ディスクリプション）は，証明文中の主語の証明者の記載を省いて略式にしたもので，前期の例でいえば，正式証明文体の中のJapan Translation Association hereby certifies that……がThis is to certify that……に変わり，次のようになる。

〈例4　翻訳証明書〉

Certification of Translation

This is to certify that the below documents separately delivered are true and complete English translation of the following Japanese documents made by Nippon Translation Center Co., Ltd. to the best of its knowledge, skills, and belief.

Medical Certificate of Ms. Hanako Sakura by Dr. Masao Tanaka, M.D. of ○○ Hospital, Akashicho　○-1 Chuo-ku, Tokyo, Japan, dated on July 31 2018.

These documents were translated by professionals of Nippon Translation Center Co., Ltd. with adequate experiences and qualification in the medical translation field to properly interpret and translate such documents.

Date of Certification: December 31, 2018

Japan Translation Association

```
_____         (Signature)
Tarou Honyaku, Chairperson
```

(日本語訳)

翻訳証明書

　本書は，別途交付した下記の文書が日本翻訳協会の最良の知識，熟練，及び信頼において，日本翻訳センター株式会社の翻訳者によって作成された次の日本語文書の真正かつ完全な英文翻訳であることを，ここに証明する。

記

　2018年7月31日付の，日本国東京都中央区明石町○-1所在の○○病院の田中正夫博士によって発行された佐倉花子氏の医学証明書

　本文書は，この種の文書を適切に解釈し翻訳することにつき医学翻訳の分野における適切な経験と力量を有するプロフェッショナルにより翻訳されたものである。

証明年月日：2018年12月31日

日本翻訳協会

_____   (署名)
会長　翻訳太郎

(d) 略式の証明文体（その2）

　これは前記の略式証明文体その1のThis is to certify that……がThis certifies that……に変えて書かれるものである。出生証明書，死亡証明書の例で示せば次のようになる。

〈例5　出生証明書〉

Birth Certificate

This certifies that Mary Hopkins was born from and between Ann Hopkins (Mother) and Samuel Hopkins (Father) on the first day of January 1995 at 66-04 Sandars Street, Queens, New York, N.Y., U. S. A.

2章　英文法律・法的文書の書き方

（日本語訳）

出生証明書

マリー・ホプキンス

　上記の者は，1995年1月1日に，アメリカ合衆国ニューヨーク州ニューヨーク市クイーンズ区サンダースストリート66-04において母アン・ホプキンスと父サミュエル・ホプキンスの間に出生したことを証する。

〈例6　死亡証明書〉

Death Certificate

This certifies that Bernie Bishop born on April 1, 1930, died on December 11, 2018 at St. George Hospital located in 2 Second Avenue, Manhattan, New York, N.Y., U.S.A.

（日本語訳）

死亡証明書

バーニー・ビショップ
1930年4月1日生まれ

　上記の者は，2018年12月11日，アメリカ合衆国ニューヨーク州ニューヨーク市マンハッタン区セカンドアベニュー2番地に所在するセントジョージ病院で死亡したことを証する。

(e)　関係者開示文言

　　証明書によっては，冒頭に，その証明書が関係する者に対して開示するものであることを特に表示する場合がある。証明書に宛先名を書かず関係する者に対しての開示であることを示すのである。この文言は通常，大文字のみで書かれ，証明書の冒頭に書かれる。次のような文言である。

```
┌─例─────────────────────────────────┐
│ TO WHOM IT MAY CONCERN（関係者各位） │
└────────────────────────────────────┘

┌─例─────────────────────────────────────────────────┐
│ KNOW ALL MEN IT MAY CONCERN BY THIS CERTIFICATE（本証 │
│ 明書により関係する全ての者に知らしめる）              │
└────────────────────────────────────────────────────┘
```

　これらは，宛名を特定しないで発行する健康証明書や結婚証明書などに使用される。次の例の通りである。

〈例7　医療証明書〉

TO WHOM IT MAY CONCERN

Medical Certificate

Name: Kaoru Suzuki
Passport Number: JPN-TK 6781513

I, Signatory hereof, am a medical doctor duly qualified to practice the Sex RE-assignment Surgery (SRS) in Japan.
I hereby certify that the above person has undergone the following SRS:

☐　a female to male SRS, which includes
(i) removal of uterus and ovaries; and
(ii) construction of penis or some form of ba penis.

☐　a male to female SRS, which includes
(i) removal of the penis and testes; and
(ii) construction of a vagina.

Date of Certification: December 20, 2018

Signature of Doctor
_____
Name in block letters
_____
Medical Qualification
_____
Country:　　　　　　　　　　　Institute:

Contact Information
(Tel)   (Fax)
(Address)
(e-mail)

(日本語訳)

関係者各位

医療証明書

氏名：鈴木かおる
旅券番号：JPN-TK 6781513

　下記の署名者である私は，日本国において性転換手術を施術する資格を有する医学博士である。

私は，上記の者が次の性転換手術を受けたことをここに証する。

☐　女性から男性への性転換手術。これは次の手術を含む。
（ⅰ）子宮及び卵巣の除去
（ⅱ）陰茎若しくは陰茎状の器官の造成

☐　男性から女性への性転換手術。これは次の手術を含む。
（ⅰ）陰茎及び睾丸の除去
（ⅱ）膣の造成

証明年月日：2018年12月20日

医療施術者の署名

――――――――――――――――――――――――――――――
印字体での記名

――――――――――――――――――――――――――――――
医療資格

――――――――――――――――――――――――――――――

（国名）   （機関名）

接触のための情報
（電話）   （ファックス）
（住所）
（eメール）

〈例8　婚姻証明書〉

New York State Department of Health
Bureau of Statistics

Certificate and Record of Marriage

KNOW ALL MEN BY THIS CERTIFICATE, that any person authorized by law to perform marriage ceremonies within the State of New York to whom may come, he, not knowing any lawful impediment thereto, is hereby authorized and empowered to solemnize the rites of matrimony between Jiuseppe Mirrione of Le Roy in the county of Genesee and State of New York and Josephine Barrone of Le Roy in the county of Genesee and State of New York and to certify the same to be said parties or either of them under his hand and seal in his ministerial or official capacity and thereupon he is required to return his certificate in the form hereto annexed.

IN TESTIMONY WHEREOF, I have hereunto set my hand and affixed the seal of said town at Le Roy, the county of Genesee, on this 26th day of February 1998.

Seal　　　　　　　　　　　　　　　　　　　　　　　　(Signature)

　　　　　　　　　　　Ernest Townsend
　　　　　　　　　　　Clerk

I, Joseph Gambino, a clergyman residing at Le Poy in the county of Genesee and State of New York, do hereby certify that I did on this 7th day of March 1998 at Le Roy in the county of Genesee and State of New York solemnize the rites of matrimony between Jiuseppe Mirrione of Le Roy in the county of Genesee and State of New York and Josephine Barrone of Le Roy in the county of Genesee and State of New York in the presence of Anthony Barrone and Agnes Barrone as witnesses and the license therefore is hereto annexed.

WITNESS my hand at Le Roy in the county of Genesee this 7th day of March 1998.

　　　　　　　　　　　　　　　　　　　　　　　　　　(Signature)

Joseph Gambino
Person performing ceremony

In the presence of

_____
Anthony Barrone (Witness)

_____
Agnes Barrone (Witness)

      Attachment: License to Marry

State of New York)
Country of Genesee)
Town of Le Roy)

Jiuseppe Mirrione and Josephine Barrone, applicants for a license for marriage, being severally sworn, depose and say, that to the best of their knowledge and belief the following statement respectively signed by us is true, and that no legal impediment exists as to the right of the applicants to enter into the marriage state.

FROM THE GROOM

Full Name: Jiuseppe Mirrione
Color: White
Place of Residence: Le Roy N.Y.
Age: 29
Occupation: Carpenter
Place of birth: Trapani Italy
Name of father: Vito Mirrione
Country of birth: Italy
Maiden name of mother: Casnub Dismone
Country of birth: Italy
Number of marriage: First
Former wife or wives living or dead: None
Is applicant a divorced person: No
If so when and where divorcee or divorcees were granted:-

_____
Jiussppe Mirrione
Groom

FROM THE BRIDE

Full name: Josephine Barrone
Color: White
Place of residence: Le Roy, New York

Age:23
Occupation: Nurse
Place of birth: Volledomo Italy
Name of father: Giovanni Barrone
Country of birth: Italy
Maiden name of mother: Antonina Battaglia
Country of birth: Italy
Number of marriage: First
Former husband or husbands living or dead: None
Is applicant a divorced person: No
If so when and where divorce or divorces were granted: -

―――――――――――――――――――――――――――――

Josephine Barrone
Bride
Subscribed and sworn to before me this 26th day of February 1998.

―――――――――――――――――――――――――――――

Ernest Townsend
Clerk

（日本語訳）

婚姻証明書及び記録

　本証明書により次のことを全ての者に知らしめる。
　ニューヨーク州内において提出された結婚の儀式を執り行うことを法により授権された者であってその件につき法的な障害が存在することを知らない下記の者は，ニューヨーク州ゼネシー郡レロイのジウセッペ・ミリオーネとニューヨーク州ゼネシー郡レロイのジョセフィン・バローネの間の結婚の儀式を正式に執り行うこと及びその証明をここに添付する様式で返還するよう求めた場合に，その者の署名と公印で上記の当事者双方に対して証明することにつき権限を与えられかつ権能を有している。
　ここに公表するが，私は，1998年2月26日の本日，下記に署名し，上記ニューヨーク州レロイ町の公印を押印した。

（公印）

　　　　　　　アーネスト・タウンゼンド
　　　　　　　（書記）

　ニューヨーク州ゼネシー郡レロイに居住する聖職者である私，ヨセフ・ガンビーは，私が1998年3月7日にニューヨーク州ゼネシー郡レロイにおいて，

ニューヨーク州ゼネシー郡レロイのジウセッペ・ミリオーネとニューヨーク州レロイのジョセフィン・バローネの結婚の儀式を正式に執り行ったこと，証人としてアンソニー・バローネ及びアグネス・バローネが列席したこと，及び結婚のための許可状が本証明書に添付されていることをここに証明する。

　1998年3月7日ゼネシー郡レロイにおいての署名を証する。

_____（署名）
　ヨセフ・ガンビーノ
（儀式を取り行った者の署名）

証人

_____
　アントニオ・バローネ

証人

_____
　アグネス・バローネ

添付書類

ニューヨーク州
婚姻の許可

ニューヨーク州）
　ゼネシー郡　　）
　レロイ町　　　）

　結婚のための許可の申請者であるジウセッペ・ミリオーネとジョセフィン・バローネは，各自宣誓の上，両人の最善の知識と信頼の下，両人がそれぞれ署名した次の事柄が真実であり，本結婚に至る申請人両名の申し述べる通り，法律上の障害が存在しないことを宣誓供述する。

新郎側より
正式名：ジウセッペ・ミリオーネ
肌の色：白人
居住地：ニューヨーク州レロイ
年齢：29
職業：大工
出生地：イタリー，トラパイン
父親の名：ヴィトー・ミリオーネ
出生地：イタリー

母親の結婚前の名：カスナブ・ディスモーネ
結婚の回数：初回
前の妻（生死を問わず）：無し
申請者は離婚者であるか：否
もしそうであれば離婚した日時と場所：無し

―――――――――――――――――――
ジウセッペ・ミリオーネ
新郎

新婦側より
正式名：ジョセフィン・バローネ
肌の色：白人
居住地：ニューヨーク州レロイ
年齢：23
職業：看護師
出生地：イタリー，ヴォレドーモ
父親の名：ジョバンニ・バローネ
出生地：イタリー
母親の結婚前の名：アントニーナ・バタグリア
出生地：イタリー
結婚の回数：初回
前の夫（生死を問わず）：無し
申請者は離婚者であるか：否
もしそうであれば，離婚した場所と日時：無し

―――――――――――――――――――
ジョセフィン・バローネ
新婦

1998年2月26日当職の面前にて署名した。

―――――――――――――――――――
アーネスト・タウンゼンド
書記

(f) 関係者開示文言がない場合

特定の宛先に出す証明書でない一般に開示する証明書であっても，前述のような英文大文字の開示文言（TO WHOM IT MAY CONCERNや KNOW ALL MEN IT MAY CONCERN BY THIS CERTIFICATE）をつけ

2章　英文法律・法的文書の書き方

ないで証明書を書くこともある。次に示す無犯罪証明書などの例である。

〈例9　無犯罪証明書〉

Certificate of No Criminal Record

Name: Hanako Sakura
Birth Date: August 1, 2000
Sex: female
Nationality: Japan
Permanent Domicile for Family Register: 3-3 Shimokamo, Kamikyo-ku, Kyoto, Japan
Present Address: 4 Ginza 1-chome, Chuo-ku Tokyo, Japan
Passport Number: TK 6542811
Nation to which this certificate is submitted: United States of America

This is to certify that there is no criminal record of the above mentioned person in accordance with our research of the records including fingerprint record which are kept by Tokyo Metropolitan Police Department.

Date of Certification: November 2, 2018

Tokyo Metropolitan Police Department
Public Safety Foreign Affairs First Division Manager
Superintendent:
_____

Ichirou Shibuya

(日本語訳)

無犯罪証明書

氏名：佐倉花子
成年年月日：平成13年（2000年）8月1日
性別：女
国籍：日本
本籍地：日本国京都市上京区下鴨3の3
現住所：日本国東京都中央区銀座1丁目4番地
旅券番号：TK 6542811

提出国：アメリカ合衆国

　上記の者につき，警視庁において，現在保管する指紋資料を含む諸記録を調査したところ，上記の者の犯罪記録はないことを証明する。

証明年月日：平成30年（2018年）11月2日

警視庁公安部外事第一課長
警視　渋谷一朗

2　コンファメーション（確認書）

　英文で書く確認書には，債務残高確認書や家族関係確認書などがあるが，その書き方は，前述した証明書と概ね同様である。

　体裁は，最上部に発信する確認者名と所在地，電話・ファックス番号，eメールアドレス等が印刷されたレターヘッドを使うことは，前述の証明書の場合と同じである。

　次にその確認書の宛先（担当者名，所在地）が書かれる。これは通常のレターの様式と同じである。右側に寄せて確認書の発行年月日が書かれる。

　次に確認書の標題名が書かれる。Confirmation of Debt（債務確認書），Confirmation of Identity（身元確認書）などである。

　その次に，確認文言が書かれる。「I hereby confirm that I owe you a sum of debt amounting One Million Dollars ($1,000,000).（私は，貴殿に対して，金百万ドルの債務を負担する。）」というような文である。

　最下段に確認書の発行者の氏名が書かれ署名される。
表現文体は前節の証明書の場合と同じように，

　(a)　I hereby confirm that……

　(b)　This is to confirm that……

　(c)　This confirms that……

の三つの表現文体がある。

〈例10　債務確認書〉

Tarou Suzuki

1-1 Ginza 1-chome, Chuo-ku, Tokyo, Japan
Tel: 081-03-3334-3232　　Fax: 081-03-3334-3333
e-mail: suzukitarou@gmail.com

To: Tokyo Finance Co., Ltd.
2-2 Nihonbashi 2-chome, Chuo-ku, Tokyo, Japan

December 31, 2018

Confirmation of Debt

I hereby confirm that I owe you a debt amounting One Million Dollars ($1,000,000) On this 31st day of December 2018.

_____ (Signature)
Tarou Suzuki

（日本語訳）

鈴木太郎

日本国東京都中央区銀座１丁目１－１
電話：081-03-3334-3232
ファックス：081-03-3334-3333
e-mail：suzukitarou@gmail.com

日本国東京都日本橋２丁目２－２
東京金融株式会社　御中

2018年12月31日

債務確認書

　私は，本2018年12月31日現在，貴社に対して，金壱百万ドルの債務を負担していることをここに確認する。

鈴木太郎（署名）

3　ノーティフィケーション（通知書・通告書）

　英文では，通知書，通告書といった使い分けはなく，いずれもNotificationとなる。契約解除通知書，社名変更通知書，住所変更通知書，訴訟開始通告書，などがある。

　体裁は，前掲の確認書と同じように，通知者のレターヘッドを使い，被通知者を宛先にした体裁となる。標題はNotificationである。通知文言の表現文体は，I hereby notify you that……, This is to notify you that……, 又はThis notifies you that……となる。

　ただし，株主総会招集や取締役会招集の通知書は標題がConvocation Noticeとなる。

〈例11　契約解除通知書〉

```
                    ABC Co., Ltd.
       1-1, Shinjuku 1-chome, Shinjuku-ku, Tokyo, Japan
       Tel: 081-03-5333-4141
       Fax: 081-03-5333-4142
       e-mail: info@abc.co.jp


       To: XYZ Corporation
       2-2, Shibuya 1-chome, Shibuya-ku, Tokyo, Japan
                                              December 31, 2018

                         Notification
       We, ABC Co., Ltd., hereby notify you that we terminate the existing Lease
       Agreement today executed between you and us on January 1, 2015.

       ABC Co., Ltd.
       _____
       Ichirou Suzuki
       President and Representative Director
```

(日本語訳)

```
                    ABC株式会社
          日本国東京都新宿区新宿1丁目1の1
          電話：081－03－5333－4141
          ファックス：081－03－5333－4142
          e－メール：info@abc.co.jp
```

2章 英文法律・法的文書の書き方

日本国東京都渋谷区渋谷１丁目２の２
ＸＹＺコーポレーション　御中

2018年12月31日

通知書

　当社，ＡＢＣ株式会社は，現行の当社貴社間の2015年１月１日付け賃貸借契約を本日付けをもって解除することを貴社にご通知いたします。

ＡＢＣ株式会社

_____
代表取締役社長　鈴木一郎

4　ノーティフィケーション（届出書）

　届出書は，一般的に，官公庁に対する通知を指す。英語では前述の通知書，通告書と同じくNotificationとなる。警察に対する犯罪被害の届け出や法令に定められた事項の所轄官庁への届出等がある。後者は，例えば独占禁止法に基づく公正取引委員会への合併の届出等がある。

　体裁や表示文言は前掲の通知書と同じように，標題をNotificationとし，I hereby notify you that……，This is to notify you that……，または，This notifies you that……というように，本文は英文の動詞はnotifyを使う。reportやinformは使わないがgive noticeという使い方はある。しかし実務家としてはnotifyで統一したほうが良い。

〈例12　届出書（盗難届）〉

Notification of Theft

To: Chief of Azabu Police Station, Tokyo Metropolitan Department

March 2, 2018

I, Tarou Suzuki, notify that on March 1, 2019 I have been stolen from my home located below my personal properties which are listed in the attachment hereto.

Tarou Suzuki
_____
　　　　　　　　　　　　　　　　　　　　　(Signature)

5 アクセプタンス（承諾書），オーソリゼーション（承認書），アプルーバル（認可書），パーミッション（許可書），ライセンス（許諾書）等

Tarou Suzuki
Home Address: 9-10 Azabu-Juban, Minato-ku, Tokyo

（日本語訳）

警視庁麻布警察署長　殿

盗難届出書

　私，鈴木太郎は，2018年3月1日，下記に所在する私の自宅から，別紙に記載する私の動産類を盗まれましたのでここに届け出致します。

2018年3月2日

東京都港区麻布十番9の10
鈴木太郎

5　アクセプタンス（承諾書），オーソリゼーション（承認書），アプルーバル（認可書），パーミッション（許可書），ライセンス（許諾書）等

　許認可に関する書類の書式には，それぞれの性質によって日本語においても英語においても特定の用語が決まっている。

　例えば医薬品の発売においては，日本では薬事法（医薬品，医療機器等の品質，有効性及び安全性の確保等に関する法律）によって厚生労働省の新薬承認（医薬品としての有効性・安全性の確認）と医薬品製造業許可と製造販売業許可が必要である。医薬品の審査承認の手続を知らない者はこれをただ一つの厚生労働省の許可と誤解してしまう。

　英文の承認書を作成するに際しては，この「新薬承認」と「製造業許可」等とを分けて承知し，アメリカ合衆国のFDA（連邦医薬食品局）の手続の英語を確認し，New Drug Authorization（新薬承認）とLicense for Manufacturing（製造業許可），Marketing License（製造販売業許可）を使い分けなければならない。

　また，知的財産権の分野でも用語が違う。著作権の使用許可はCopyright Permissionであるし，特許や商標の利用の許諾はそれぞれPatent License,

23

Trademark Licenseである。

　承認書や許可書を書くときに，その業界で使われている正しい用語を知らないときは，六法全書やインターネットで法律を検索して用語を確認する。

　日本語については総務省の法令データ提供システムをインターネット検索して目的の法令を読み，その中で使われている用語が承認，許可，認可，免許などのいずれであるかを確認する。その日本語の用語に対応する英語については法務省の日本法令外国語訳データベースシステムをインターネット検索して，使われている英語がApproval, License, Permission, Authorizationのいずれであるかを確認することが必要である。

　体裁については，前述した証明書の場合と同じように考えればよい。最上部に発行機関のレターヘッド，その下に左寄せで宛先，右寄せで発行年月日を書く。次いで英文の標題をApproval, Authorization, License, Permission等とセンター表示する。

　英文の表示文言としては，証明書の場合と同じように，We, (Name of Issuing Institution), hereby approve that……あるいはThis is to approve that……等と書く。

〈例13　就任承諾書〉

Acceptance of Office

I, Taizou Tanaka, hereby accept to take office of statutory auditor of ABC Corporation.

March 31, 2018

_____ (Signature)
Taizou Tanaka

(日本語訳)

就任承諾書

　私，田中太蔵，は，ABC株式会社の監査役に就任することを承諾いたします。

5 アクセプタンス(承諾書), オーソリゼーション(承認書), アプルーバル(認可書), パーミッション(許可書), ライセンス(許諾書)等

2018年3月31日
_____(署名)
田中太蔵

〈例14 著作権許諾書〉

Copyright Permission

I, John Jones, hereby permit that XYZ Publishing Co., Ltd. may use the copyright of the book " Four Seasons of Japan" which I authored.

March 31, 2018
_____(Signature)
John Jones

(日本語訳)

著作権許諾書

　私, ジョン・ジョーンズ, は, 私の著書「日本の四季」の著作権の使用をXYZ出版株式会社に許諾いたします。

2018年3月31日
_____(署名)
ジョン・ジョーンズ

〈例15 著作物複製許可申請書〉

Date:_____
Ref. No.:_____

To ○○○○○○○

Request for permission to reproduce copyrighted material

Dear Sir,
　I am preparing a review article entitled:_____
_____
For submission to _____ published by _____ .

I wish to have your permission to include in my article the following material:_____
_____
From the article written by _____
in the publication _____
_____.
_____
_____.
　If permission is granted for the use of this material, the author（s）and your publication will be credited as the source. If you would like the credit line to take any special form, please let me know what this should be.

　I should be greatly appreciate if you would indicate your agreement by signing and returning one copy this form. Thank you for your cooperation. Sincerely yours,
　　　　　　　　　　　　　Name_____
　　　　　　　　　　　　　　Fax_____
　　　　　　　　　　　　　　E-mail_____
Permission granted to reproduce the material specified above:
_____（Signature of copyright holder/author）
_____（Date）
Credit line to be used:
_____

(日本語訳)

　　　　　　　　　　レターヘッド　　　　　　日付
　　　　　　　　　　　　　　　　　　　　　　参照番号

○○○○○○○様
　　　　　　　　　著作物複製許可申請書

前略

　私は○○が編集するレビュー論文「　　　　　」を作成しておりますが，これは○○が発行する○○へ提出するためのものであります。
　私は私の論文に次の資料につき貴殿のご許可をいただきたく存じます。

5　アクセプタンス（承諾書），オーソリゼーション（承認書），アプルーバル（認可書），パーミッション（許可書），ライセンス（許諾書）等

著作者○○によって書かれた次の資料

著作書名

_____

　もし，この資料の使用につきご許可がいただけました場合は，原著として著作者名と出典を記載いたします。もし貴殿が特別の様式での許可をお望みでしたら，それをお知らせください。

　もし貴殿が，お送りした本書の一部に署名してご返送くだされば大変ありがたく存じます。ご協力を感謝します。

敬具

氏名
ファックス
Ｅメール

上記に特定した資料を複製する許可を与える。
_____著作者名/著者の署名/日付

使用されるクレジットライン
_____

〈例16　特許権実施許諾書〉

Patent License

I, Ichirou Kouno, hereby grant an exclusive license of my patent No. 121212-2018 issued by the Patent and Trademark Office of Japan, to XYZ Co., Ltd.

December 1, 2018

_____(Signature)
Ichirou Kouno

（日本語訳）

特許許諾書

2章　英文法律・法的文書の書き方

　　私，甲野一郎，は，日本国特許庁発行の日本特許2018年121212番の私の特許につき，XYZ株式会社に専用実施権を付与します。

2018年12月1日
_____（署名）
甲野一郎

6　プレッジ（誓約書），コベナント（誓約書）

　秘密保持誓約書や忠誠義務誓約書がその例である。将来にわたっての秘密保持義務や忠誠義務を守ることに合意するのであるから本来的には契約書とすべきものであるが，義務を負担する側から権利者の側へ向けて誓約する形で書き，それを差し入れるやり方も広く行われている。

　体裁としては，証明書の場合と同じように，最上部にレターヘッド様式で発行者の氏名，住所，電話，ファックス，eメールアドレスをプリントし，次に誓約書を差し出す相手方を左寄せ，年月日を右寄せでタイプする。

　標題はPledgeあるいはCovenantとし，表示文言は，I hereby pledge that……あるいはI hereby covenant that……とする。また，最後の段に署名欄を置く。

〈例17　秘密保持誓約書〉

John Doe
Address: 66-04 Sanders Street, Queens, New York, N.Y., U.S.A.
Tel: 001-01-222-3333
Fax: ooi-oi-222-4444
e-mail: johndoe@ocn.com

To: ABC Corporation

January 1, 2019

Pledge

I, John Doe, hereby pledge that I shall keep all the information which I obtain from you during my employment in your company, in strict confidence.

```
_____(Signature)
John Doe
```

```
（日本語訳）
                    ジョン・ドゥー
      アメリカ合衆国ニューヨーク州ニューヨーク市クィーンズ区
      サンダース・ストリート66-04
      電話：001-01-222-3333
      ファックス：001-01-222-4444
      eメール：johndoe@ocn.com

ABCコーポレーション御中
                                            2019年1月1日
                    誓約書
  私，ジョン・ドゥー，は，私が貴社に雇用されている期間中に取得した一
切の情報を秘密に保持することを本書により誓約いたします。

_____（署名）
ジョン・ドゥー
```

7　ディード（捺印証書），ビル・オブ・セール（売渡証書），ギフト（贈与書）等

　法律行為を宣言する，一方署名だけで発行する書類に捺印証書，売渡証書，贈与書がある。いずれもプロパティの所有権の移転を宣言する文書である。

(1)　ディード（捺印証書）

　　不動産の所有権を移転する書類である。英語ではDeedという。不動産の売買取引においては，まず不動産の売買契約書が売主と買主の間に締結される。その中に半年から1年の後にクロージング（取引の終結の決済）が行われる条項が取り決められる。売主と買主の間にエスクロウ（第三者預託）が設定され，クロージング日までの間に不動産の権原調査（タイトル・サーチ）が行われ，不動産の抵当権（モーゲージ）その他の権利負担（エンカンブランス）の抹消等の書類が揃えられ売主からエス

クロウに預託される。買主からの代金もエスクロウに預託される。クロージングの日にエスクロウが売主買主双方の預託書類と代金を確認して決済が行われ取引が終了する。

このクロージングの際の売主から買主への不動産の移転を証する書類がこの捺印証書（ディード：Deed）である。ディードには売主が買主に不動産の権利を移転する旨が記載され，売主が署名してエスクロウに渡されてある。クロージング日にエスクロウが買主にディードを渡すのである。ディードは即日カウンティの不動産局（ランド・オフィス）にファイルされ第三者対抗要件を備えることになる。

ディードは，売主が対象の不動産を買主に移転（grant, bargain, sell, and convey）する旨が書かれる。英文は，表題をDeedとしたうえで，本文は，I, John James（Seller）, hereby grant, bargain, sell, and convey to Bill Brighton（Buyer）the following real property…というように書かれる。

この捺印証書は不動産局（ランド・オフィス）に提出されてファイルされる。ファイルされることによって第三者に対する対抗要件を備えることになるわけである。

〈例18　捺印証書(1)〉

DEED

PATRICK JAMES RUSSELL

of the City of Springfield, Hampden County, Massachusetts, being unmarried, consideration paid and in full consideration of Two Hundred Thousand Dollars ($ 200,000.00) hereby grants, bargain, sell, and convey onto THORNTON S. KELLY and MAUREEN KELLY, his wife, as joint tenants and not as tenants in common, of City of Springfield, Hampton County, Massachusetts, with warranty covenants the land in the County of Providence, Rhode Island:

That certain tract or parcel of land with all the buildings and improvements thereon, located between Proctor Street and Ramsey Street, Providence, Rhode Island, as shown as Parcel 2 on an unrecorded plan entitled "Subdivision of Land belonging to Seth Goddard Estate,

7 ディード（捺印証書），ビル・オブ・セール（売渡証書），ギフト（贈与書）等

Providence, R.I.

BEGINNING at a point on the Northerly line of Proctor Street, said point being a R.R. spike set at the southwesterly corner of land now or formerly belonging to Frederick and Marian Thomassian and the southeasterly corner of the parcel herein described. Said point being ninety and 20/100 (90.20) feet easterly from the easterly line of the Plain Street; thence southwesterly along said Procter Street thirty-eight and 08/100 (38.08) feet to a point; thence turning an interior angle of 88° 14' 43" and running northerly bounded westerly remaining land of Grantors ninety-five and 61/100 (95.61) feet to appoint; thence turning an interior angle of 90° and running easterly bounded northerly by said remaining land of Grantors eleven and 36/100 (11.36) feet to a point; thence turning an interior angle of 270° and running northerly bounded westerly by said remaining land of Grantors thirty-nine and 65/100 (39.65) feet to appoint set on the southerly line of Ramsey street; thence interior angle of 101° 25' 44" and running northeasterly along said Ramsey Street twenty-three and 53/100 (23.53) feet to a drill hole set at the northeasterly corner of the lot herein described; thence turning an interior angle of 80° 04' 18" and running southerly bounded easterly in part by land now or formerly of Adele and Henry Gordon and in part by said Thomassian land one hundred thirty-eight and 81/100 (138.81) feet to the point and place of beginning. The last described course forms an interior angle of 90° 15'16" with the intersection of the first described course. The area of this parcel is 4494.0 square feet.

WITNESS my hand and seal this fourth day of August 2009.

--L. S.
PATRICK JAMES RUSSELL

1編　文章作成の基本ルール

（日本語訳）

捺印証書

　マサチューセッツ州スプリングフィールド市在住の未婚者であるパトリック・ジェイムズ・ラッセルは，20万ドルの金員を支払い済み満額の約因として，ロードアイランド州プロヴィデンス・カウンティの次の土地を，マサチューセッツ州ハンプトン・カウンティ・スプリングフィールドのソーントン・S・ケリー及びその妻モーリン・ケリーに，共有ではなく合有として，権利譲渡し，取り決め，売却し，権利移転する。

　ロードアイランド州プロヴィデンス・カウンティ，プロクター・ストリートとラムゼイ・ストリートの間に所在する土地及びその上のすべての建物及び造作。これは，ロードアイランド州プロヴィデンス，セス・ゴダード・エステートに所在する土地の分割スケール1＝10と題している非記録の土地

31

パーセル2として表示されている土地で，PHビルディング社による測量で次の通り区画され記述されているものである。

　プロクター・ストリートの北方の線の一から始まり，フレデリック及びトーマションの現在及び過去に属する土地の南面の隅及び本証書に記述する南東の隅に記載あるRRスパイクの点。上記の点はプレイン・ストリートの東側のラインから東方へ90.20フィートの点である。その点からプロクター・ストリートに沿って38.08フィート南西。それより38.08フィート南西。それより内角88度14分ターンし北方に走り95.61フィートに至る北方を囲われた西方の移転者（グランター）の残存の土地。それから内角90度ターンし東方に走り11.36フィートに至る，移転者（グランター）の残存の土地により区切られる。それから内角270度ターンしラムゼイ・ストリートの南辺に到るまで移転者（グランター）の残存土地で西方を区切られた点まで北方を走る。それから内角101度25分44秒ターンしラムゼイ・ストリートに沿って23.53フィート本書中に記載された土地区画のドリル穴に到るまで北方に走る。それから内角80度4分18秒ターンし，現在若しくは以前のアデール及びヘンリー・ゴードンの土地の一部及びトーマソンの前述の土地の一部によって東方を区画されたところまで南方に138.81フィート走り最初の地点に至る。最後に記載したコースは最初に記載したコースと内角90度15分16秒を形成する。本土地の面積は4493.0スクェア・フィートである。

2009年8月4日，私の署名により，上記を証する。

_____（署名）
パトリック・ジェームズ・ラッセル

〈例19　捺印証書(2)不動産譲渡〉

　ハワイ州での不動産の売買による取得の際に，対抗要件を備え，ランドコートに登録するために，譲渡証書（Deed）を作成し，譲渡人，譲受人双方が公証人の面前で署名し，認証されたこのDeedをFilingすることになるものである。

DEED

THIS INDENTURE made this 18th day of May 2015 by and between CHRISTOPHER KEITH SASSONE, husband of Ellie Quincey Sassone, of Kaneohe, City and County of Honolulu, State of Hawaii, hereinafter called the "GRANTOR", and DONALD KEITH MOORE and ARDEN BOVEE MOORE, husband and wife, whose residence and post office address being 1519 Liona St. Honolulu, 96814, aforesaid, hereinafter called the "GRANTEES".

WITNESSETH :
THAT the Grantor, for and in consideration of the sum of TEN DOLLARS ($10.00) and other good and valuable consideration to him paid by Grantees, receipt whereof is hereby acknowledged do hereby grant, bargain, sell and convey unto said Grantees, as Tenants by the Entirety, with full rights of survivorship, their assigns and heirs and assigns of the survivor of them, forever, all the following property:
All of that certain parcel of land situated at Manana-uka, District of Ewa, City and County of Honolulu, State of Hawaii, described as follows:
Lot 127, area 5,080.0 square feet, as shown Map 29, filed in the office of the Assistant Registrar of the Land Court of the State of Hawaii with Land Court Application No.863 of Smith Corporation Limited:

TOGETHER WITH a right of way for roadway purpose in common with others entitled thereto over Lot 128, roadway, as shown on Map 29 of said Application No.863, which right of way and all private or appurtenant right therein shall terminate when said Lot 128 is dedicated to and accepted by the State of Hawaii or any other governmental authority as public roadways.
Being all of the land described in Transfer Certificate of Title No.21,423 issued to Grantors herein.

SUBJECT, HOWEVER, to the following:

1. EXCEPTING AND RESERVING to the Hawaiian Government all mineral or metallic mines of every description.
2. The restrictive covenants in Declaratory Instrument dated April 13, 1961 and filed as Document No. 872.
3. A Grant of easement in favor of Hawaiian Electric Company, Inc. and Hawaiian Telephone Company, for utility purpose, dated February 28, 1960 and filed as Document No.41639.
4. Mortgage in favor of Acme Finance filed as Document No. 42786.

AND the reversions, remainders, rents, issues, and profits thereof and all the estate, right, title and interest of the Grantor, both at law and in equity, therein and thereto.
TO HAVE AND TO HOLD the same, together with all buildings, improvements tenements, hereditaments, rights, easements, privileges, and appurtenances thereunto belonging or appertaining or held enjoyed therewith unto the Grantees, as Tenants by the Entirety, with full rights of survivorship, their assigns and the heirs and assigns of the survivor of them, forever.

And the Grantor, in consideration of the premises, for himself, his heirs, executors, and administrators does hereby covenant and agree with the Grantees, their respective heirs, executors, administrators and assigns, that he is lawfully seized of the above granted premises in fee simple; that the same is free and clear of and from all encumbrances, except as aforesaid; that he will and his heirs, executors and administrators shall WARRANT AND DEFEND the same unto the Grantees, their respective heirs, executors, administrators and assigns against the lawful claims and demands of all persons whomsoever.

And the Grantees in consideration of the foregoing conveyance hereby covenant and agree with the Grantor that they hereby assume and agree to pay the balance secured by the above described mortgage as and when the principal and interest fall due, and will save the Grantor, his heirs, executors, and administrators harmless and will indemnify them against all claims and demands whatsoever which shall hereafter arise from or in connection with said mortgage.

And the Grantor acknowledges full compliance of the terms and provisions of Certain Agreement of Sale dated March 25 1992 and filed as document No.62411.
And ELLIE QUINCEY SASSONE, wife of Christopher Keith Sassone, in consideration of the Premises does hereby release, remise and forever quitclaim unto the Grantees all of her right, title and interest by way of dower, possibility of dower and by way of community property or otherwise, in and to said property herein conveyed.

IN WITNESS THEREOF, The Grantor, Grantees, and Ellie Quincey Sassone, have hereunto set their hand.

CHRISTOPHER KEITH SASSONE

ELLIE QUINCEY SASSONE

DONALD KEITH MOORE

ARDEN BOVEE MOORE

STATE OF HAWAII
CITY AND COUNTY OF HONOLULU

On this 18th day of May 2015, before me personally appeared

7 ディード（捺印証書），ビル・オブ・セール（売渡証書），ギフト（贈与書）等

CHRISTOPHER KEITH SASSONE and ELLIE QUINCEY SASSONE 〈 DONALD KEITH MOORE and ARDEN BOVEE MOORE, to me known to be the persons described in and who executed the foregoing instrument, and acknowledged that they executed the same of their own free act and deed.

Notary Public, First Judicial Circuit, State of Hawaii
My commission expires＿＿＿＿＿＿＿＿＿＿＿＿＿＿＿＿＿＿＿＿

（日本語訳）

捺印証書

　本証書は，2015年5月18日，ハワイ州ホノルル市郡カヘオへのエリー・クインシー・サスーンの夫であるクリストファー・キース・サスーン（以下「譲渡人」と称する。）と郵便番号96814ハワイ州ホノルル市郡ホノルル，リオアアストリート1519を住居とし受信用住所とする夫婦，ドナルド・キース・ムーア及びアーデン・ボビー・ムーア（以下「譲受人」と称する。）の間で締結された。

　　　　　　　　本書は，以下を証する。

　譲渡人は，譲受人が支払った10ドル及びその他の十分でかつ価値ある対価を約因として，これを受領し，本書によりこれを承認し，生存者への完全な権利の帰属権を有する夫婦全部保有不動産権として，譲受人，譲受人の譲受人，相続人，及びこれらの生存者に，以下の不動産一切を，恒久的に譲渡し取引し売却し権利移転する。

　以下に記述する，ハワイ州ホノルル市郡エヴァ区マナナ・ウカに所在する土地の特定区画の一切。
　ハワイ州土地裁判所副登記官事務所にスミス・コーポレーションの土地裁判所申込書番号863で登記されている地図29に示す区画127，面積5,080.0スクエアフィートの土地。

　当該申込書番号863の地図29に示されている通り区画128の道路上に権利を有する他と共通の道路目的の通行権と共に，これらの通行権及びその中の全ての私的若しくは従的な権利は当該区画128がハワイ州又は他の政府機関に公共の道路として提供し受諾されたときは終了すること。
　本書の中で譲渡人に対して発行された権限譲渡証書，番号21,423に記載する一切の土地であること。

35

ただし，以下を要件とすること．
1．記述の如何を問わず，鉱物若しくは金属鉱山の全てをハワイ州に対し除外しかつ留保すること．
2．書類番号832として提出された1961年4月13日付宣言書中の限定的約定．
3．ハワイアン・エレクトリック・カンパニー・インク及びハワイアン・テレフォン・カンパニーに1960年2月28日に書類番号41639として提出された公共目的の地役権の付与．
4．書類番号41786として提出されたアクメ・ファイナンスを受益者とする譲渡抵当，当該不動産の復帰権，残余権，賃貸料，収益及び不動産権の全て．並びにコモンロー上及び衡平法上の，譲渡人のその不動産に対する権利，権原，権益の全て．

　譲受人へ譲渡され，当該不動産上にありこれに属する若しくは付随する又はこれと共に保有し享受する一切の建物，改良物，保有財産，相続不動産，権利，地役権，特権，及び従物と共に，生存者への完全な権利の帰属権を有する夫婦全部保有不動産権として譲受人の譲受人，相続人，その生存者が，一切の当該不動産を，恒久的に所有し保持すること．

　当該土地の約因として，譲渡人は，自身，その相続人，遺言執行者，遺産管理人にかわり，譲渡人が本書の不動産を単純不動産権で正当占有していること，上記を除き，当該土地には一切負担がかかっていないこと，並びに譲渡人自身，その相続人，遺言執行者，遺産管理人は，あらゆる者の合法的な請求及び要求に対し，譲受人に当該土地を保証しこれを守ることを，本書によって誓約しこれに同意すること．

　譲受人は，本書による上述の誓約を約因として，元本及び金利の支払期限が到来した時点で，上述の譲渡抵当で担保されている残金の支払を本書により引き受け，支払うことに同意し，当該譲渡抵当から又はこれに関連して今後生起する一切の請求及び要求に対し，譲渡人，その相続人，遺言執行者，遺産管理人を保護し，免責することを譲渡人に誓約し，これに同意すること．

　譲渡人は，書類番号62411として提出された1992年3月25日付売買合意書の条件及び規定を完全に遵守することを認める．

　クリストファー・キース・サスーンの妻，エリー・クインシー・サスーンは，当該土地を約因として，本書により譲渡される当該土地に対する寡婦産，寡婦産の可能性，及び夫婦共有財産又は他の方法による自身の権利，権原，及び権益を，本書により，譲受人に，解放，放棄し権利放棄する．

　上記の証として，
　譲渡人，譲受人，及びエリー・クインシー・サスーンは，冒頭に示す日付で本書に署名した．

7　ディード（捺印証書），ビル・オブ・セール（売渡証書），ギフト（贈与書）等

クリストファー・キース・サスーン

エリー・クインシー・サスーン

ドナルド・キース・ムーア

アーデン・ボビー・ムーア

ハワイ州
ホノルル市郡
2015年5月18日，本書記載の人物として知るクリストファー・キース・ムーア及びエリー・クインシー・サスーン，ドナルド・キース・ムーア，アーデン・ボビー・ムーア本人が当職の面前に出頭し，上述の文書に署名調印し，自由意志でこれを署名調印したことを認めた。

ハワイ州第一巡回裁判所，公証人
当職の権限の満了日

(2)　ビル・オブ・セール（売渡証書）

　　動産の売買取引に使われる売渡証である。英語はBill of Saleである。
　　動産売買取引においては通常，動産の売買契約書（Sale and Purchase Agreement）が売主と買主の間において締結され，後日，対象の動産の交付の日に，動産の引き渡しと共に，売渡証書（Bill of Sale）が交付される。場合により動産の売買契約書をあらかじめ締結せず，動産の売渡証書（Bill of Sale）を交付することで，売主の動産に対する権原の買主への移転を証することもある。いずれにせよ，売主から買主への動産の権原の移転を証する法律文書である。売渡証書には売主のみが署名し買主あてに発行される。
　　体裁は，表題がBill of Saleと記載され，その下に売主が買主に動産の権原を移転することが書かれる。英文の文言は，Seller hereby sells and transfers to Buyer the following chattels and personal property…というように書かれる。
　　その次に売買対象の動産が特定されて記載される。
　　さらにその動産に瑕疵がなく権利負担がついていないこと，他から何

2章　英文法律・法的文書の書き方

らかの権利主張があったときは買主を保護し補償することなどの保証文言（Warranty）が入ることもある。

　また売買対象の動産が「現状有姿ベース」（"as is basis"）で売り渡されるものであることが記載されるのが通例である。

　書名は売主のみが署名して買主に交付する。承認の証明文言・署名をつけることもある。

〈例20　売渡証書〉

　アメリカにおいて動産（本件では自動車）の売買の際に，その売買による法律行為を証する意味で作成される売渡証書である。

Bill of Sale

BE IT KNOWN, for good consideration, and in payment of the sum of One Thousand Dollars ($1,000), the receipt and sufficiency of which is acknowledged, the undersigned Shone Sergent of 111 Seaside Shore Drive, Queens, New York, N.Y. (Seller) hereby sells and transfers to Barney Bishop of 222 Beach Avenue, Brooklyn, New York, N.Y. (Buyer), and the Buyer's successors and assigns forever, the following described chattels and personal property:

One Automobile:
2008 Toyota Camry Sedan, White,
License Number NY123-45, Engine Number 4561823

Seller warrants to Buyer that it has good and marketable title to said property, full authority to sell and transfer said property, and said property is sold free of all liens, encumbrances, liabilities and adverse claims of every nature and description whatsoever.

Seller further warrants to Buyer that it will fully defend, protect, indemnify and hold harmless Buyer and its lawful successors and assigns from any adverse claim made thereto by any and all persons whomsoever. Said property is otherwise sold in "as is" condition and where presently located.

Signed this 31st day of May 2011

7　ディード（捺印証書），ビル・オブ・セール（売渡証書），ギフト（贈与書）等

Shone Sergent（Seller）
111 Seaside Shore Drive, Queens, New York, N.Y.（Address of Seller）

To: Barney Bishop（Buyer）
222 Beach Avenue, Brooklyn, New York, N.Y.（Address of Buyer）

Signed in the presence of

William Woods（Witness）
333, Goth Street, Bronx, New York, N.Y.（Address of Witness）

（日本語訳）

売渡証書

　本証をもって下記を証する。
　ニューヨーク州ニューヨーク市クイーンズ区，シーサイドショア・ドライブ111に居住する下記の署名者であるジョージ・サージェント（売主）は，1,000ドルの金額を充分な約因としかつその受領とこれが満額であることを認識してその支払いを受けて，ニューヨーク州ニューヨーク市ブルックリン区ビーチアベニュー222のバーニー・ビショップ（買主）及びその永代の相続人及び権利承継人に対し，次に記載する動産・人的財産を，本書面により，売渡しその権利を移転する。

自動車，即ち，2008年型トヨタ・カムリ・セダン・白色，許可番号NY123-45，エンジン番号45618　1台

　売主は，同人が上記の動産につき充分の，かつ取引に適合したる権原を有すること，同人が上記の動産を売却し権利移転を行うに充分の権限を有すること，上記の動産については一切の担保の権利，負担，法的責任，及びその他いかなる性質又は記述であれ，権利を害するような法的主張が存在しないこと，を買主に保証する。

　売主は，上記に加えて，いかなる者であれ他の者が上記の動産に対して行う敵対的主張につき，買主並びにその法的相続人及び権利承継人を充分に法的防御し，保護し，これらに補償し，かつこれらが損害を受けないように保つことを，買主に保証する。

　上記の動産は，上記の他，「現状有姿のまま」の状態で，かつ，現在，存在している場所において売却されるものである。

39

> 2011年5月31日付にて署名する。
>
> (売主)
> ニューヨーク州ニューヨーク市
> クイーンズ区シーサイドショア・ドライブ111
> ショーン・サージェント
>
> (買主宛)
> ニューヨーク州ニューヨーク市
> ブルックリン区ビーチ・アベニュー222
> バーニイ・ビショップ殿
>
> 証人の面前にて署名
> (証人)
> ニューヨーク州ニューヨーク市
> ブロンクス区ゴス・ストリート
> ウィリアム・ウッズ

(3) ギフト(贈与証書)

売渡証書と同じように、贈与物品の交付に際して贈与証書をつけることもある。英語ではGiftという。

贈与は、日本では贈与が民法債権各論において贈与契約として規定されているように契約の一つと考えられているが、アメリカ合衆国などコモンロー諸国では、贈与には約因が存在しないところから、契約ではなく、贈与者から受贈者に対する任意の一方的な法律行為として規定されている。

贈与は、贈与契約書を作成して贈与者・受贈者の両者がサインする必要はなく、贈与物の贈与者から受贈者への交付で成立するが、贈与であることを確認するため、贈与証書(Gift)が作成され贈与者によって署名され受贈者に交付される。

体裁は、最上部に贈与書(Gift)と標題され、本文の証書文言では、I, (Donor), hereby gift, transfer, and convey to Donee the following property…というように書かれる。

次に贈与物が表示される。さらに付随事項としてこの贈与が遺言書による遺贈の前渡しあることが表示されることがある。

7　ディード（捺印証書），ビル・オブ・セール（売渡証書），ギフト（贈与書）等

最後に，贈与者が署名し証人が副署する。受贈者を宛先に記載することはない。代わりにBE IT KNOWN（本書によって知らしめる。）と書く。

〈例21　贈与書〉

Gift

BE IT KNOWN that I, Marrisa Wade, of 666 First Street, San Francisco, California, do hereby gift, transfer and convey to my daughter Anie Wade the below described property of assets:

One brilliant cut diamond of the first water, 100 carat

It is further acknowledged that this transfer and gift shall be considered an advance against any testamentary bequest I may choose to make to said donee under any trust or last will and testament. Said gift has a stipulated value of $10,000,000 and shall be so deducted from any future testamentary bequest I may make to the donee.
This gift shall inure to the benefit of the donee, her successors, assigns and personal representatives.

Signed under seal this day of December 25, 2011

Marissa Wade, Donor

_____

In the presence of:

_____

Witness : Robert Wade

（日本語訳）

贈与書

本書をもって次のことを証する。

　私，カリフォルニア州サンフランシスコ市ファーストストリート666のマリッサ・ウェイドは，下記に記載したる財物を，私の娘であるアニー・ウェイドに，本書をもって贈与し，譲渡し，権利を移転する。

　第1級品ブリリアント・カット・ダイアモンド100カラット1個

なお，本贈与・譲渡は，私が信託又は最終遺言書により上記の受贈者に対して行うことあるべき遺贈に対する前渡しと考えるべきものであると認識されている。本贈与は，1,000万ドルの価値あるものと予定するものとし，私が受贈者に対して行うことあるべき将来の遺贈の額よりこの額を削除するものとする。本贈与は，受贈者，その相続人権利承継人及び人格代表者（受贈者死亡の場合の遺産財団の管理者）の利益のために効力を生ずるものである。

2011年12月25日署名捺印

マリッサ・ウェイド
贈与者

ロバート・ウェイド
証人

8　アフィダヴィッツ（宣誓供述書）

　アフィダヴィッツ（宣誓供述書）は，宣誓供述者が経験した，あるいは知っている一定の事実をその宣誓供述者（Affiant）が自由意志の下で（voluntarily）供述する文書で，その供述を宣誓（Oath）によって確認する文書である。アメリカ合衆国をはじめとするコモンロー諸国で，訴訟上あるいは訴訟外において広く使われる法律文書である。

　体裁は，最上部にAffidavit（宣誓供述書）の標題が書かれ，本文の記述は，I, John Doe, do swear and declare that……（私，ジョン・ドゥー，は，次のことを誓言のうえ確言する。），I, John Doe, do swear and affirm…（私，ジョン・ドゥー，は次のことを誓言し断言する。）というような誓約文言（Written Oath）から始まり宣誓後述する内容が続く。Oath（誓約文言）は，神の前で誓約して供述するという意味で，宣誓供述者が供述内容について，それが真実であること，その供述の結果について法的な責任を有することを確認するものである。したがって通常の確認書（Confirmation）や宣言書（Declaration）よりもずっと重いものである。

　宣誓供述書（Affidavit）は，その内容を管轄する官憲（Authorities）の面前でその官憲（Authorities）によって宣誓供述者の供述と署名が確認される。この官憲（Authorities）は公証人（Notary Public），裁判所書記官（Court

Clerk），官公庁の職員（例えば大使館員や領事館員）などである。Authoritiesによるこの確認は公証（Notarization）と呼ばれる。

この公証（Notarization）文言は，例えば，I, the undersigned Notary Public, do hereby affirm that John Doe personally appeared before me on the first day of December 2018, and signed the above Affidavit as his free and voluntary act and deed.（下記に署名する公証人である当職は，ジョン・ドゥーが2018年12月1日当職の面前に本人出頭し，その自由かつ自発的な行為行動として上述の宣誓供述書に署名したことを確認する。）というように書かれる。

宣誓供述書は，上述のように，宣誓供述者の供述の責任が重いことから，訴訟上のみならず訴訟外においても，前述した証明書や通知書等に変えて広く使われる。

〈例22　宣誓供述書(1)（会社証明）〉

外国会社が日本において営業所（支店）を設置する際に，日本における代表者が当該国の在日領事館の領事の面前において，外国会社の会社組織についての宣誓をなす供述書である。本件はアメリカの会社のケースである。

Affidavit

I, Michio Miyata, of 123, Ginza, Chuo-ku, Tokyo, Japan, Representative in Japan of Intercom Inc. having its principal place of business at 100 Pine Street, Sacramento, California, U.S.A., and having its branch office at 124 Higashi Ginza, Chuo-ku, Tokyo, Japan, do hereby state that the facts hereinafter set forth are true and correct.

1. The Name of the Company is Intercom Inc.

2. The location of the head office is 100 Pine Street, Sacramento, California, U.S.A.

3. The purposes of the Company are:
   (1) Manufacture and sale of intercommunication modules; and
   (2) Any and all business activities related to the forgoing item.

4. The legal nature of the Company is:
   A corporation

5. The names and addresses of the Company's directors are:
   George Hamilton (Chief Executive Officer)
   20 East Street, Sacramento, California, U.S.A

   Nancy Morgan
   30 Bush Street, Sacramento, California, U.S.A.

   Michio Miyata
   123 Ginza, Chuo-ku, Tokyo, Japan

6. The name and address of the Company's representative in Japan is:
   Michio Miyata
   123 Ginza, Chuo-ku, Tokyo, Japan

7. The total number of shares of all classes authorized to be issued by the Company is:
   Forty Million (40,000,000) shares

8. The par value of each share is:
   One United States Dollar (US$1.00)

9. The total number of all classes of shares issued and outstanding at the present day is:
   Ten Million (10,000,000) shares

10. The paid-in capital of the Company as of the present day is:
    Ten Million United States Dollars (US$10,000,000)

11. The period of existence of the Company is:
    Indefinite Period

12. The date of incorporation is:
    January 1, 1990

13. The law under which the Company is organized is:
    State of California law

14. The intended location of the branch office in Japan is:
    124 Higashi Ginza, Chuo-ku, Tokyo, Japan

15. The date of establishment of the branch office in Japan is:
    January 1, 2001

16. The business year of the Company is:
    From January 1 to December 31 every year

Intercom Inc.

_____(Signature)
Michio Miyata, Representative in Japan

Subscribed and sworn to before me,
This 31st day of March, 2012

American Embassy, Tokyo, Japan

_____
Alexander Arison, American Consul

（日本語訳）

宣誓供述書

　アメリカ合衆国カリフォルニア州サクラメント市パインストリート100に本店を有し日本国東京都中央区東銀座124に支店を有するインターコム・インクの日本における代表者である私，宮田道夫（東京都中央区銀座123）は，本書により，下記に述べる事実が真実であり正確であることを申し述べる。

１．当会社の商号
　　インターコム・インク

２．本店の所在地
　　アメリカ合衆国カリフォルニア州サクラメント市パインストリート100

３．当会社の目的
　（1）インターコミュニケーション・モジュールの製造及び販売
　（2）上述の事項に関連する一切の事業活動

４．当会社の法的性質
　　コーポレーション

５．当会社の取締役の住所氏名
　　アメリカ合衆国カリフォルニア州サクラメント市イーストストリート20
　　ジョージ・ハミルトン（CEO）

　　アメリカ合衆国カリフォルニア州サクラメント市ブッシュストリート30

ナンシー・モーガン

日本国東京都中央区銀座123
宮田道夫

6．日本における当会社の代表者の氏名住所
日本国東京都中央区銀座123
宮田道夫

7．会社が発行する権限を授権された一切の種類の株式の総数
4000万株

8．1株の額面金額
1USドル

9．一切の種類についての本日現在の発行済株式の総数
1000万株

10．本日現在の会社の払込資本
1000万USドル

11．会社の存続期間
無期限

12．会社設立の日
1990年1月1日

13．会社の設立の準拠法
カリフォルニア州法

14．日本における支店の所在地
日本国東京都中央区東銀座124

15．日本における支店の設置の日
平成30年（2018年）1月1日

16．会社の事業年度
毎年，自1月1日至12月31日

インターコム・インク

_____（署名）
宮田道夫

日本における代表者

当職の面前において宣誓の上供述した。

日本国東京都
アメリカ合衆国大使館
アメリカ合衆国領事
アレキサンダー・アリソン

〈例23　宣誓供述書(2)〉

AFFIDAVIT OF JOHN DOE

Name: John Doe

Occupation: Mechanic/Owner of John Doe Auto Repair

I, John Doe, swear or affirm:

1. That I am the Owner of John Doe Auto Repair, located in Madison County, Indiana.
2. That on November 21, 2011, Jim Jones ("Mr. Jones") brought his 2010 Chevy Cruze to my auto repair shop for an estimate.
3. That Mr. Jones explained to me at that time that he had been in an accident and said that the other vehicle owner caused it, and that her insurance company would be paying for the repair.
4. That I have estimated the cost of repair to Mr. Jones' Cruze to be $1,561.00, and that said estimate is attached as exhibit A.

Further affiant saith that

I SWEAR OR AFFIRM THAT THE ABOVE AND FOREGOING REPRESENTATIONS ARE TRUE AND CORRECT TO THE BEST OF MY INFORMATION, KNOWLEDGE, AND BELIEF.

Date：November 30, 2011

―――――――――――――――――――――
John Doe

STATE OF INDIANA

COUNTY OF MADISON
I, the undersigned Notary Public, do hereby affirm that John Doe personally appeared before me on the first day of December 2011, and signed the above Affidavit as his free and voluntary act and deed.

Notary Public
_____

（日本語訳）

ジョン・ドゥーの宣誓供述書

姓名：ジョン・ドゥー
職業：ジョン・ドゥー・オートリペアの機械工兼所有者

Ⅰ．ジョン・ドゥーは次の通り宣誓供述し確言する。
  1. 私はインディアナ州マディソン・カウンティに所在するジョン・ドゥー・オートリペアの所有者であること。
  2. 2011年11月21日，ジム・ジョーンズ（以下，ジョーンズ氏）が見積書を求めて彼の2010年型シェヴィ・クルーズを持参したこと。
  3. ジョーンズ氏は，その時に私に対して，彼が事故に遭ったことを説明し，その事故は他の自動車の所有者が起こしたといい，他の自動車の所有者の保険会社が修理代を支払うことになるだろうといったこと。
  4. 私はジョーンズ氏のクルーズの修理代が1561ドルであると見積もり，その見積書は添付Aの通りであること。

供述者は更に次の通り供述する。
私は上記の表明が私の最善の情報，知識，及び信頼において真実でありかつ正確なものであることを宣誓供述し確言する。

日付 2011年11月30日
_____
ジョン・ドゥー

インディアナ州
マディソン・カウンティ

　下記に署名する公証人である当職は，ジョン・ドゥーが2011年11月30日当職の面前に出頭し，彼の自由意思かつ任意の行為行動として上記の宣誓供述書に署名したことを本書により確言する。

公証人

〈例24　独身用の婚姻要件宣誓供述書〉

SINGLE AFFIDAVIT FOR MARRIAGE OF: Jack Edward SMITH, JR, the first son of Jack Edward SMITH, SR, and Mary Anne WILSON

Father's citizenship: U.S.A.　　Mother's citizenship: U.S.A.

U.S. address: 123 El Paso Street, Los Angeles, California
Date of birth: January 16, 1967

Place of birth: San Francisco, California

Evidence of citizenship: United States Passport no. 073245979 issued on May 12, 1999 at Seattle

Local address: 1256 Osaki 1-chome, Shinagawa-ku, Tokyo

(If previously married) : I was divorced from Sally Ann Brown on this date May 1, 2003.

I, the above-mentioned person being duly sworn, do declare that, according to the laws of my domicile, I am of legal marriageable age, that I have been married before and divorced, and that there is no hindrance, legal or otherwise, to my uniting in marriage with Yoko NAKAJIMA, a citizen of Japan.

　　　　　　　　　　　　　　　　　　　　　(Signature of Affiant)
Subscribed and sworn to before me this date at 　　　　　　　　　　．

Consul of the United States of America duly commissioned and qualified

（日本語訳）

独身用の婚姻要件宣誓供述書

宣誓者名：ジャック・エドワード・スミス・ジュニア

続柄・長男

父の名前：ジャック・エドワード・スミス・シニア　　　　国籍・米国

母の名前：メリー・アン・ウイルソン　　　　　　　　　　国籍・米国

宣誓者のアメリカの住所：カリフォルニア州ロスアンゼルス，エルパソストリート123番地

生年月日：1967年1月16日

出生地：カリフォルニア州サンフランシスコ

国籍の証明　米国旅券番号073245979　1999年5月12日発行発行地シアトル

日本国内の住所:東京都品川区大崎一丁目1256番

（前婚がある場合）
・私は2003年5月1日にサリー・アン・ブラウンと離婚しました。

　上記の宣誓者である私は，私の本国法によれば婚姻可能年齢に達しており，前婚があるが離婚しており，日本国籍の中島陽子との婚姻に法律上その他如何なる支障もないことを宣誓供述します。

―――――――――――――――――――――
宣誓供述者の署名

当職の面前に於いて署名宣誓した。日付，場所

―――――――――――――――――――――
アメリカ合衆国領事

9　パワー・オブ・アトーニーとプロキシー（英文委任状）

　英文委任状には二つの種類がある。Power of Attorney とProxyである。
　Power of Attorney は，代理人（Attorney）に一定の権原（Power）を与える委任状で，例えば司法書士に登記申請の代理を委任したり，弁護士に訴訟の代理や金銭の取立てを委任する場合の委任状である。特定の案件の処理を代理人に任せる場合などに使われる。
　Proxyは，株主総会や取締役会などへの出席やその議決など会議における意思表明や表決を代理人に代理行使してもらう場合に使われる委任状である。
　Power of Attorneyの書き方は，標題をPower of Attorneyとし，本文は権限を与える側の本人がI, John Doe, hereby appoint Jane Jonathan as my true and lawful attorney to act for and me in my name, place, and stead and on my behalf to do and perform the following……（私ジョン・ドゥーは，

ジェーン・ジョナサンを私の真正かつ法的に十分な代理人として指名し，下記のことを行うために，私の名前と住所をもって私に代理士かつ私のために行為することを委任する。）というように書かれる。この後に委任する事項が列挙される。

Proxyは，標題をProxyとし，その後に投票権を有する本人が代理人に投票権を与える旨がI, John Doe, hereby appoint Jane Jonathan to be my proxy to vote for and on behalf of me at the general shareholders meeting of ABC Co., Ltd. to be held at 10:00 a.m. on the first day of June 2015……（私ジョン・ドゥーは，ジェーン・ジョナサンを私の代理人に指名し，2015年6月1日午前10時から行われるＡＢＣ株式会社の株主総会において，私のためにかつ私に代わって投票することを委任する。）というように書かれる。

このPower of AttorneyとProxyは，同じ委任状でありながら，上記のように，それぞれ異なった目的のために異なった用語で作成されるので，英文委任状の作成者は，内容に注意してそれぞれ適切に作成しなければならない。

なお，委任状には有効期限や解除条件が付されたり，受任者がさらに復代理人を選任できる旨の複代理権条項が付されたりすることがある。また署名者の署名につき公証を付したりすることがある。これらについては下記のサンプル委任状を参考されたい。

〈例25　委任状(1)〉

Power of Attorney

1. I, John Adams, of 111 Sanders Street, San Jose, California, U.S.A being of sound mind and legal capacity, do hereby appoint Tarou Yamakita of 222 Nihonbashi, Chuo-ku, Tokyo, Japan as my true and lawful attorney in fact, to act for me in my name, place, and stead, and on my behalf to do and perform the following:
   (1) to prepare legally necessary documents for establishing a foreign corporation in Japan; and
   (2) to make an application of registration of the said corporation at the Tokyo Legal Bureau.

2. This Power of Attorney shall be effective on the date of May 1, 2015.

3. This Power of Attorney shall remain in effect in the event that I should become or be declared disabled, incapacitated, or incompetent.

4. This Power of Attorney shall terminate on the date of April 30, 2016, unless I have revoked it sooner. I may revoke this Power of Attorney at any time and in any manner.

5. My agent shall be paid compensation for services pursuant to this Power of Attorney as follows:

150,000 Yen

6. This Power of Attorney shall be governed by the laws of Japan.

In Witness Whereof, I have signed this Power of Attorney of my own free will.

_____
John Adams
Principal's Signature

Date: April 30, 2015

Subscribed and sworn to before me on this 30th day of April, 2015.

_____
Notary

（日本語訳）

委任状

1．アメリカ合衆国カリフォルニア州サンノゼ市サンダースストリート111の私，ジョン・アダムスは，健全な精神と法的能力を有しているが，本書をもって，日本国東京都中央区日本橋222の山北太郎を私の真正で法的に充分な代理人として指名し，下記に定めることを行うために，私の名前と住所においてかつ私に代理し私のために行為することを委任する。
　(1) 日本において外国会社を設立するために法的に必要な書類を作成すること
　(2) 東京法務局において当該会社の登記を申請すること

2．本委任状は，2015年5月1日を持って有効となるものとする。

3．本委任状は，私が無能力となり，行為不能となり，若しくは無資格となるか，又はそのように宣言された場合においても，なお有効であるものとする。

4．本委任状は，私がより以前に早く取り消さない場合，2016年4月30日に終了するものとする。私は，本委任状を何日にてもかつ如何なる方法にても解除することができる。

5．私の代理人は，本委任状に従った役務に対し，次の通り報酬を支払われるものとする。
　　　　　　金15万円

6．本委任状は，日本法に準拠するものとする。

　私は，私自身の自由な意志で，本委任状に署名したものであることを証する。

ジョン・アダムス
本人の署名
日付：2015年4月30日

2015年4月30日当職の面前において宣誓し記述した。

公証人

〈例26　委任状(2)〉

Proxy

The undersigned, holder of one hundred (100) shares of stock of ABC Co. Inc., a California corporation, hereby appoints Mary Anawalt, with the power of substitution, to vote for and on behalf of the undersigned at a general shareholders meeting of ABC Co., Ltd. to be held at 10:00 a.m. on the first day of June 2015, and any adjournment thereof, for the following purpose: The transaction of such business as may properly come before the meeting.

Dated: May 31, 2015

Howard Anawalt

（日本語訳）

委任状

　カリフォルニア法人であるABCカンパニー・インクの株式100株の所有者である下記署名者は，本状により，マリー・アナワルトを代理人に指名し，2015年6月1日午前10時に開催される次の目的のための株主総会及びその継続会において，下記署名者のためにかつこれに代わって投票することを，複代理権と共に委任する。

記

同会議に適正に提出されることあるべき討議事項

日付：2015年5月31日

ホワード・アナワルト

10　ウィル（英文遺言書）の書き方

　遺言書の重要性については，日本とアメリカ合衆国とでは大きく異なる。
　日本では戸籍が編製され，婚姻関係や親子関係は全て戸籍簿に記載されるから，死亡の際の相続人は戸籍上の記載から容易に特定することができ，相続人の相続分は民法によって定まっているから，特に遺言書を書かなくても，相続分の確定に支障はない。日本では被相続人が遺言書を書かねばならない必要性は少なく，実際に，遺言書を書く人は少ない。
　アメリカ合衆国にはそもそも戸籍制度がない。出生，結婚，子の出生，本人の死亡などは，その都度，本人が居住する地のカウンティ・オフィスに届出がされるのみであり，日本のように本籍地の市町村役場の本人の戸籍に名寄せされて記録されるわけではない。それにアメリカ人は一生を通じて移動することが多いから，本人の出生，結婚，子女の出生，あるいはその後の離婚，再婚，そして死亡などは,それぞれの時点で本人が居住する地のカウンティ・オフィスで別々に行われる。各カウンティ・オフィスは個別にこれらの届出を受け付けて記録するのみで相互の通報もなく名寄せすることもない。

したがってアメリカ合衆国では，被相続人が死亡した場合，相続人を漏れなく見つけ出しそれを特定することが極めて難しいのである。このためアメリカ人はそのほとんどが遺言書を書き相続人を特定しておき自分の財産を特定した相続人に遺贈するのである。そのようにしておかないと，相続人を捜索し特定して遺産を分配するための費用と時間が膨大にかかり，遺産のほとんどがそれらの作業のために費やされてしまい，実質，遺産相続ができなくなってしまうのである。

日本では，遺言書を残さなくても戸籍謄本で相続人が容易に特定し，民法の相続の条文と相続人間の遺産分割協議書によって，遺言書なしでも相続人への遺産の分配は容易である。このため遺言書を作成する日本人の数は極めて少ないのである。

英文の遺言書は正式にはWill and Testamentという。WillもTestamentも遺言の意味である。

遺言書は，遺言者の気持ちの変化や相続人の変動（離婚，再婚や子女の出生や死亡）によって，頻繁に書き換えられる。書き換えられた最終の遺言が有効な遺言書となり，その前の遺言書は無効となる。したがって，遺言書は，Last Will and Testamentと標題が示される。

遺言書の文言の表現は次のようになる。まず本文の冒頭に，I, John Doe, do hereby make, publish, and declare the following as and for my last Will and Testament……（私ジョン・ドゥーは，私の最終遺言として，次のことを作成し公表し宣言する。）というように書かれる。

次に遺言執行人（遺言執行人は男性の場合はExecutor，女性の場合はExecutrixという。）を指名する条項がI make, nominate, and appoint my wife Mary Doe to be the Executrix of this my Last Will and Testament.（私は，私に妻マリー・ドゥーを私の本最終遺言書の遺言執行人に指名する。）というように書かれる。遺言執行人は，多くの場合，遺言者の配偶者であるが，多額の遺産がある場合には，法律事務所などが遺言執行人に指名されることもある。

次に遺言者から遺言執行人への指示事項であるが，まず遺産から葬儀費用，遺言者の負債，及び税金（遺産財団税，相続税，遺産税，財産継承税，死亡税，

移転税など遺産財団に賦課される税金）を支払うよう遺言執行人に対する指示が書かれる。

　次いで，遺産のうちのどの遺産をどの相続人に遺贈するかが項目を分けて遺言執行人への指示として書かれる。相続人が遺言者よりも先に死亡した場合の代襲相続（相続人の子供による代襲相続）についても遺言者の指示が規定される。

　さらに遺産の換金処分や，遺産につき他者より権利主張があった場合に遺言執行人が適切に和解妥協して遺産分配を進めることを遺言執行人に許容する事項や，遺産を分割処分することを許容する事項などが書かれる。その他遺言執行人が円滑に遺産の換金・分配を行うための権原を容認することなどが書かれる。

　遺言書は，通常，遺言者のかかりつけの弁護士が作成するが，遺言者の死亡後一定の期間内に遺言者の地区の検認裁判所（Probate Court）に持ち込み，裁判官の検認を受けなければならないことになっている。検認裁判所の裁判官は遺言執行人の遺言執行を監督する義務があり，場合によっては，裁判官が遺言執行人に遺言執行中の不正に対する損害賠償のための保証（一定額の保証金を裁判所に積ませる。）を課することもある。

　死亡者が大金持ちで多額で多様な財産を有する場合は，相続人も多く遺産の換価や分配作業は膨大なものとなるので，遺言執行人が配偶者ではなく，そのような作業についての能力がある大手法律事務所の遺産処理専門の弁護士に委ねられることが多い。そのような場合に，裁判所の判断により遺産執行人に保証金を積ませることがあるのである。

　遺言者の指示する各条項が書かれた後，遺言書の作成年月日が記され遺言者が署名する。

　遺言書には，数名の証人が，遺言者がその者の知己であること，遺言者が健全な判断と精神をもって遺言を行ったことを記して，副署（Attestation）して証明するのが通例である。この証人の数は，州によって二人又は三人と規定されている。

〈例27　遺言書〉
　カリフォルニア州に居住する者がカリフォルニア州法である検認法典の規定後に作成する遺言書である。

LAST WILL AND TESTAMENT
OF
JOHN JAMES

I, John James, residing at 2 Market Street, San Francisco, California, being of sound and disposing mind and memory and intending to dispose of all my property by this Will, do make, publish and declare the following as and for my last Will and Testament, hereby revoking any and all other wills or codicils by heretofore made.

ITEM I
I make, nominate, and appoint my wife Mary James to be Executrix of this my Last Will and Testament.

ITEM II
I direct my Executrix to pay all of my funeral expenses, all enforceable debts, and all succession, legacy, inheritance, death , transfer, or estate taxes, including any interest and penalties thereon imposed by any law, upon property passing under this Will or otherwise, testamentary or non-testamentary, out of my residuary estate, as an expense of administration without any apportionment thereof or reimbursement from any beneficiary.

ITEM III
All the rest, and residue of the property, real and personal, of every kind and description, wheresoever situate, which I may own or have the right to dispose of at the time of my decease, I give, devise and bequeath to my wife, Mary James, absolutely and in fee simple.

ITEM IV
In the event that my wife, Mary James, shall not survive me or is considered under the law as not having survived me, then all the interest in and share of my estate hereinbefore devised and bequeathed to my wife, shall, by way of substitution, pass to and vest in my children, Harry James and Marilyn James and other children who may survive me, equally share and share alike.

ITEM V
In the event that any of my children shall have predeceased me leaving issue surviving them, then such issue shall collectively take the share which their deceased parent would have taken if living.
In the event that any of my children shall predecease me without leaving issue surviving them, then I direct that their share shall pass in equal shares to the survivors or to any one lone survivor.

ITEM VI
The provisions made in this Will, unless otherwise specifically provided, are intended to and shall include and relate to all children of mine, whether natural born or adopted, and shall include any now living or hereafter born either before or after my decease.

ITEM VII
I hereby authorize and empower my said Executrix to compound, compromise, settle and adjust all claims and demands in favor of or against my estate; to make distribution in cash or in kind; and to sell, at private or public sale, at such prices, and upon such terms of credit or otherwise, as she may deem best, the whole or any part of my real or personal property, and to execute, acknowledge and deliver deed or other proper instruments of conveyances thereof to the purchaser or purchasers.

I request that no bond be required of my Executrix.

IN WITNESS WHEREOF, I have hereunto set my hand and seal on this first day of January 2015.
_____L.S.
John James

On the above written date, the said John James declared to us, the undersigned, that the foregoing instrument is his Last Will and Testament, and he requested us to act as witnesses to the same and to his signature thereon, and he thereupon signed said Will in our presence, we being present at the same time, and we at his request and in his presence, and in the presence of each other, do hereunto subscribe our names, as witnesses, and we, each of us, declare that we believe this Testator to be of sound mind and memory.

_____residing at 2 Lorenz Street, San Francisco, California
Anthony Arnold

_____residing at 3 Sanders Street, San Francisco, California
Benjamin Barnard

_____residing at 4 Monroe Street, San Francisco, California
Charles Clinton

（日本語訳）

ジョン・ジェームズの遺言書

　カリフォルニア州サンフランシスコ市マーケットストリートに居住する私，ジョン・ジェームズは，健全でありかつ処断をする精神と記憶を有しておりこの遺言書で私の全ての財産を処分することを意図しているが，本状によりこれ以前に作成した全ての遺言書又は遺言補足書を一切取り消し，私の最終の遺言書として次のことを発表し宣言する。

第1項
　私は，私の妻マリー・ジェームズを私の本遺言書の遺言執行人に指名し任命する。

第2項
　私は，遺産の割り当て分担又は受益者からの償還なしの管理費用として，私の葬式費用，全ての執行可能な負債，および全ての相続，遺産，継承，死亡，移転若しくは遺産財団税を，法律によってこれに賦課される利息若しくは遅延金を含めて，支払うことを指示する。これらは，本遺言状又はその他遺言であると無遺言であるとを問わずその他のもとで，私の残余の遺産財団から出てくる財産に対して課されるものである。

第3項
　私は，私の死亡時に，私が所有するか又は処分権を有する財産（不動産であると動産であるとを問わず，種類，目録を問わず，所在している場所を問わず）の残余，残留品の一切を，私の妻であるマリー・ジェームズに贈与し不動産贈与しかつ動産贈与する。

第4項
　私の妻，マリー・ジェームズ，が私よりも生き残らないか又は私よりも生き残らなかったと法の下で推定される場合，その時点で，上述の通り私の妻に不動産贈与又は動産贈与される私の遺産財団の持分における権益の一切は，代位の方法により，私の子供のハリー・ジェームズ及びマリリン・ジェームズ並びに私よりも生き残る可能性のある他の子供に，等分の持分若しくは類似のもので，移転し付与されるものとする。

59

第5項
　私の子供たちのいずれかが彼らより生き残る跡継ぎを残して私より先に死亡した場合，その時点で当該跡継ぎは，その死亡した親が生きていれば取得したであろう持分を集合的に取得するものとする。私の子供たちのいずれかが彼らよりも生き残る跡継ぎを残すことなく私よりも先に死亡した場合，その時点で私は彼らの持分が生存者達若しくは一人の生存者に等分の持分で移転するべきことを指示する。

第6項
　本遺言書中に作成された条項は，特に他のことが記述されてない場合，私の全ての子供（実子であると養子であるとを問わず）を含みかつ関係することを期待したものでありかつそうすべきものであり，かつ現在生存しているか又は私の死亡の前後を問わずその後出生するものを含むものとする。

第7項
　私は，上記私の遺言執行人に次の件を権限付与し授権する。
　私の遺産財団のために又はこれに対しての一切の要求要望に関して妥協し譲歩し和解し調整すること。
　現金その他の種類にて配分を行うこと。
　私の不動産，人的財産の全部一部を，彼女が最善と考えるような価格及び信用その他の条件にて，私的公的売買で，売却すること。及び買主（単数又は複数）に対し財産の捺印証書その他の適切な移転証書を署名調印し，認識交付すること。
　私は，私の遺言執行人に要求される保証金についてはこれを要求しないものとする。

上記を証するため，私は，2015年1月1日本書に署名捺印した。
　　　　　　　　　　　　　　　　　　　　　　　　　（署名）
ジョン・ジェームズ

　上述の日に，上記ジョン・ジェームズは，下記に署名した我々に，上述の証書が彼の遺言書であることを宣言し，我々に対して同書及びその署名の証人となることを要請し，我々の同席の下で同遺言書に署名した。同時に列席した我々は，彼の面前でかつ相互の面前において証人としての我々の名前を記名し，我々がこの遺言者は健全な精神と記憶を有していることを信じている旨を宣言する。

アンソニー・アーノルド　カリフォルニア州サンフランシスコ市ローレンツ・ストリート2番地

ベンジャミン・バーナード　カリフォルニア州サンフランシスコ市サンダースストリート3番地

> チャールズ・クリントン　カリフォルニア州サンフランシスコ市モンローストリート4番地

11　トラスト・インデンチュア（英文信託証書）

　信託証書は自分の財産を信託するときの法律文書で，英文ではTrust Indentureという。信託設定者の単独の署名で発行される。

　信託（Trust）とは，一定の財産の所有者がその財産（動産，不動産，金銭など）を信頼できる相手に譲渡して管理運用させ，自己の指定する第三者に成果を配分させる法律制度である。この譲渡は単純な所有権の譲渡ではなく，指定する第三者に受益させる目的の譲渡で，信託譲渡という。この信託譲渡を行うものを信託設定者（Settlor）といい，財産の譲渡を受けてその財産の運用管理及び受益者への配分に当たる者を信託受託者（Trustee）といい，信託財産の運用から上がる利益の配分を受ける者を信託受託者（Beneficiary）という。具体的に例示すれば，ビルディングの持主がそのビルディングの所有権を不動産会社に信託譲渡し，その不動産会社がビルディングを管理運営し，その得た収益を指定する第三者に渡す仕組み（ビルの持主がセットラー，不動産会社がトラスティー，第三者がベネフィッシャリーとなる。）や高齢の祖父（セットラー）が孫の教育資金としてその所有する株式や証券を信託銀行（トラスティー）に信託譲渡しその運用益を孫の信託受益者（ベネフィッシャリー）に配分するような仕組みである。

　トラストは，中世のイギリスに発祥し，アメリカ合衆国などのコモンロー・カントリーにおいて実務的に大きく発展してきた仕組みであるが，最近では日本でも民事信託，商事信託としてポピュラーになってきている。

　信託証書（トラスト・インデンチュア）は，この信託の仕組みを文書化したものであるが，当事者がセットラー（信託設定者），トラスティー（信託受託者），ベネフィフィッシャリー（信託受益者）と三者が存在するとはいえ，セットラー（信託設定者）のみの信託譲渡文言と信託運用・配分指示から成る文書であるから，契約書ではない。セットラー（信託設定者）のみが署名

する財産処分の宣言文書であり，トラスティー（信託受託者）及びベネフィフィッシャリー（信託受益者）は署名しない。

英文のトラスト・インデンチュア（信託証書）の書き方は，次のようになる。

標題は，Trust Indentureとして最上部に表示される。

冒頭にSettlor（信託設定者）の信託設定文言が記載される。

次に信託財産の設定・継続（Establishment and Continuation of Trust Corpus）の条項が記載される。ここで信託財産の特定とそのトラスティー（信託受託者）への信託譲渡文言が書かれる。

次いでトラスティー（信託受託者）の指定とその条件及び役割の条項が書かれる。

さらにその次に，ベネフィフィッシャリー（信託受益者）の特定の条項があり，信託財産の運用利益がベネフィフィッシャリーに分配されることが指定される。

信託の中心となる事項は以上であるが，そのほかに，信託の取消可能性，信託の永久拘束禁止則，信託受託者の誠実義務，浪費者信託条項など信託法に定められる信託受託者の義務が記述される。

最後にセットラー（信託設定者）の署名がなされる。トラスティー（信託受託者）とベネフィッシャリー（信託受益者）は署名しない。

セットラー（信託設定者）の署名を確認するための公証人の署名が最後に付される。

このようにトラスト・インデンチュア（信託証書）は，セットラー（信託設定者）の意思表示と署名のみで完成し，他の当事者（信託受託者及び信託受益者）の承諾は必要としない。信託証書は，前述した遺言書や贈与書と同じように，行為者の一方的な宣言文書なのである。

〈例28　信託証書〉

カリフォルニア州において，委託者たる母親が，法律実務家（Attorney at Law）が受託者となり受益者が子供達という信託で，委託者が信託設定の意思表示をなすことにより成立するものである。

TRUST INDENTURE

This Trust indenture made and executed this first day of December, 2005, by Mary McArther, currently residing in 2225, Marilin Street, Palo Alto, California , hereinafter referred to as the Settlor.

Ⅰ. Establishment and Continuation of Trust Corpus
The Settlor, in consideration of the premises, hereby assigns, transfers, sets over and delivers to the Trustee, the property set forth in Schedule A, attached hereto, and has made payable, or will make payable to the Trustee, to be held, administered, and disposed of as hereafter set forth in this INDENTURE.

The Settlor reserves to herself and any other person the right to deposit with the Trustee, or make payable to the Trustee, other policies of insurance, and also to assign, transfer convey, devise, bequeath and deliver to the Trustee such other personal property and real estate to be held, administered, and disposed of as hereafter set forth in this INDENTURE.

Ⅱ. Trustee Designation and Terms
George Armitage, attorney at law, shall serve as Trustee hereunder, with compensation, until his death, disability, resignation or removal. Hilary Armitage, attorney at law, shall serve as successor Trustee in the event of the death, disability, resignation or removal of the above trustee and shall be entitled to receive as compensation for its services hereunder, commissions computed in accordance with its regularly published fee schedule, applicable to trusts, in effect from time to time.

The Trustee named herein shall not be required to provide bond or other security for the faithful performance of his duties hereunder but will provide the Beneficiary with annual reports on the financial state of the trust.

The Trustee George Armitage will be compensated for the administration of this trust at an annual fee of Three Thousand Dollars ($3,000) plus ten percent (10%) of the trust's annual profit and increase in volume.

Ⅲ. Identification of Beneficiaries

The Settlor is married at the time of the execution of this trust, and the Settlor has two children, Samuel McArther and Ann McArther. For the purposes of this INDENTURE, it is Settlor's intention that the proceeds of this trust, both principal and interest, be divided equally amongst Settlor's children.

Ⅳ. Revocability of the Trust
The Settlor reserves and shall have the exclusive right at any time and from time to time during her lifetime by instrument in writing signed by the Settlor and delivered to the Trustee to modify or alter this INDENTURE, in whole or in part, without the consent of the Trustee or any Beneficiary, provided that the duties, powers and liabilities of the Trustee shall not be changed without her consent; and the Settlor reserves and shall have the right during her lifetime, by instrument in writing, signed by the Settlor and delivered to the Trustee, to cancel and annul this INDENTURE without the consent of the Trustee or any Beneficiary hereof.

Ⅴ. Rule Against Perpetuities
If it shall be determined that any provisions of any trust created herein violates any rule against perpetuities or remoteness of vesting now or hereafter in effect in a governing jurisdiction, that portion of the trust herein created shall be administered as herein provided until the termination of the maximum period allowable by law at which time and forth with purpose, it shall be presumed that any Beneficiary entitled to receive support or education from the income or principal of any particular fund is entitled to receive income therefrom.

Ⅵ. Fiduciary Powers
In addition to any powers granted under applicable law or otherwise, and not in limitation of such powers, but subject to any rights and powers which may be reserved expressly by the Settlor in this INDENTURE, the Trustee of each trust established hereunder is authorized and empowered to exercise the following powers in his sole and absolute discretion:

a. To hold and retain any or all property, real, personal, or mixed, received from the Settlor, the Settlor's estate, or from any other source, regardless of any law or rule of court relating to diversification, or non-productivity, for such time as the Trustee shall deem best, and to dispose of such property by sale, exchange, or otherwise, as and when they shall deem advisable. Notwithstanding this provision or any other contained herein, the Trustee shall stand without power to sell or otherwise dispose of any interest in a closely held business unless he shall have consulted with all of the adult Beneficiaries and the legal representatives of all the minor Beneficiaries of this trust, and they shall have agreed to such sale or other disposition by an affirmative vote of a majority of such Beneficiaries and representatives.

b. To sell, assign, exchange, transfer, partition and convey, or otherwise dispose of, any property, real, personal, or mixed, which may be included in or may at any time become part of the trust estate, upon such terms and conditions as deemed advisable, at either public or private sales, including options and sales on credit and for the purpose of selling, assigning, exchanging, transferring, partitioning, or conveying the same, to make, execute, acknowledge, and deliver any and all instruments of conveyance, deeds of trust, and assignments in such form and with such warranties and covenants as he may deem expedient and proper, and in the event of any sale, conveyance or other disposition of any of the trust estate, the purchaser shall not be obligated in any way to see to the application of the purchase money or other consideration passing in connection therewith.

c. To invest and reinvest or leave temporarily uninvested any or all of the funds of the trust estate as said Trustee in his sole discretion may deem best, including investments in stocks, common and preferred, and common trust funds, without being restricted to those investments expressly approved by statute for investment by fiduciaries, and to change investments from realty to personalty, and vice versa.

d. To lease any or all of the real estate, which may be included in or at any time become a part of the trust estate, upon such terms and conditions deemed advisable, irrespective of whether the term of the lease shall exceed the period permitted by law or the probable period of any trust created hereby, and to review and modify such leases; and for the purpose of leasing said real estate, to make, execute, acknowledge and deliver any and all instruments in such form and with such covenants and warranties as they may deem expedient and proper; and to make any repairs, replacements, and improvements, structural or otherwise, of any property, and to charge the expense thereof in an equitable manner to principal or income, as deemed proper.

e. To vote any stocks, bonds, or other securities held by the trust at any meetings of stockholders, bondholders, or other security holders and to delegate the power so to vote to attorneys in fact or proxies under power of attorney, restricted or unrestricted, and to join in or become a party to any organization, readjustment, voting trust, consideration or exchange, and to deposit securities with any persons, and to pay any fees incurred in connection therewith, and to charge the same to principal or income, as deemed proper, and to exercise all of the rights with regard to such securities as could be done by the absolute owner.

f. To borrow money for any purpose in connection with the administration of any trust created hereby, and to execute promissory notes or other obligations for amounts so borrowed, and to secure the payment for any such amounts by mortgage or pledge of any real or personal property, and to renew or extend the time of payment of any obligation, secured or unsecured, payable to or by any trust created hereby, for such periods of time as deemed advisable.

g. To compromise, adjust, arbitrate, sue or defend, abandon, or otherwise deal with and settle claims, in favor of or against the trust estate as the Trustee shall deem best and his decision shall be conclusive. The Trustee, however, shall not be required to take any action until indemnified to his satisfaction.

h. To make distributions in cash or in kind, or partly in each, at valuations to be determined by the Trustee, whose decision as to values shall be conclusive.

i. To determine in a fair and reasonable manner whether any part of the trust estate, or any addition or any increment thereto be income or principal, or whether any cost, charge, expense, tax, or assessment shall be charged against income and partially against principal.

j. To engage and compensate out of principal or income or both, as equitably determined, agents, accountants, brokers, attorneys-at-law, tax specialists, realtors, clerks, custodians, investment counsel, and other assistants and advisors, to delegate to such persons as discretion deemed proper, and to so do without liability for any neglect, omission, misconduct, or default of any such agent or professional representative, provided that he or she was selected and retained with reasonable care.

k. To apportion extraordinary stock and liquidating dividends between the income and principal in such manner as shall fairly take into account the relative interests of the Beneficiaries and to determine what constitutes such dividends.

l. To hold and administer the trusts created hereby in one or more consolidated funds, in whole or in part, in which the separate trusts shall have undivided interests.

m. To rely upon any affidavit, certificate, letter note, telegraph or other paper, or on any telephone conversation, believed by him to be sufficient and to be protected and held harmless in all payments or distributions required to be made hereunder, if made in good faith and without actual notice or knowledge of the changed condition or status of any person receiving payments or other distributions upon a condition.

n. To do all other acts and things not inconsistent with the provisions of this INDENTURE which he may deem necessary or desirable for the proper management of trusts herein created, in the same manner and to the same extent as an individual might or could do with respect to his own property.

Ⅶ. Spendthrift Clause
The interest of any Beneficiary hereunder, to the extent permitted by law, shall be held and possessed by the Trustee in trust upon the condition that it may be paid over by the Trustee to a Beneficiary only as provided for in this INDENTURE, and that the same shall not be subject to her liabilities or creditor or to alienation, assignment, or anticipation by any such Beneficiary.

Ⅷ. Governing Laws
This Trust Indenture shall be in any case governed by and construed in accordance with laws of the State of California.

Signature and Notarization

The Settlor executes this Trust Indenture by signing hereto on the date first written above.
_____L.S.
Mary McArther

California   )
) ss
Santa Clara County)

On this first day of December, 2005 before me, Samantha Show, a notary public of said state and county, duly commissioned and sworn, personally

appeared Mary McArther, known to me to be the person whose name is subscribed to the within instrument, and acknowledged that she executed the same.
IN WITNESS WHEREOF, I have hereunto set my hand and affixed my official seal the day and year first above written.

Samantha Show, Notary Public in and for Said State
My commission expires on December 31, 2010

(日本語訳)

信託証書

　2005年12月1日，アメリカ合衆国カリフォルニア州パロアルト市マリリンストリート2225に現在居住する信託設定者マリー・マッカーサー（以下，「設定者」と称する。）は，次の通り本信託証書を作成調印する。

Ⅰ. 信託財産の設定と継続
　設定者は，本件約定を約因として，信託受託者（「受託者」）に対し，本契約に添付したA表に記載した信託財産を，本証書により，譲渡し移転し引き渡すものとし，本証書に以下記載する通り，受託者が保有し管理運用し処理をするために支払をなし，又，支払にあてることをさせるものとする。設定者は，自身及び他の者のため，受託者に保険証券を預託し支払をさせる権利を留保し，かつ，本証書に記載されている通り，保有し管理運用し処分するため他の動産及び不動産を受託者に譲渡し移転するための権利を留保する。

Ⅱ. 受託者の指定及び条件
　弁護士ジョージ・アーミテージは，本証書上，報酬を得て，死亡，能力喪失，辞任，解任の時まで，受託者として奉仕するものとする。
　弁護士ヒラリー・アーミテージは，上記の受託者が死亡，能力喪失，辞任，解任の場合に，継承受託者として奉仕するものとし，かつ，本証書上の報酬とし，定期的に発表される報酬表に基づいて計算され，随時，信託に適用される手数料を受け取る権利を有するものとする。
　本証書で指名された受託者は，本契約上の義務を誠実に履行するための信託保証金その他の担保を積むことを要求されないものとする。ただし，信託の財政状態についての年次報告を，受益者に提供するものとする。
　受託者ジョージ・アーミテージは，本信託の管理運用の補償として，年間3万ドルの手数料及び信託の年利益及び総額の増加額の10%を補償として受けるものとする。

Ⅲ. 受益者の特定
　設定者は，本信託の調印の時点で，既婚であり，サミュエル・マッカー

サーとアン・マッカサーの２名の子女を有している。本証書の目的として，本信託の元本及び利息の金銭は，設定者の子女に均等に分配されるものとし，それが設定者の意向であるものとする。

Ⅳ. 信託の取消可能性
　設定者は，受託者又は受益者の同意を得ないで，設定者が署名し受託者に交付した書面により，設定者の生存中いつでも，本証書の全部又は一部を修正変更する排他的権利を留保し保有するものとする。ただし，受託者の権利義務責任は，委託者の承諾なしに変更されることはないものとする。設定者は，その生存期間中，受託者，受益者の同意を得ずして，本証書を，設定者が署名し受託者に交付したる書面により，解除する権利を留保するものとする。

Ⅴ. 永久拘束禁止則
　本証書中において創設された信託の条項が，管轄籍中，現に効力を有し又は将来効力を有すべく，賦与された永久拘束禁止則に違反した場合，本証書中において創設された信託の一部分は，法により許容される最長の期間の終了まで，本証書中に述べられた通り管理運用されるものとし，その期間の終了時には直ちに，信託の当該部分は，その時点で信託収入を受領する権利を有する受益者に対し，所有権を配分されるものとし，かつ，その目的のため，信託収入又は元本から養育料又は教育費を受領する権利を有する受益者は，信託収入を受領する権利を有するものと推定されるものとする。

Ⅵ. 誠実権限
　適用されるべき法その他の下で賦与される権限に加え，かつ，これらの権限に限定されることなく，ただし，本証書中に設定者が明示で留保する権利権限の制限の下で，本証書により設定された各信託の受託者は，次の権限を，その単独の絶対的裁量権をもって，行使する権限を有するものとする。

a．設定者，設定者の遺産財団，又はその他の源泉から受領した不動産，動産，その混合財産等の一切の財産を，多様化もしくは非生産性に関する法律又は判例にかかわらず，受託者が最良と考える時点まで，保有し，かつ，適切であると考える時に，上記の財産を，売却，交換，その他によって処分すること。ただし，本項もしくは本証書中の他の条項にもかかわらず，受託者は，本信託の受益者の全員及び未成年の受益者の全員の法定代理人に相談をし，かつ，彼等が当該受益者及び法定代理人の過半数の賛成票により売却又は処分を承諾したのでない限り，未公開会社の持分を売却又はその他の処分をする権限を有しないものとする。

b．適切であると考えられる条件で，売却選択権及び信用販売を含め公売もしくは私的売却のいずれかにより，信託財産に含まれるか又は何時でも信託財産の一部になるかもしれない不動産，動産又はその混合財産を，売却，

譲渡，交換，移転，分割，譲渡，その他処分すること，及び，同財産を売却，譲渡，交換，移転，分割，譲渡する目的で，適切適当と考えられる体裁のかつ保証，約束文言の付された名義移転書類，信託捺印証書，及び譲渡書類一切を作成，調印，認証，交付すること。

c．受託者がその最良で最善と考える通り，信託財団の基金の一切を，投資し，再投資し，又は一時的に投資しないままに置くこと（忠実投資法により明示で許諾された投資に制限されることなく，普通株式，優先株式，普通信託基金に対する投資を含む。），及び，投資を不動産投資から動産投資に，又は，その逆に，変換すること。

d．信託財産に含まれるか又は，いつにでもその一部となることあるべき不動産の一切を，法によって許可された期間又は本信託証書により設定された信託の存続期間を賃貸借期間が超えるかどうかにかかわりなく，適切と考えられる条件で賃貸し，当該賃貸借を見直し変更し，かつ，上述の不動産を賃貸する目的のため適当適切と思われる通りの体裁の，かつ保証，約束文言を付した一切の法的書類を作成，調印，認証交付すること。

e．信託が保有する株式，社債，その他の有価証券につき株主総会，社債権者集会，その他有価証券の権利者の集会において投票を行い，制限，又は非制限の委任権限の下，代理人（本人出席，代理出席を問わず）に対して投票する権限を委任し，これらの権利の対価又は交換として組成される団体，整理団体，又は投票信託の当事者に加わり又は当事者となり，有価証券類を他に預託し，これに関連して課される手数料を支払い，適切と考えられるよう，信託元本と収入に対してこれを請求し，その他，これら有価証券類に関して，真の所有者が行うのと同じように全ての権利を行使すること。

f．本証書により設定された信託の管理運営に関連する目的のために金銭を借り入れ，借り入れた金額について約束手形その他の債務証書を作成調印し，不動産，動産につき譲渡抵当又は質権を設定して借入額の支払を担保し，かつ，本証書により設定された信託について支払義務のある有担保又は無担保の債務の支払を，適切と考えられる期間，更改又は延長すること。

g．受託者が最善と考える通り，かつ，その決定が最終であるという条件で，信託財団のために，紛争の妥協，調停，仲裁，訴訟提起又は防禦，権利放棄，苦情処理解決を行うこと。ただし，受託者は，その満足に達するよう補償されるまで，訴訟を起こすことを要求されるわけではない。

h．受託者が決定する価値で，現金その他もしくはその組合せで，配分を行うこと。

i．信託財産，又は，その付加，増加部分のいずれの部分が収入であり又は元本であるか，及び，費用，税，公課のいずれが収入から差し引かれ，又は一部元本から引き当てられるか，を公正かつ合理的な方法で，決定すること。

j．代理人，会計士，仲介人，弁護士，税務専門家，不動産業者，書記，保管業者，投資顧問，その他の助力者，助言者を雇い，公正な決定にしたがって，信託元本，収入，又は双方から報酬を支払い，これらの者に任意の裁量で適切と考えられるよう，委任し，かつ，これらの代理人や専門家の過失，不作為，違法行為又は不履行に対する責任を問うことなしに，上述の事を行うこと。ただし，これらの者は合理的な注意義務をもって選任され雇われるものとする。

k．受益者の権利を公平に考慮するような方法で，特別株と清算配当を，信託収入と元本に割り当て，当該配分金を構成するものを決定すること。

l．本証書によって設定された信託を，全部又は一部，一つ又は二つ以上の連結された基金として保有し運用すること。この場合，別々の信託は分割されない権利を有するものとする。

m．本証書上行うことを要求されている一切の支払又は分配につき，それが満足すべきものであり，保護され，責任を負わないですむと信じられるような，宣誓供述書，証明書，手紙，電信，その他の書類もしくは電話を信頼すること。ただし，これは，支払又は他の分配を受領する人物の情況が変わったことについて，善意であり，現実の通知又は知識なしに，これらが行われたことを条件とする。

n．本証書により設定された信託の適切な管理のため，個々人が本人の財産に関して行うであろうと同様の方法かつ範囲で，必要あるいは望ましいと考えられるような一切の行為，事案をそれらが本信託証書の条項と一致しないとしても，行うこと。

Ⅶ．浪費者信託条項
　本証書上の受益者の権利は，法により許容される範囲で，本証書に規定された通り受託者より受益者に支払がなされること，及び，これらは，受益者の責任，その債権者の制限の下に置かれることがなく，かつ受益者により譲渡されるという制限の下に置かれることがないということ，の条件の下で，信託の受託者により保有され占有されるものとする。

Ⅷ．準拠法
　本信託証書は，全ての場合において，カリフォルニア州法に準拠し，これにしたがって解釈されるものとする。

署名及び公証
冒頭に記載した年月日に，信託設定者は本証書に署名捺印する。

(署名)

信託設定者：マリー・マッカーサー

州名：カリフォルニア州
カウンティ名：サンタクララ・カウンティ
　私，サマンサ・ショウは，カリフォルニア州の上記カウンティにおける公証人であるところ，2005年12月1日上述の書面に署名したマリー・マッカーサーが，上述のカウンティにおいて，当職の面前で同文書に署名したことを確認した。
2005年12月1日　下記に署名する

(署名)

公証人サマンサ・ショウ
当職の任期は2010年12月31日までである。

12　シュアティシップ，ギャランティ，ワランティ，リプレゼンテーション（保証書）

　日本では，保証という用語はいくつもの広い意味で使われているが，英語では保証は四つの違った語で表現される。SuretyshipとGuarantyとWarrantyとRepresentationである。

　Suretyshipは，金銭上の債務の保証，すなわち債務者本人が支払いをしないときに本人に代わって支払うことであって，この保証人をSuretyという。

　Guarantyは，本人が一定の行為をしないときに，本人に代わって行為する責任を負うことであって，身元保証や賃借人の保証などを指す。この保証人をGuarantorという。

　Warrantyは，商品が一定の品質・性能を持っていることを保証する保証であって，この保証人をWarrantorという。

　Representationは権利に瑕疵がないことを保証するときに使う保証表明である。特許権などの知的財産権やその他の権利の保証に際して表明される。

　日本語の保証は上記いずれにも混用して使われるが，英語では上述のように用語が使われるので，英文保証書を書くに際してはどのタイプの保証であ

12 シュアティシップ，ギャランティ，ワランティ，リプレゼンテーション（保証書）

るのかを知り，正確に使い分けなければならない。

　英文の保証は，2当事者間のオリジナルの契約書中に保証条項として書かれ，保証人が契約当事者と連署することもあるが，オリジナルの契約書と別個に，保証書として独立して作成され，保証人のみが署名する場合も多い。

(1)　シュアティシップ

　　金銭債務の保証（Suretyship）の場合は，標題をSuretyshipとして，保証文言の本文を「I (Surety) hereby become a surety of the Debtor (the name and address of debtor) and undertake to pay the debt that the Debtor owes the Creditor in the event that the Debtor fails to pay the debt to the Creditor.」（私は債務者の保証人となり，債務者が債権者に対して負担する債務を支払うことを怠った場合には，債務者に代わってそれを支払うものとする。）というように書く。

(2)　ギャランティ

　　身元保証（Guaranty of Identity）の場合は，標題をGuarantyとして保証文言の本文をI (Guarantor) hereby guarantee the identity of the Principal (the name and address of the Principal) and undertake collaterally with the Principal to answer for the performance of the Principal.（私は本人の身元を保証し，本人と並んで本人の行為を実行することを引き受ける。）というように書く。

(3)　ワランティ

　　商品の保証は，例えば電気製品の保証にみられるように，The Manufacturer hereby warrants that the Product is good and satisfiable in and to its quality, fits for and conforms to its special purpose, and is marketable and has merchantability.（製造者は，本商品が品質において良質かつ満足なものであり，特定の用途に合致する，かつ市場に販売可能であり商品性を有するものであることを保証する。）というように書く。

(4)　リプレゼンテーション

　　権利に瑕疵がないことを保証するときにはRepresentationを使う。特許権のライセンスや譲渡などに際し，その特許権が第三者の権利に瑕疵がないことを侵害するものでなくまた第三者から苦情の申立て等がない

旨を権利者が保証表明するものである。

　動産や不動産を売却する場合に，その品質保証とは別に，その動産や不動産が法的に売主の物件であり，他者から権利主張されることがないことを保証する場合がある。これを権原保証（Seller's Title Warranty）という。この場合は，「I (Seller) hereby warrant and represent that the title of the Property is good and its transfer is rightful, and the Property conveyed is free from any security interest or other lien or encumbrance.」（売主である私は，物件の権原が良好でありその譲渡が正当であること，及び譲渡される物件に他の担保権，先取特権，その他の権利負担がないことを保証する。）というように書かれる。

　保証書の宛先については，金銭債務保証（Suretyship）の場合は差入れ先の債権者の名が記される。身元保証（Guaranty of Identity）や行為の保証（Guaranty of Particular Action）の場合も差入れ先の名が書かれる。

　商品の保証（Warranty of Product）の場合や権原保証（Warranty of Title）の場合は差入れ先の名（Addressee）は書かれない。

〈例29　保証書（シュアティシップ）〉

SURETYSHIP

BY: John James ("the Surety")
OF: 66-04 Sanders Street, Queens, New York, N.Y. ("the Surety's Address")
IN FAVOUR OF: Fibertex America Proprietary Limited ("the Creditor")
IN RESPECT OF: Samuel Sidney ("the Debtor")

1　The Surety hereby binds itself as surety and co-principal debtor, jointly and severally with the Debtor (meaning that both can be held liable, either jointly in equal shares, or separately for the whole amount) in favour of the Creditor, for the due fulfillment by the Debtor of all its obligations to the Creditor of any nature and howsoever arising, whether already incurred or which may be incurred in the future, as a continuing suretyship, despite any change in or temporary extinction of such obligations.

2　The Surety renounces the benefit of being able to demand that the

Creditor first proceed against the Debtor , the benefit of being able to insist that the Surety is only liable for a portion of the debt where there is more than one surety , and the benefit of being able to demand that he is ceded the other sureties debts should the Surety make payment of the full debt . (The effect of this clause being that the Surety may no longer require the above to occur before paying the debt owing to the Creditor.)

3 Without limiting the foregoing, the Surety agrees:

3.1 That all admissions and acknowledgements of liability by the Debtor will be binding on the Surety. (The effect of this clause is that if the Debtor makes any acknowledgment or admission, it will apply as if the Surety had made that acknowledgement or admission.)

3.2 That in the event of the Debtor being liquidated or subject to business rescue, or a compromise being effected with its creditors, no dividends or payments received by the Creditor will prejudice the Creditor's rights to recover from the Surety the full amount owing by the Debtor at the date of liquidation of the Debtor.

3.3 That this Suretyship is in addition and without prejudice to any securities held now or in the future by the Creditor, and will remain in full force and effect as a covering Suretyship for as long as any amounts whatsoever are owed by the Debtor to the Creditor and despite the fact that the for certain periods nothing may be owing by the Debtor to the Creditor.

3.4 That no variation or cancellation of this Suretyship will be of any force or effect unless reduced to writing and signed by both the Surety and the Creditor.

3.5 That any indulgence or extension of time for payment granted by the Creditor to the Debtor is without prejudice to any of the other rights of the Creditor, and that no indulgence or extension will in any way affect the Surety's liability. (The effect of this clause is that even if the Creditor grants an indulgence to the Debtor or an extension of the payment, it does not have to grant that same indulgence or extension to the Surety and can claim from the Surety as if that indulgence or extension had not been granted to the Debtor.)

3.6 To submit to the jurisdiction of the Magistrates' Court in terms of Section 45(1)of the Magistrates' Court Act of 1944, despite the amount being claimed may exceeding the jurisdiction of such court and further, despite this, the Creditor may, in its discretion, institute proceedings in any division of the High Court of New York.

3.7 That in the event that any of the terms of this Suretyship are found to be invalid, unlawful or unenforceable, that such terms will be severable from the remaining terms, which will continue to be valid and enforceable.

3.8 To be bound by all the Standard Terms and Conditions of the Creditor, as contained in the credit application signed by the Debtor.

3.9 That should the Creditor cede its claim against the Debtor to any third party, then this Suretyship shall be deemed to have been given by the Surety to such cessionary/ies, who shall be entitled to exercise all rights in terms of this Suretyship, as if such cessionary/ies were the Creditor.

4 By signing this Suretyship, the Surety hereby confirms that:

4.1 he/she has read and understood all the terms and clauses contained herein;

4.2 this Suretyship is complete in all respects;

4.3 that the witnesses are present;

4.4 he is capable of executing this Suretyship, having obtained the necessary consent and authority to do so.

(The effect of the above warranties is that the Surety agrees that the above statements are true and he will be treated as if this is the case. If at any stage they are found not to be true and correct the Surety will be in breach of this Suretyship and the Creditor will have a claim against it).

SIGNED AT NEW YORK ON THIS FIRST DAY OF JANUARY 2019

Surety

                                                    (Signature)

Name: John James

Witnesses

12　シュアティシップ，ギャランティ，ワランティ，リプレゼンテーション（保証書）

1. Name: Alice Anderson

2. Name: Bernie Bishop

（日本語訳）

　　　　　　　　　　　　保証書

保証人：ニューヨーク州ニューヨーク市クィーンズ区サンダース・ストリート66-04
　　　　ジョン・ジェームズ（以下，保証人）

債権者：ファイバーズ・アメリカ・プロプライエタリーズ・リミテッド（以下，債権者）

債務者：サミュエル・シドニー（以下，債務者）

1．保証人は，本書により，債権者のために，債務者の債権者に対する一切の債務についての，債務者による期限の支払のため，債務者と連帯して（これは，債務者と保証人の両者が等額の分担で共同に，若しくは全額につき各個別に，責任を有することを意味する。），保証人としてかつ共同主債務者して債務者自身を拘束する。この債権者に対する債務者の債務は，発生する性質若しくは方法の如何を問わず，すでに発生していると将来発生するものであるとを問わない。保証人の保証は，債務の変更もしくは一時的消滅にかかわらず継続する保証とし証するものである。

2．保証人は，債権者が債務者に対して訴訟を提起することを要求しうる権利，複数以上の保証者がいる場合に保証人が債務の一定割合にのみ責任があると主張しうる権利，及び保証人が全債務を支払った場合に他の保証者の債務を譲渡されることを要求できる権利を放棄する（本項の効果は，保証人は債権者に対して負担する債務を支払う前に生起することあるべき上記のことを要求しないということである。）。

3．上述したことに限定されることなく，保証人は次のことに合意する。

　3.1　債務者による債務の承認及び認知は，保証人を拘束すること（本項の効果は，債務者が認知又は承認を行ったときは，それは，保証人がその認知又は承認を行ったと同様に適用されるということである。）。

　3.2　債務者が清算に入り若しくは事業の救済の下に入り又は他の債権者と和解に至った場合に債権者が受け取る配当若しくは支払は，債務者の清

算の日に債権者が保証人から回収する債権者の権利を，何ら害するものではないこと。

3.3　本保証は，現在又は将来債権者が有する担保保証に加えるものでありかつその担保保証を害するものではなく，かつ債務者が債権者に対して負担する金額が，それがどのようなものであれ存在する期間，そして一定期間債務者が債権者に対して何らの額も債務負担しなかったという事実があったとしても，元本を償う保証として，充分に有効かつ効力をもって存続すること。

3.4　本保証書についての何らかの変更もしくは解約は，保証人及び債権者によって書面で変更され両者が署名しない限り何らの効力もないこと。

3.5　債権者が債務者に与える支払猶予若しくは支払時期の延長は，債権者のその他の権利に対する侵害なしとすること，及び支払猶予若しくは延長は，保証人の責任に何ら影響しないこと（本項の効果は，仮に債権者が債務者に支払猶予若しくは延長を与えたとしても，それは，保証人に対して同様の支払猶予若しくは延長を与えなければならないのではなく，その支払猶予若しくは延長が債務者に対して与えられなかったように保証人に対して請求できるものであること。）。

3.6　1944年治安裁判所法第43条(1)にしたがって，治安裁判所を管轄として提訴すること。これは，提訴額が当該裁判所の管轄を超えるものであっても，更に債権者はその任意裁量においてニューヨーク州高等裁判所のいずれの部門においても訴訟手続を開始することができること。

3.7　本保証のいずれかの条項が無効，不法，若しくは執行不能と判断された場合においても，当該条項は，残余の条項と分離され残余の条項は有効かつ執行可能であること。

3.8　債務者が署名した与信申込書に含まれている通り，債権者の標準契約条件の全てに拘束されること。

3.9　債権者が債務者に対する債権を第三者に譲渡した場合，本件保証は当該譲受人に対して与えられたものとみなすこと。同譲受人は，債権者であるかのように，本保証の条項にしたがって，全ての権利を行使することができること。

4.　本保証書に署名することにより，保証人は，次のことを承認する。

4.1　同人は，本書中に含まれる条項の全てを読み理解したこと。

4.2 本保証は，全ての面で完全であること。

4.3 証人が列席していること。

4.4 同人は，必要な同意と権限を得て，本保証書に署名し交付することにつき能力を有すること。

（上記の保証の効果は，保証人は上述の記述が真実であり，かつこれが事実であるかのように取り扱われることに同意することである。何らかの段階で，これらが真実真正でないと判断された場合であっても，保証人は本件保証の違反となり債権者はそれに対しての権利主張を有する。）。

2019年1月1日，ニューヨークにて署名した。

保証人　ジョン・ジェームズ　　　　　　　　　　　　　　（署名）

証人　　アリス・アンダーソン

証人　　バーニー・ビショップ

〈例30　身元保証書〉

To: ABC Corporation

Guaranty of Identity and Performance of Employee

I, Jirou Tanaka, hereby accept to become a guarantor of identity and performance of the following person who is employed by you, and as the guarantor of identity and performance guarantee that the person complies with your employment rules and other rules. I agree that I will indemnify you against any loss or damage if you suffer the loss or damage by the person's intention or serious mistake. Provided, however, that the period of guaranty be three years from the day of employment.

Name of Employee: Sachiko Tanaka
Date of Employment: December 1, 2018
Relation between the Guarantor and the Employee: Parent and daughter

Date: December 1, 2018

Guarantor
_____ (Signature)

Ichirou Tanaka
Address: 1-1 Oizumi-gakuen, Nerima-ku Tokyo

(日本語訳)
ABCコーポレーション御中

身元保証書

　私，田中次郎，は，下記に記載する，貴社が雇用した者の身元保証人となり，その者が貴社の就業規則その他諸規則を遵守することを身元保証人として保証いたします。私は，当人の故意又は重大な過失によって貴社が損害を被った場合は，貴社にその損害を補償いたします。ただし，保証期間は採用の時から3年間とします。

従業員の氏名：田中幸子
採用年月日：2018年12月1日
保証人と被雇用者の関係：親子

保証年月日：2018年12月1日

東京都練馬区大泉学園1の1
田中次郎　　　　　　　　　　　　　　　　　　　　　　　　　（署名）

〈例31　製品保証書〉

Kimura Electronics Product Limited Warranty

The warranty obligations of Kimura Electronics Inc. ("Kimura Electronics") for this product are limited to the terms set forth below:

1. What is Covered
This limited warranty covers defects in materials and workmanship in this product.

2. What is Not Covered
This limited warranty does not cover any damage, deterioration or malfunction resulting from any alteration, modification, improper or unreasonable use or maintenance, misuse, abuse, accident, neglect, exposure to excess moisture, fire, improper packing and shipping (such claims must be presented to the carrier), lightning, power surges, or

other acts of nature. This limited warranty does not cover any damage, deterioration or malfunction resulting from the installation or removal of this product from any installation, any unauthorized tampering with this product, any repairs attempted by anyone unauthorized by Kimura Electronics to make such repairs, or any other cause which does not relate directly to a defect in materials and/or workmanship of this product. This limited warranty does not cover cartons, equipment enclosures, cables or accessories used in conjunction with this product.

Without limiting any other exclusion herein, Kimura Electronics does not warrant that the product covered hereby, including, without limitation, the technology and/or integrated circuit (s) included in the product, will not become obsolete or that such items are or will remain compatible with any other product or technology with which the product may be Kimura used.

3. How Long this Coverage Lasts
The standard limited warranty for Kimura products is seven(7)years from the date of original purchase, with the following exceptions:
(1) All Kimura VIA hardware products are covered by a standard three (3)year warranty for the VIA hardware and a standard three(3)year warranty for firmware and software updates.
(2) All Kimura fiber optic cables and adapters, active cables, cable retractors, all Kimura speakers and Kimura touch panels are covered by a standard one(1)year warranty.
(3) All Kimura Cobra products, all Kimura Calibre products, all Kimura Minicom digital signage products, all Kimura High SecLabs products, all streaming, and all wireless products are covered by a standard three(3) year warranty.
(4) All Kimura Video Multi Viewers are covered by a standard five(5) year warranty.
(5) Kimura switchers & control panels are covered by a standard seven (7)year warranty (excluding power supplies and fans that are covered for three(3)years).
(6) K-Touch software is covered by a standard one(1)year warranty for software updates.
(7) All Kimura passive cables are covered by a ten (10) year warranty.

4. Who is Covered
Only the original purchaser of this product is covered under this limited warranty. This limited warranty is not transferable to subsequent purchasers or owners of this product.

5. What Kimura Electronics Will Do

Kimura Electronics will, at its sole option, provide one of the following three remedies to whatever extent it shall deem necessary to satisfy a proper claim under this limited warranty:

(1) Elect to repair or facilitate the repair of any defective parts within a reasonable period of time, free of any charge for the necessary parts and labor to complete the repair and restore this product to its proper operating condition. Kimura Electronics will also pay the shipping costs necessary to return this product once the repair is complete.

(2) Replace this product with a direct replacement or with a similar product deemed by Kimura Electronics to perform substantially the same function as the original product.

(3) Issue a refund of the original purchase price less depreciation to be determined based on the age of the product at the time remedy is sought under this limited warranty.

6. What Kimura Electronics Will Not Do Under This Limited Warranty

If this product is returned to Kimura Electronics or the authorized dealer from which it was purchased or any other party authorized to repair Kimura Electronics products, this product must be insured during shipment, with the insurance and shipping charges prepaid by you. If this product is returned uninsured, you assume all risks of loss or damage during shipment. Kimura Electronics will not be responsible for any costs related to the removal or re-installation of this product from or into any installation. Kimura Electronics will not be responsible for any costs related to any setting up this product, any adjustment of user controls or any programming required for a specific installation of this product.

7. How to Obtain a Remedy Under This Limited Warranty

To obtain a remedy under this limited warranty, you must contact either the authorized Kimura Electronics reseller from whom you purchased this product or the Kimura Electronics office nearest you. For a list of authorized Kimura Electronics resellers and/or Kimura Electronics authorized service providers, visit our web site at www.kimurav..com or contact the Kimura Electronics office nearest you.

In order to pursue any remedy under this limited warranty, you must possess an original, dated receipt as proof of purchase from an authorized Kimura Electronics reseller. If this product is returned under this limited warranty, a return authorization number, obtained from Kimura Electronics, will be required . You may also be directed to an authorized reseller or a person authorized by Kimura Electronics to repair the product.

12 シュアティシップ，ギャランティ，ワランティ，リプレゼンテーション（保証書）

If it is decided that this product should be returned directly to Kimura Electronics, this product should be properly packed, preferably in the original carton, for shipping. Cartons not bearing a return authorization number will be refused.

8. Limitation of Liability

THE MAXIMUM LIABILITY OF KIMURA ELECTRONICS UNDER THIS LIMITED WARRANTY SHALL NOT EXCEED THE ACTUAL PURCHASE PRICE PAID FOR THE PRODUCT. TO THE MAXIMUM EXTENT PERMITTED BY LAW, KIMURA ELECTRONICS IS NOT RESPONSIBLE FOR DIRECT, SPECIAL, INCIDENTAL OR CONSEQUENTIAL DAMAGES RESULTING FROM ANY BREACH OF WARRANTY OR CONDITION, OR UNDER ANY OTHER LEGAL THEORY. Some countries, districts or states do not allow the exclusion or limitation of relief, special, incidental, consequential or indirect damages, or the limitation of liability to specified amounts, so the above limitations or exclusions may not apply to you.

9. Exclusive Remedy

TO THE MAXIMUM EXTENT PERMITTED BY LAW, THIS LIMITED WARRANTY AND THE REMEDIES SET FORTH ABOVE ARE EXCLUSIVE AND IN LIEU OF ALL OTHER WARRANTIES, REMEDIES AND CONDITIONS, WHETHER ORAL OR WRITTEN, EXPRESS OR IMPLIED. TO THE MAXIMUM EXTENT PERMITTED BY LAW, KIMURA ELECTRONICS SPECIFICALLY DISCLAIMS ANY AND ALL IMPLIED WARRANTIES, INCLUDING, WITHOUT LIMITATION, WARRANTIES OF MERCHANTABILITY AND FITNESS FOR A PARTICULAR PURPOSE. IF KIMURA ELECTRONICS CANNOT LAWFULLY DISCLAIM OR EXCLUDE IMPLIED WARRANTIES UNDER APPLICABLE LAW, THEN ALL IMPLIED WARRANTIES COVERING THIS PRODUCT, INCLUDING WARRANTIES OF MERCHANTABILITY AND FITNESS FOR A PARTICULAR PURPOSE, SHALL APPLY TO THIS PRODUCT AS PROVIDED UNDER APPICABLE LAW.

IF ANY PRODUCT TO WHICH THIS LIMITED WARRANTY APPLIES IS A "CONSUMER PRODUCT" UNDER THE MAGNUSON-MOSS WARRANTY ACT (15 U.S.C.A. § 2301, ET SEQ.) OR OTHER APPLICABLE LAW, THE FOREGOING DISCLAIMER OF IMPLIED WARRANTIES SHALL NOT APPLY TO YOU, AND ALL IMPLIED WARRANTIES ON THIS PRODUCT, INCLUDING WARRANTIES OF MERCHANTABILITY AND FITNESS FOR THE PARTICULAR

PURPOSE, SHALL APPLY AS PROVIDED UNDER APPLICABLE LAW.

10. Other Conditions
This limited warranty gives you specific legal rights, and you may have other rights which vary from country to country or state to state.

This limited warranty is void if (i) the label bearing the serial number of this product has been removed or defaced, (ii) the product is not distributed by Kimura Electronics or (iii) this product is not purchased from an authorized Kimura Electronics reseller. If you are unsure whether a reseller is an authorized Kimura Electronics reseller, visit our web site at www.kimurav.com or contact a Kimura Electronics office from the list at the end of this document.

Your rights under this limited warranty are not diminished if you do not complete and return the product registration form or complete and submit the online product registration form. Kimura Electronics thanks you for purchasing a Kimura Electronics product. We hope it will give you years of satisfaction.
(end)

（日本語訳）

キムラ製品限定保証書

　本製品についてのキムラ・エレクトロニクス・インク（以下，「キムラ・エレクトロニクス」という。）の保証義務は，次に記載する条項に限定される。

１．カバーされるもの
　本限定保証は本製品の材料及び製造技術における欠陥をカバーする。

２．カバーされないもの
　本限定保証は，製品の変造，変更，不適正若しくは不合理な使用若しくは維持，誤使用，乱用，事故，懈怠，過剰な湿気への露出，火災，不適正な包装及び運送（これらの苦情は輸送業者に提示されるべきこと），電光や電力の急変動，その他の自然災害に由来する損害，変質，若しくは機能不全をカバーしない。本限定保証は，本製品の設置もしくは設置からの移動，本製品への許可されていない不法な改変，キムラ・エレクトロニクスにより認められていない者による修理の試み，又は本製品の材料若しくは製造技術又はその双方に直接関係しないその他の原因から生起する損害，変質，若しくは機能不全をカバーしない。本限定保証は，本製品に関連して使用されるボール

紙包装容器，機器包装，ケーブル線若しくは付属品はカバーしない。本書中の他の除外に限られることなく，キムラ・エレクトロニクスは，本製品中の技術若しくは集積回路又はその双方を含むが，それらに限られることなく，本書によってカバーされる製品が時代遅れのものではないこと，又は，当該品目が本製品と共に使用される他の製品若しくは技術と適合性があり，若しくはあり続けることを保証しない。

3．本保証の継続する期間
　キムラ製品の標準保証期間は，次の例外を除き，当初の購入の日から7年間である。
(1) キムラKMR製品は，全て，KMRハードウェアのための3年の標準保証及びファームウェアとソフトウェア改訂版のための3年の標準保証によりカバーされる。
(2) キムラ・ファイバー光学ケーブル及びアダプター，アクティブケーブル，ケーブル・レトラクター（巻込み装置），キムラ・スピーカー及びキムラ・タッチパネルは，全て，1年の標準保証によりカバーされる。
(3) キムラ・コブラ製品，キムラ・カリブラ製品，キムラ・ミニコン・デジタル・サイナージ製品，ハイ・セクラブ製品，スチーミング及びワイヤレス製品は，全て，3年の標準保証によりカバーされる。
(4) キムラ・ビデオ・マルチ・ビューアーは，全て，5年の標準保証期間によりカバーされる。
(5) キムラ・スィッチャー・コントロール・パネルは，全て，7年の標準保証によりカバーされる。ただし，電力供給品及び送風機は3年間カバーされることを除く。
(6) Kタッチ・ソフトウェアは，ソフトウェア改訂のため1年の標準保証でカバーされる。
(7) キムラ受動ケーブルは，全て，10年の保証でカバーされる。

4．カバーされる者
　本製品の当初の買主のみが本標準保証によりカバーされる。この限定保証は，本製品の爾後の買主若しくは所有者には移転できない。

5．キムラ・エレクトロニクスが行うこと
　キムラ・エレクトロニクスは，その唯一の選択権として，本限定保証の下で，適切な苦情を満足させるために必要とみなす範囲において，次の三つの救済の一つを提供する。
(1) 妥当な期間内に，無償で，本製品をその適切な運転条件に向かっての修理・修復を完了するために必要な部品と労力をもって，欠陥の部品を修理し若しくは修理の便宜を図ることを決定すること。
(2) 本製品を直接に取り換え又は当初の製品と同様の機能を本質的に果たすとキムラ・エレクトロニクスが考える類似の製品で取り換えること。
(3) 当初の購入価格から，本限定保証の下で救済が求められる時期の製品価

格に基づいて決定される原価償却額を，差し引いた額の返金をすること．

6．キムラ・エレクトロニクスが本限定保証の下で行わないこと

　本製品がキムラ・エレクトロニクス又はそれが購入されたキムラのオーソライズド・ディーラー若しくはキムラ・エレクトロニクス製品を修理する権限を有する他の者に返品される場合，本製品は，貴殿により輸送中の保険が付保されねばならず，かつ保険料と輸送費が貴殿により前払されなければならない．本製品が保険なしで返品される場合，貴殿は輸送中の損害損失につき一切のリスクを持つものとする．キムラ・エレクトロニクスは，本製品の設置の除去若しくは再設置に関連するコストについては何らの責任も負わないものとする．キムラ・エレクトロニクスは，本製品の設置及び本製品の特別菜設置のために必要とするユーザーコントロール若しくはプログラミングの調整に関係するコストについては責任を有しないものとする．

7．本限定保証の下の救済の取得の仕方

　本限定保証の下の救済を得るためには，貴殿は本製品を購入した指定キムラ・エレクトロニクス再販売業者又は貴殿に最も近いキムラ・エレクトロニクスのオフィスのいずれかにコンタクトしなければならない．指定のキムラ・エレクトロニクス再販売業者のリストについては，www.kimurav.comの我々のウェブを訪問するか又は貴殿に最も近いキムラ・エレクトロニクスのオフィスにコンタクトされたい．

　本限定保証の下の救済を受けるためには，貴殿は，指定のキムラ・エレクトロニクス再販売業者の日付入りの領収書原本を購入の証拠として有していなければならない．本製品が本限定保証の下で返品される場合，キムラ・エレクトロニクスから取得した返品承認番号（リターン・オーソリゼーション・ナンバー）が必要となる．貴殿は，また，本製品を修理するためにキムラ・エレクトロニクス再販売業者若しくはキムラ・エレクトロニクスが承認する者を指定される．

　本製品がキムラ・エレクトロニクスに直接返品されることが決定された場合，本製品は，輸送のために，できれば当初のカートン箱の中に適切に包装されるべきである．返品承認番号を付さないカートン箱は拒絶される．

8．責任の限度

　本限定保証の下でのキムラ・エレクトロニクスの最大の責任は，本製品に対して支払った実際の購入価格を超えないものとする．法により許容された最大の範囲内で，キムラ・エレクトロニクスは，保証若しくは条件の違反又はその他の法的理論から生ずる直接，特別，二次的又は間接的な損害賠償につき責任を負わない．いくつかの国，地域，若しくは州では，救済からの除外若しくは限定，特別，二次的，間接的若しくは非直接的な損害の賠償又は特定額への責任の限定を許容しない．それで上記の限定又は除外は，貴殿には適用されないこともある．

9．排他的救済
　法により許容される最大の限度において，本限定保証及び上述の救済は，排他的なものであり，明示であると黙示であるとを問わず，その他の全ての保証，救済，及び条件に代わるものである。法により許容される最大の限度において，キムラ・エレクトロニクスは，市場性及び特別目的への合致の保証を含む一切の黙示の保証を否認する。キムラ・エレクトロニクスが法的に否認できないか又は適用される法の下での黙示の保証を除外できない場合，市場性及び特定目的への合致の保証を含む，本製品をカバーする一切の黙示の保証は，適用される法の下で提供される通り，本製品に適用されるものとする。

10．その他の条件
　本限定保証は，貴殿に特定の法的権利を与えるものであり，且つ，貴殿は，国若しくは州によるその他の権利を有するものとする。
　本限定保証は，(i)本製品の連続番号のラベルが除去され若しくは汚損されている場合，(ii)本製品がキムラ・エレクトロニクスによって流通されたものでない場合，(iii)本製品が指定のキムラ・エレクトロニクス再販売業者から購入されたものでない場合，無効とする。購入先がキムラ・エレクトロニクス再販売店であるかどうか貴殿が不確かである場合は，当社のwww.kimurav.comのウェブサイトを見るか，又は，本書類の最後にあるリストのキムラ・エレクトロニクスのオフィスにコンタクトされたい。
　本限定保証の下の貴殿の権利は，貴殿が製品登録フォームに記入返送せず，又は，オンライン製品登録フォームに記入提出しない場合であっても，消滅しない。キムラ・エレクトロニクスは，貴殿がキムラ・エレクトロニクス製品をお買い上げくださったことに感謝する。我々は貴殿に長期間の満足を差し上げる。
（終わり）

13　アポロジー（謝罪書）

　何らかの過ち（Misconduct）を犯した場合にその事実を認め謝罪をすることがある。この場合に謝罪書（Apology）を書いて相手方に差し入れる。

　アポロジー（謝罪書）の体裁は，被害を受けた相手方に差し入れる差入書の形で書く。標題をApology（謝罪書）都市，本文は，I, John Doe, hereby deeply apologize you that I made such misconduct ……（私ジョン・ドゥーは，これこれの不始末を貴社に対して犯したことを深くお詫びします。）というように書く。行った不始末を正確に書くことが重要である。

2章　英文法律・法的文書の書き方

〈例32　謝罪書〉

```
To: ABC Corporation
                        Apology
I, John Doe being your employee, hereby deeply apologize my misconduct
that on March 31, 2018 I had leaked, divulged, and revealed out your
confidential information to a third party outside without your consent.

Signed, sealed, and delivered.
_____(Signature)
John Doe
```

(日本語訳)

　　　　　　　　　　　　　　謝罪書
　貴社の従業員である私ジョン・ドゥーは，2018年3月31日貴社の同意なしに貴社の機密情報を他の第三者に漏洩しましたことを深くお詫びいたします。

ジョン・ドゥー　　　　　　　　　　　　　　　　　　　　　　　(署名)

14　ウェーバー（権利放棄書）

　署名者が有する特定の債権（Credit），請求権（Claim），特権（Privilege），救済（Remedy），便益（Benefit），などを放棄しようとするときに，このウェーバー（権利放棄書）を使う。ウェーバー（権利放棄書）を発行することによりその請求をしない意思を示すわけである。例えば，株主が株主総会の招集の通知を受ける権利を放棄するWaiver of Notice（通知受領の権利の放棄書）や相続人が相続権を放棄するWaiver of Inheritance（相続権放棄書），手形小切手の不渡りの際の裏書人に対する拒絶証書作成の免除のためのWaiver of Protest（拒絶証書作成要求権の放棄書）などがある。

　体裁は，標題をWaiverとし，放棄する相手方を宛名人として，本文を，I, John Doe, hereby waive my right of……（私ジョン・ドゥーは，私のこれこれの権利をここに放棄する。）というように書く。放棄する対象の権利（Right），請求権（Claim），特権（Privilege），救済（Remedy），便益（Benefit）を特定

15 アサインメント（債権譲渡書）とデレゲーション（債務委譲書）

して明確に表示することが重要である。

〈例33　通知受領権放棄書〉

> To: ABC Corporation
>
> ### Waiver of Notice
>
> I, John Doe being a shareholder of ABC Corporation, hereby waive my right to receive the convocation notice of ABC Corporation's Ordinary General Shareholders Meeting to be held on March 31, 2018 at 10:00 a.m. at the head office of ABC Corporation.
>
> Date: March 24, 2018
>
> ＿＿＿＿＿＿＿＿＿＿＿＿＿＿＿＿＿＿＿＿＿＿＿(Signature)
> John Doe

> （日本語訳）
>
> ### 通知受領権放棄書
>
> ABCコーポレーションの株主である私ジョン・ドゥーは、ここに、2018年3月31日午前10時にABCコーポレーション本社において行われる同社の通常株主総会の招集通知を受ける権利を放棄します。

15　アサインメント（債権譲渡書）とデレゲーション（債務委譲書）

　ビジネス社会においては、数多くの債権債務関係が存在する。これを当事者外の第三者に移転するのがアサインメント（債権譲渡）とデレゲーション（債務委譲）である。

(1) アサインメント（債権譲渡）

　債権譲渡（Assignment of a Claim）は、存在する債権を、その債権者が当事者外の債権譲渡先へ譲り渡すことである。債権譲渡書に債権の所有者が署名して債権譲渡先に交付することにより有効に成立する。債務者の承諾は原則として必要ない。ただし、債務者本人の個人のみしか履行できない債務（例えば絵を描く債務負担している画家や小説を書く債務を負担している作家など）については債務者の承諾が必要になる。

体裁は，標題をAssignmentとし，本文を「I, John Doe (the Assignor), hereby assign and transfer to Richard Roe (the Assignee) the claim amounting one million dollars ($1,000,000) which I have against Sam Samuel (the Debtor) Arising from the Debtor's misconduct to me.」（債権譲渡人である私ジョン・ドゥーは，本書をもって，債務者サム・サミュエルの私に対する違法行為から生起する，私の，債務者に対する金100万ドルの債権を，債権譲受人リチャード・ロゥに譲渡する。）というように書く。

(2) デレゲーション（債務委譲）

債務委譲（Delegation of Debt）は，例えば，自動車の売買契約を締結して代金を受領した者の自動車の引渡義務をその者の親が代わって履行してやるために債務者本人がその債務を親に委譲（delegate）するような場合に行われる。日本にはこのような債務の委譲というような考え方はなく，日本では，新しく債務を負担することになる者が「債務引受」を行う形で法律構成がなされる。

英文のデレゲーション（債務委譲書）の体裁は，標題をDelegationとし，債務の委譲者（Delegator）から被委譲者（Delegatee）にあてて発行される形となる。文言は，「I, John Doe, hereby delegate to Jean Roe my obligation that I owe ABC Inc.」（私ジョン・ドゥーは，本書により，私がABCインクに対して負担する債務をジーン・ローに委譲する。）というように書かれる。

(3) アサインメント・オブ・コントラクト・ポジション（契約上の地位の移転）

契約上の当事者の地位を当事者外の第三者に移転する場合がある。この場合，契約上の地位の移転書が作成される。これをAssignment of Contract Position（契約上の地位の移転）という。

契約においては，当事者のそれぞれに，いくつもの債権と債務が併存して存在することになるから債権譲渡（Assignment of Claim）と債務委譲（Delegation of Obligation）が同時に行われることになるわけであるが，一括して，契約上の地位の譲渡としてAssignment Agreement（譲渡契

15 アサインメント（債権譲渡書）とデレゲーション（債務委譲書）

約書）が作成されることが多い。

〈例34 債権譲渡書〉

> To: Michael Wood, Assignee　　　　Date: April 4, 2018
>
> ### Assignment of a Claim for Damage
>
> This Assignment of a Claim for Damage is made and effective on this 4th day of April 2018, by the undersigned Assignor John Doe residing at 20 Broadway, Los Angeles, California 46107 U.S.A. (the Assignor) to Mr. Michael Wood residing at 25-1 Terminal Tower, Monroe Street, San Francisco, 95100 California, U.S.A. (the Assignee).
>
> The Assignor hereby assigns and transfers to the Assignee and its successors, assigns, and personal representatives, any and all claims, demands, and causes of action of any kind whatsoever which the Assignee has or may have against Bernie Brighton residing at 414 Jackson Drive, Santa Barbara, California 95130 U.S.A. (the Debtor), arising from the following accident:
>
> On March 1, 2018, at the corner crossing 101 highway and 280 highway near the San Francisco Airport, the Assignor had suffered a serious injury by the Debtor's reckless driving.
>
> The Assignor may in its own name and for its own benefit prosecute, collect, settle, compromise, and grant release on said claim as it in sole discretion advisable.
>
> Signed, sealed, and delivered.
>
> _____ (Signature)
>
> John Doe, Assignee

（日本語訳）
債権譲受人　マイケル・ウッド殿

損害賠償請求債権譲渡書

　本損害賠償請求債権譲渡書は，2018年4月4日，アメリカ合衆国46107カリフォルニア州ロスアンゼルス市ブロードウェー20に居住する，下記に署名したる譲渡者ジョン・ドゥー（以下，「譲渡人」という。）からアメリカ合衆国95100カリフォルニア州サンフランシスコ市モンローストリート，ターミナル・タワー25の1に居住するマイケル・ウッドに対して発せられたものである。

91

譲渡人は，本書をもって，譲受人及びその承継人，譲受人，及び人格代表者に対し，譲渡人がアメリカ合衆国カリフォルニア州サンタバーバラ市ジャクソン・ドライブ414に居住するバーニー・ブライトンに対して現に融資又は有することあるべき，下記の事故から生ずる債権，請求権，訴訟若しくは素因を，それがどのようなものであれ，全て譲渡し移転する。

　2018年3月1日，サンフランシスコ空港近くのハイウエイ101とハイウェイ280が交差するコーナーにおいて，譲渡人は，債務者の無謀な運転により重大な人身事故を被った。

　譲渡人はその名においてかつその便益のために告げられる自己の最良の下で，上述の債権につき訴訟をし，金銭を回収し，又は和解，妥協をし，若しくは免積を与えることができる。

署名し，捺印し，交付する。
_____（署名）
　譲渡人　ジョン・ドゥー

〈例35　債務委譲書〉

To: Jean Roe（the Delegatee）　　　　　　July 30, 2018

Delegation of Obligation

I, John Doe residing at 44 Market Street, San Francisco, California, executed a sale/purchase agreement of an automobile Toyota 2000 four door sedan with Mr. Sam Samuel on the third day of June, 2018. I received the price of said car in full.

I hereby delegate and transfer to you my obligation to deliver said automobile.
Signed, sealed, and delivered.
_____（Signature）
John Doe, Delegator

（日本語訳）

被委譲人　ジェーン・ロゥ殿　　　　　　2018年7月30日

債務委譲書

> 　サンフランシスコ市マーケット・ストリート44に居住する私ジョン・ドゥーは，2018年6月3日，サム・サミュエル氏との間にトヨタ2000型4ドア・セダン自動車の売買契約を締結した。私は同自動車の代金を満額受領済みである。
>
> 　私は，本書をもって，サム・サミュエル氏に上記の自動車を引き渡す私の義務を貴殿に委譲する。
>
> 署名し，捺印し，交付した。
> ＿＿＿＿＿＿＿＿＿＿＿＿＿＿＿＿＿＿＿＿＿＿＿＿＿（署名）
> 委譲人　ジョン・ドゥー

16　ディスクレーマー（責任否認書）

　Disclaimer（責任否認書）は，法律文書としてよく使われる文書である。負担しなければならない責任，義務，保証などを，予め否定するために作成され，宣言される文書である。

　表示されるのは，インターネットや書籍や宣伝資料などに，ディスクレーマーと表示して書かれるのが通例である。

　例えば，インターネット上の，教育機関の表示において，その教育機関が提供する教育訓練を紹介したのちに就職について触れ，「当校は，コンピューター・ソフトウェアのプログラミングの分野において世界最高水準の教育訓練を提供する。当校の卒業生は一流企業への就職を約束されている。ただし，上記は卒業生の全部に対し，必ず希望の就職先が得られることを保証するものではない。」というようなディスクレーマー（責任否認書）を表示することがある。後日その教育機関を卒業した者からのクレームを防ぐためのものである。

　書籍で，新しい医学療法を紹介した本などの最終ページにディスクレーマー（責任否認書）として「この本に書かれている医学療法の記述は情報提供の目的のためであり，その医学療法によって対象の病気が治癒することを保証するものではない。」旨を掲載することがある。その本の読者から著者や出版社が訴えられるのを防ぐためのものである。

　商品にもディスクレーマー（責任否認書）がある。健康食品やサプリメン

トの宣伝資料や放送に「本商品について述べられた効能効果は一般的なものであり，人により所定の効果効能が現れないことがある。この商品について述べられていることは，医師の診断や治療行為にとって代わるものではない。本商品は薬事当局で認可された医薬品ではなく，特定の病気を治療する効能効果があるものではない。」というような表示をすることがある。

ディスクレーマー（責任否認書）は，訴訟の多いアメリカ合衆国では特に多く表示されている。特定の明快な保証表示をしない場合であっても黙示で保証したと認定されることが多いからである。

商品販売やサービス提供の基本契約書や一般契約条件の中にディスクレーマー条項を入れておくことは多いが，それに加えて，独立のディスクレーマーを表示して責任を否定しておくことが一般的なビジネス慣行である。

英文の体裁としては，Disclaimerと標題をつけたうえで，The above descriptions are information purpose only and not intended to guarantee or warrant the product or service offered. We (Product Manufacturer or Service Provider) shall not be liable for any injury or damage resulting from intaking the product or using the service offered.（上述の記載は，情報提供目的に限ったもので，提供する商品若しくはサービスを保証することを企図したものではない。我々（商品の製造業者若しくはサービスの提供者）は，提供する商品の摂取若しくはサービスの利用に起因する傷害・損害については何らの責任も負わない。）というように書く。

ディスクレーマーの文言の見本はインターネット上に数多く存在するから，自社のディスクレーマーを作成する場合には，インターネットも参考になる。

〈例36 ディスクレーマー（責任否認書）(1)〉

Disclaimer

This web site is made available by the lawyer or law firm for educational purpose only as well as to give you general information and a general understanding of the law, not to provide specific legal advice. By using this blog site you understand that there is no attorney client relationship between you and the web publisher. The web site should not be used as a substitute for competent legal advice from a licensed professional attorney in your state.

(日本語訳)

ディスクレーマー（責任否認書）

　本ウェブサイトは，教育目的に限って利用できるよう，かつ，貴方に法の一般的情報と一般的理解を与えることができるよう，法律家若しくは法律事務所によって，利用できるように作成されたものであり，特定の法的な助言を提供するためのものではありません。このウェブサイトを利用することにより，貴方は，貴方とウェブサイト・パブリッシャーの間に弁護士・依頼者関係がないことを了解するものとします。本ウェブサイトは，貴方の州の認可された専門職弁護士の適切な法的助言に取って替わるものとして使用されるべきではありません。

〈例37　ディスクレーマー（責任否認書）(2)〉

The information provided in this book is designed to provide helpful information on the subjects discussed. This book is not meant to be used, nor should it be used, to diagnose or treat any medical condition. For diagnosis or treatment of any medical problem, consult your own physician. The publisher and author are not responsible for any specific health or allergy needs that may require medical supervision and are not liable for any damages or negative consequences from any treatment, action, application or preparation, to any person reading or following the information in this book. References are provided for informational purpose only and do not constitute endorsement of any website or other sources. Readers should be aware that the websites listed in this book may change.

(日本語訳)
　この本の中で提供されている情報は，取り上げた主題についての有用な情報を提供するように企画されています。この本は医療上の条件を診断し手当てするために用いられることを意味するものではなく，また，そのように用いられるべきでもありません。この本の出版社及び著者は，医療上の監督を要求する特定の健康若しくはアレルギーの必要性については責任を持ちませんし，かつ，この本の中にある情報を読み，もしくはそれに従う人に対しての手当て，行為，適用，若しくは処方から生ずる損害若しくは期待に反する結果については，一切責任を負いません。参照事項は，情報提供の目的に限って提供される者であり，ウェブサイトや他の出典の裏書を構成するものではありません。読み手は，この本の中にリストされているウェブサイトが

変更されうるものであることを知るべきです。

〈例38　ディスクレーマー（責任否認書）(3)〉

The information in this book is true and complete to the best of our knowledge. All recommendations are made without guarantee on the part of the author or publisher. The author and publisher disclaim any liability in connection with the use of this information.

（日本語訳）
　本書中の情報は，我々の最上の知識において，真実であり完全なものです。全ての勧告は，著者及び出版社の側の保証なしに行われるものです。著者及び出版社は，この本の中の情報の使用に関連しての一切の責任を否認します。

〈例39　ディスクレーマー（責任否認書）(4)〉

Disclaimer

The products and claims made about specific products on or through this Site have not been evaluated by the United States Food and Drug Administration and are not approved to diagnose, treat, cure or prevent disease.
This Site is not intended to provide diagnosis, treatment, or medical advice. Products, services, information and other content provided on this Site, including information that may be provided on this Site directly or by linking to third-party website are provided for informational purpose only. Please consult with a physician or other healthcare professional regarding any medical or health related diagnosis or treatment options.

Information provided on this Site and linked website, including information relating to medical and hearth conditions, treatments and products may be provided in summary form. Information on this Site, including any product label or packaging should not be considered as a substitute for advice from a healthcare professional. This Site does not recommend self-management of health issues. Information on this Site is not comprehensive and does not cover all diseases, ailments, physical conditions or their treatment. Contact your healthcare professional promptly should you have any health related questions. Never disregard or delay medical advice based upon information you may have read on this Site.

You should not use the information or services on this site to diagnose or treat any health issues or for prescription of any medication or other treatment. You should always consult with your healthcare professional and read information provided by the product manufacturer and any product label or packaging prior to using any medication, nutritional, herbal or homeopathic product or before beginning any exercise or diet program or starting any treatment for a health issue. Individuals are different and may react differently to different products. You should consult your physician about interaction between medications you are taking and nutritional supplements. Comments made in any forums on this Site by employees or Site users are strictly their own personal views made in their own personal capacity and are not claims made by us or do they represent the position or view of us. Product ratings by any current or previous employees or Site users are strictly their own personal views made in their own personal capacity and are not intended as a substitute for appropriate medical care or advice from a healthcare professional.

Always check the product label or packaging prior to using any product. If there are discrepancies, Customer should follow the information provided on the product label or packaging. You should contact the manufacturer directly for clarification as to product labeling and packaging details and recommended use.

We are not liable for any information provided on this Site with regard to recommendations regarding supplements for any health purpose. The products or claims made about specific nutrients or products have not been evaluated by the Food and Drug Administration. Dietary products are not intended to treat, prevent, or cure disease. Consult with a healthcare professional before starting any diet supplement or exercise program. We make no guarantee or warranty with regard to any products or services sold.

We are not responsible for any damages for information or services provided even if we have been advised of the possibility of damages.

（日本語訳）

ディスクレーマー（責任否認書）

本製品及び本サイト上若しくはそれを通しての特定の製品についての主張は，合衆国食品医薬品局によって評価されたものではなく，かつ，病気の診断，手当て，治療，若しくは予防のために評価されたものではありません。

　本サイトは，診断，手当て，若しくは医療上の助言を提供することを企図しているものではありません。本サイトで提供される製品，サービス，情報その他の内容は，本サイトから直接若しくは第三者へのリンクにより提供される情報を含め，情報提供の目的のみのために提供されるものです。医療上若しくは健康維持のための診断，若しくは対処療法の選択に関しては，医師その他の健康管理専門職に相談してください。

　本サイト及びリンクされたウェブサイト上の情報は，医療上及び健康上の条件，療法及び製品を含め，要約フォームで提供されることがあります。本サイト上の情報は，製品のラベル及び包装を含め，健康管理の専門職の助言に代わるものとして考えてはなりません。本サイトは，自己管理による健康上の問題は助言しません。本サイト上の情報は，包括的なものではなく，すべての疾病，慢性疾患，身体の体調，若しくはそれらの手当てをカバーするものではありません。もし貴方に健康上の質問があれば，速やかに貴方の健康面の専門家に接触してください。貴方が本サイトで読んだ情報に基づいた医療上の助言を無視し又はそれに遅れないでください。

　貴方は，本サイトの情報若しくは助言を，健康問題の診断や治療に又は投薬その他の手当ての処方に使用してはなりません。貴方は，常に，貴方の健康維持の専門家に相談し，かつ，投薬上，栄養上，漢方上，及び同毒療法上の製品を用いるのに先立って，又は身体療法若しくは減量療法を始めるのに先立って，又は健康問題のための両方を始める前に，製品の製造業者や製品のラベルや包装から提供された情報を読まなければなりません。個人個人は違っており，異なった製品に異なって反応することがあります。貴方は，摂取しようとする投薬と栄養上のサプリメントの間の相互作用について，貴方の医師に相談しなければなりません。本サイトのフォーラムでの従業員やサイト・ユーザーのコメントは，厳密には，彼ら自身の個人的立場での個人的見解であり，我々の主張ではなく，又は我々の立場や見解を表明するものではありません。現在又は過去の従業員あるいはサイト・ユーザーによる格付けは，彼ら自身の個人的立場での個人的見解であり，健康管理専門職からの適切な医療上の注意や助言に代わるものとして企図されたものではありません。

　製品を使用する前に，常に，製品のラベル若しくは包装に提供される情報に従わなければなりません。貴方は，製品のラベル及び包装の詳細と助言された用法に関して明確にするために，製造業者に直接コンタクトするべきです。

> 当社は，健康目的のサプリメントに関しての助言につき責任を有しません。製品又は特定の栄養物若しくは製品についての主張は，食品医薬品局により評価されたものではありません。ダイエット製品は，病気を手当てし，予防し，治療することを企図するものではありません。ダイエット，サプリメント，若しくはエクササイズ・プログラムを開始する前に，健康管理専門職に相談してください。当社は，販売した製品若しくはサービスに関して，保証しません。
>
> 当社は，仮に当社が損害の可能性につき告知したとしても，提供する情報又はサービスにつき，損害賠償の責に任じないものとします。

17　デクラレーション（宣言書）

　Declarationは，一定の事実や主張を宣言するものである。Declaration of War（宣戦布告）やDeclaration of Independence（独立宣言）などがその例である。私法の分野では，嫡出子を認知する際のDeclaration of Legitimacyがよく使われる。ビジネスの分野では，Declaration of Force Majeure（不可抗力事態の宣言）がある。契約書を取り交わすときに，契約書中のボイラープレート・クローズ（一般共通条項）の一つとしてForce Majeure Clause（不可抗力免責条項）が入れられる。地震や洪水などの天災地変，火災や爆発などの災害，内戦や暴動などの社会秩序の混乱，原料や電力などの調達不能，輸送機関の事故など，契約当事者が制御できないような事態によって契約の履行が遅延し又は不能になった場合は，これを不可抗力事態として，当該履行遅延若しくは不能となった契約当事者の責任を問わないという内容の条項である。

　このような不可抗力事態が生じたとき，その不可抗力によって履行が遅延若しくは不能となった当事者は，不可抗力を宣言して面積を受ける。これがDeclaration of Force Majeure（不可抗力事態宣言）である。

　Declaration of Force Majeure（不可抗力事態宣言）には，不可抗力となった事態の実態と時期及びそれによって自己の義務の履行ができなくなった旨を宣言する形で明確に書く。ただし，すでに発生している，または将来発生する金銭債務については，免責の対象とならない。免責の対象となるのは，売買契約における売主の商品引渡義務や賃貸借契約における貸主の賃貸物件

2章 英文法律・法的文書の書き方

の提供義務などである。

〈例40 デクラレーション・オブ・フォース・マジュール〉

Statement on Declaration of Force Majeure

Due to the effect of the civil war in Yemen, Group 4S Security Service Yemen Limited was unable to conduct business in a safe and sustainable manner.
The Company therefore declared force Majeure and ceased all operation in Yemen on Sunday 21st June 2018. Group 4S Security Service Yemen Limited has not operated in Yemen since that date.
We are sorry that this may cause any confusion to third parties.

(日本語訳)

不可抗力事態宣言書

　イエメンにおいての内戦のため、グループ4Sセキュリティ・サービス・イエメン社は安全で持続可能な状態で業務を行うことができなくなりました。当社は、したがって、不可抗力事態を宣言し、2018年6月21日付けでイエメンにおける一切の業務を停止いたしました。同日より、グループ4Sセキュリティ・サービス・イエメン社は、イエメンにおいて業務を行っておりません。
　この措置で第三者にご迷惑をおかけすることをお詫びします。

第2編

文章作成上の注意

1章　英文法律・法的文書の文章作成の実務

　前編において英文の法律・法的文書の概要をつかまれたと思うが，実際に英文を書いていくとなると，数々の注意点がある。

　アメリカでは法律文書の起草は法律家（ロイヤー）が担当する。依頼者（クライアント）がロイヤーに依頼し，ロイヤーがこれを法律的に間違いのない文書にする。アメリカのロイヤーはロースクールで養成されるが，ロースクールの講義科目のなかに「リーガルライティング」と「リーガルドラフティング」という講座があり，そこで法律的に間違いのない文書を作成する訓練を受ける。多くのロースクールがこの「リーガルライティング」，「リーガルドラフティング」のコースを法律学生に教えているが，下記の記述は，これらのコースを参考にしている。ただし，本書は日本人向けの本なので，アメリカ人法律学生には不必要であるが，日本人には必要な基礎的な部分を加えて記述する。

1　英文文章作成の前段階

(1)　依頼者からの聴取

　　英文作成の前に十分やっておかなければならないことは，依頼者からのヒアリングをしっかりやっておかなければならないことである。日本人の依頼者は口が重く，起草担当者に十分な情報を与えてくれないことが多い。依頼者が，本当はどのように文書の内容を書いて欲しいのかの

明確な意見を持たないまま，文書の作成を依頼してくることがしばしばある。起草者として一番重要なことは，依頼者が本当に欲していること，すなわち当事者の真意を，確認してこれを正確に表現することである。勿論，法律的，ビジネス的，技術的な助言は重要なので，起草担当者は機に応じて必要な助言を行わなければならない。

(2) 作成のための事前調査

文書起草者が，英文法律文書を作成する前に行わなければならない次のステップは，作成のために他の文書を調査することである。通常次のような事前調査を行う。

既存契約書・法律文書，記録文書の閲読はもっとも通常に行われるステップである。既存の法律・法的文書等で，これから作成にかかろうとする文書と同種のものを調べる。

書式を参照することは次のステップである。本書を活用するほか英文法律文書の書式はインターネット上にもサンプルがある。また，アメリカやイギリスのリーガル・フォーム・ブック（書式集）も参照するとよい。著名なものにジョーンズの書式集（Jones Legal Forms）がある。洋書店の法律のセクションに行くといくつかの書式集が置いてある。

注意すべきは，実際の文章作成において書式集のフォームを引き写さないことである。実際の法律・法的文書は一つ一つが異なる内容の書式である。正しい文書は当事者の真意が正確に反映されたものでなくてはならない。書式集の英文フォームの文をそのまま引き写すことは，当事者の真意を違えて表現することになりかねない。書式集を見るのはあくまで参考にとどめるべきである。

法律的問題点の把握と討議も英文法律・法的文書の作成の前に行うべきことである。文書を書くに際して依頼者の依頼を聴き，既存文書や書式を調べ，依頼者の真意を確認するわけであるが，その過程で法律的な問題が浮かびあがってくる。この法律的問題点をその都度把握し，調整をすることが重要な仕事である。

(3) 文書の起草と検討
　(i) 第一草案の起草
　① 全体像の構想
　　英文法律・法的文書の文を書き下ろす前にアウトラインを考える。書き下ろそうとする取引なり事項なりが全体としてどのようなものであるかの全体像を構想するのである。当事者を特定し，取引の流れを図解してみるとよい。複雑な取引については作成に入る前にチャートを描いてみることは特に役に立つ。

　　初めて取り組むような難しい法律・法的文書であって，サンプルのないような文書を書き下ろすときは，チャートを作成して，当事者，金銭の流れ，その金銭に対する対価の流れなどを線と矢印で記入してみると，考えをまとめるのに役立つ。

　② 法律的フレームワーク
　　全体像を把握したあと，文書の骨子がどのような法律的フレームワークとなるのかを考えてみる。どの当事者にどのような義務が生じ，あるいはどのような権利が生ずるかを考えながらチャートに書き込んでいくとよい。

　③ 項目のリストアップ
　　全体像と法律的フレームワークを考えたら，次に起草すべき文書の項目のリストを書き出す。条文の見出しに使える程度の項目リストを書くのが通常であるが，更に細かい項目まであげることもある。リストは何度も書いてみて，書くべき項目が不足しないようにしなければならない。

　　文書の文案を削ることは容易であるが，書いていない事項を思いついて書き足すことは容易ではない。項目のリストアップは，少ないよりは多いほどよいのである。

　④ 配列の検討と調整
　　起草すべき項目のリストを見ながらこれをどういう順に並べるのがよいかを検討するのが，次の段階である。

　　契約書の条文配列をどうするかは起草担当者として頭を使うところで

あるが，要は読みやすく理解しやすいようにすればよい。通常は，時間的順序で配列する。
⑤　起　草
最後に英文作成に入るわけであるが，配列し終わった項目ごとに，条文を書き下ろしていく。

(ⅱ)　起草文書の検討
① 点検と推敲
第一ドラフトができあがったら書き手である起草者は注意深く読んで誤りがないかをチェックする。
② 他人のチェック
起草担当者の思い込みによる誤りをチェックするために，起草担当者以外の人に草案を見せて読んでもらうのは有効なチェックの方法である。他人が行うと視点が変わるから，起草担当者本人によって見逃されていたところでも，発見しやすい。
③ 依頼者との打合せ
再考した英文法律・法的文書を依頼者に渡してチェックしてもらう。依頼者の意思の通り書かれているかを再確認するのである。起草者は依頼者の意思を離れて自分の思い込みで書いてしまうことがあるから，この依頼者への回付とその意思の再確認は必ず行わなければならない。
④ 書直し
自己の点検，推敲，他人によるチェック，依頼者の再確認が終わったら，これに基づき再度書直しを行う。
⑤ タイプライティングとプルーフリーディング
英文の法律・法的文書のドラフトができたら，それを見ながら文案をタイプライティングする。

タイプライティングが終わった原稿は注意深くプルーフリーディング（校正）を行い，スペルミスやグラマーミスをチェックする。最近のパソコンソフトにはスペルチェック機能やグラマーチェック機能が組み込んであって，プルーフリーディングがずいぶん楽になっている。

2　修　正

　以上のようにして作成された英文ドラフトを関係者に渡して修正を繰り返すのであるが，それが未だ完了に至っていないドラフトであることを表示するために各頁にDraftである旨の注記を表記する。通常Draftというゴム印を斜めに押すか右肩にDraftとプリントする。そのDraftが何日の作成で，当事者のどちら側のドラフトであるかを示すために，日付と提案者の略称を表記する。

例
January 1, 2012 Draft proposed by ABC Inc.

　検討の進展によって，英文の各条文が修正されるが，この場合注意すべきは，修正された条文ばかりでなく，他の条文への影響も注意することである。修正されたところが，他の条文にも波及する場合があるから，これを見つけ出して，関係する条文も忘れずに修正しなければならない。起草担当者は，修正があった場合は，注意して他の条項への波及がないかを調べ，作成文書の一貫性が保たれるよう留意しなければならない。

3　外部に依頼する場合の注意

　英文法律・法的文書を，外部の，例えば渉外司法書士や国際弁護士に依頼することがあるが，その場合の注意事項は次のような点である。

　① 十分な事前打合せと説明

　　　依頼するにあたっては，社内の真の依頼部門からの十分なヒアリングと打合せを行って，前述した全体像と法律的なフレームワークをつくり，これを外部の弁護士などへ持参して契約書のドラフティングを依頼する。十分な時間をとって，内容をよく説明して文書を依頼することである。外部に依頼する英文文書は高度で複雑なものが多いはずである。ハイテクノロジーや国際的金融取引のような複雑な取引にあってはそれを理解してもらうためにも十分な説明の時間をとらねばならない。

　② 高い時間チャージが当然と考えること

　　　渉外司法書士でも，国際弁護士でも基本的に料金は時間制（タイム・

チャージ・ベーシス）である。1時間当たり3万円から5万円はかかる。数回の打合せミーティングと調査，ドラフティングの時間は合計すれば数十時間はかかるであろう。従って請求される時間チャージはそれなりに高額となる。

③　安物買いをしないこと

顧問弁護士に月払いの顧問料を払っているからこれを利用しなければ損だと考えて，無料であるいは安い費用で英文法律・法的文書を作成してもらおうと考えてはならない。顧問弁護士の顧問料（Retainer Fee）はサービスの対価ではなく，Retain（つなぎ止め）のための費用である。弁護士の「お墨付き」が欲しいとして，自社で作成した英文法律・法的文書を顧問弁護士のもとに届けて「目だけ通してみて下さい」などと言う向きもあるが，これも意味がない。法律的なアドバイスを得たいのであれば，初期の段階で見せてアドバイスを受けなければ役に立たない。顧問弁護士に「見せた」ということで何か起きた際のエクスキュースとしたいのかもしれないが，それはエクスキュースにはならない。真に必要なのは初期の段階での有益なアドバイスなのである。

④　翻訳会社の利用

原案を日本語で作りこれを英訳させて草案とする会社もあるが，これも考えものであり，あまり勧められない。日本語で原案を作ると，とかく内容が曖昧になりやすく，翻訳すると意味が違ってしまう場合もある。英文法律・法的文書は最初から英文で書き下ろすのが間違いないやり方である。

作成を終え署名調印した英文の法律・法的文書を日本語に翻訳する場合がある。この場合は英文文書を翻訳に出すことになる。翻訳の文書は英文が読めない人に対する参考資料として意味があるが，その場合でも，契約の原本は英文文書であり，問題が起きた場合は，原文の英文文書が証拠文書となることを留意しておくことが必要である。

2章　英文法律・法的文書の文の基本

英文法律・法的文書はその性質上いくつかの特徴がある。その特徴に基づいてこれら英文法律・法的文書に使用される文章にも特徴がある。以下にこれらの文章に必要とされる基本を述べる。

1　法律文の必要条件

(1)　法律文書の役目

英文法律・法的文書はなぜ作られるのか，何のために必要であるのかを最初に自問してみる。以下，英文法律・法的文書の文を「法律文」と呼ぶことにする。

① 実行のガイド

まず法律文は書かれたとおりを実行するためのガイドである。法律文を書く人とそれを実行する人は違う人である。会社にあっては，法律・法的文書を起草するのは法務部門であるが，これを実行するのは営業部門や技術部門など他の部門である。つまり読み手は別の人であるということである。法律文は，常に，この「読み手」を意識して書かれた，読み手に分かりやすいものでなければならない。

② 証拠資料

法律文は，最終的には証拠として使われる。当事者の間に意見が分かれたときは，書かれた法律文が議論の根拠になる。当事者間で紛争が生じ，訴訟や仲裁となれば，それが証拠として提出される。その証拠資料は裁判官，仲裁人，あるいは陪審員が読むものである。これら裁判官や仲裁人は当事者ではない。全くの第三者である。書かれていない事についての事情を知る立場にはない。ということは，法律文は事情を知らない第三者が読んで分かるように書かれていなければならないということである。

③ 解釈の余地を少なく

　法律文は，このように，書き手以外の人たち，すなわち実行部門の人や第三者である裁判官によって読まれ判断されるものであるから，できるだけ率直に，解釈の余地を少なくするように書かれなくてはならない。

④ 当事者の意見の正確な反映

　法律文は，依頼者の依頼によって，起草担当者が書くものであるが，起草担当者の勝手な作文であってはならない。それは当事者である依頼者の意見を正確に反映したものでなければならない。場合によっては，当事者の意思がはっきりと固まっていない状態で法律文を作る場合もあるが，そのような場合であっても起草担当者としては，できるだけ当事者の意思をはっきりさせてこれを文書化すべきである。それでもなお当事者の意思が決まらないこともあるであろうが，そのような場合は当事者の意思が未定であることを正確に文書に反映させることが必要である。

(2) 法律文の7条件

以上に述べた法律文の役目を考えれば，当然に法律文が必要とする要件が出てくる。

① 正確性

　法律文は当事者の真意を正確に反映したものでなければならない。起草担当者が勝手に歪曲してはならない。

② 厳密性

　法律文は当事者の権利義務を律する重要なものであるから厳密に書かれなければならない。法律文はその厳密さゆえに，数々の条件，限定，制限が付く。これらを厳密に書かなければならない。

③ 読みやすさ

　厳密性と裏腹であるが，法律文は書き手以外の第三者が読んで分かりやすいものでなければならない。

④ 簡潔性

　法律文は，忙しい現代ビジネスのためのものであるから，表現が簡

潔でなければならない。

⑤ 明快性

　法律文は，異なった解釈がなされる余地のないよう明快なものでなければならない。

⑥ 首尾一貫性

　法律文は前後が矛盾しないよう論理的に首尾一貫していなければならない。そうでないと判断に困る。

⑦ 直接性

　法律文は律するところを直接書いたものでなくてはならない。間接的に婉曲に裏から読まなければならないような文は法律文には適さない。

(3) 法律文で避けるべきこと

　以上に述べたことの他に法律文で避けるべきことを述べれば次のような点である。

① 多義性と曖昧さ

　　Ambiguity（多義性）とVagueness（曖昧さ）は英語辞書では，共に「あいまいさ」となっているが，これは実は違う。Ambiguityは一つの語なり文なりがいくつもの意味を持っていて，いく通りもの解釈ができる（多義な）ものをいう。例えば次のような文はambiguous（多義）である。

例文

The girl looked at the boy eating candy with jealous eyes.
（少女はうらやましそうな目をしてキャンデイを食べている少年を見た。）

　　この文はjealous eyes（うらやましそうな目）がgirlにかかるのか，boyにかかるのかで2通りの解釈が成り立つからambiguous（多義）な文である。

　　Vagueness（曖昧さ）は文なり語なりの意味が判然としない，漠然としたものをいう。例えば次のような文はvague（曖昧）である。

> ──例文──
> The meeting was so meaningful that we made a lot done.
> （会は意義があり我々は多くを行った。）

　　　何のmeetingでありどのようなresolutionをしたのか判然としない。このようにVagueness（曖昧さ）はAmbiguity（多義性）とは異なる。AmbiguityとVaguenessは法律文では避けるべきである。

② 過度の精密さ

　　　法律文が過度に精密に書かれているのも決してよいとは言えない。例えば，法律文書中のPayment Clause（支払条項）で「支払は何年何月何日の何時何分までに，何々銀行の何者の口座番号何番に銀行振込で支払う。」というような文は必要であろうか。文書中では支払義務のみを明定すれば法的な手段をとるためには十分であろう。残る細目は後日の通知で足りる。あまり細かすぎると実際に運用するときに制約が大きくなりすぎる。その法律・法的文書の目的にあった程度の精密さで書くことである。

③ 一般化のしすぎ

　　　Generality（一般化）とは特定の事物を指す語がいくつもあるときにそのいくつもの語を包含する言葉によって置き換えることである。例えばdogs，cats，horses，cowsを一般化してanimalsという語を使うことである。

　　　これもあまり一般化するとかえって分かりにくくなるし，解釈に混乱を来すことになる。次の文を比較して見ていただきたい。

> ──例文──
> (a) Employees may use the Company's parking spaces for parking their vehicles.
> (b) Employees may use the Company's parking spaces for parking their automobiles.

　　　例(a)ではmotorbikeやbicycleまで駐車場にとめてもよいかどうかという論争が起きかねない。

④ 言葉の言換え

　文芸や論説の英語では，豊富なボキャブラリーを駆使して，できるだけ多彩な文章を書くほうがよいとされる。同じ言葉が何度も出てくるのは不格好なものである。この言葉の言換えをElegant Variationという。ところが法律文はこの逆である。正確，厳格に表現するためには同一の言葉を使わなければならない。ある行でpayment（支払）を使っておきながら，その後でremittance（送金）やreimbursement（払い戻し）を使ったのでは読み手が混乱する。更には，違う言葉を使っている以上，意味するところが違うと主張されることがある。法律文にあってはElegant Variation（言換え）は避けるべきである。

⑤ 冗慢さと重複表現

　法律文においてRedundant（冗慢）文を書かないようにしなければならないことは，ビジネス文と同じである。特に注意しなければならないことは同じことを二重に書くことである。これは冗慢さを生むばかりでなく，相互の間の矛盾や齟齬が起こりやすく，後でトラブルのもとになりやすい。避けるべきである。

⑥ 視座の転換

　法律文では書き手の視座はできるだけ一定の点に保つべきであって視座が揺れると誤解が起きやすい。例えば，一つの行為を一方当事者の義務としても書けるし，他方当事者の権利としても書ける。目的物を主語にして受身形でも書ける。しかし法律文において一つのセンテンスで視座が揺れると読む方も面倒であるし間違いも起きやすい。できるだけ視座の転換を行わないで書くようにすることである。

(4) 法律文の長さ

① 標準的長さ

　法律文はどのくらいの長さが適当であろうか。一般に法律文は長くなりがちであるができるだけ短いほうがよい。読みやすさと簡潔性が保てる。例外や条件や制限等があって文が長くなるときは文を分けて2文にする。

　日本人の場合は英語が得意でないので，更に短い方がよい。通常一

つの文は3行以内を目標として書くようにする。

② 一文一思想

一つの文に複数の言いたいことを盛り込んでandやbutの接続詞でつないでいくのは良くない。文が冗長になる。一つの文には一つの言いたいことのみを書くということを原則とすることである。

この意味で法律文はSimple Sentence（単文）とComplex Sentence（複文）を中心とし，Compound Sentence（重文）は使わないようにする方が良い。Complex Sentence（複文）は主節と従属節よりなる文（例えばIfなどの条件文），Compound Sentence（重文）はと等位接続詞（andやbut）で二つの節が結ばれた文である。

③ パラグラフ

一つ一つのセンテンス（文）をいくつか集めたものがパラグラフ（項）であるが，法律文においては一定のTopic（論題）についての文をグループ化してパラグラフとする。段落を付け行を空けてそれがパラグラフであることを示す。

通常一つのパラグラフは3～4センテンスのグループで構成するのが読みやすい法律文を作るやり方である。

2　法律文の基本的文法

法律文についての文法上の注意は本書の全編にわたって述べているが，ここではごく基本的なことだけを述べておく。

(1) 基本文型

英語は常に主語がはっきりしている。日本語はしばしば主語が省略される。「この公園は入ってはならない。」，「代金は請求があり次第支払う。」といった文章はよく書かれているが，これらは正確には「何人もこの公園に入ってはならない。」，「債務者は代金を甲の請求があり次第支払う。」ということであろう。

英文の法律文を書くときに，このような主語を省略する日本文の発想に引きずられると非常に変な英文を書いてしまう。そこで最初に英文の基本文型をしっかりと覚えておく必要がある。英文の基本文型には主語

と述語のかかわりで 5 文型がある。以下主語（Subject）を S，動詞（Verb）を V，補語（Complement）を C，目的語（Object）を O で表して説明する。

① SV（主語・動詞）パターン

このパターンで主語に対する動詞は自動詞であり，補語や目的語をとらない。形容詞・形容語句や副詞・副詞句がついて文が長くなる場合も多いが，基本は単純な S + V の形である。

---例文---
(a) The school bus shall run twice a day.
スクールバスは 1 日 2 回走行する。
(b) The fee for the counsel shall vary from time to time.
弁護士料金は時により変わるものとする。

② SVC（主語・動詞・補語）パターン

主語・動詞の次に補語がくるパターンである。補語（Complement）は述語部分にあって文の意味を完全なものにする語である。一つの単語の場合もあれば，句，節の場合もある。

---例文---
(a) The President of the United States of America must be an American citizen.
アメリカ合衆国大統領はアメリカ市民でなければならない。
(b) The term "Vehicles" means automobiles, motorcycles, and sidecars.
「乗物」は自動車，自動二輪車，及びサイドカーを意味する。

③ SVO（主語・動詞・目的語）パターン

主語に続く動詞は他動詞（Transitive Verb）で，目的語（Object）をとる。この SVO パターンは法律文でもっとも多く出てくる形である。

---例文---
(a) Directors shall perform their fiduciary duty to the Company.
取締役は会社に対する忠誠義務を果たさなければならない。
(b) The employee union may reject the proposal from the management.
労働組合は経営陣からの提案を拒絶することができる。

④ SVOC（主語・動詞・目的語・補語）パターン

主語・動詞の次の目的語の後に補語が付く。この補語は目的語の補語で目的語の意味を補う。補語は名詞か又は形容詞である。

―例文―
(a) They shall elect him the President of the United States of America.
彼等は彼をアメリカ合衆国大統領に選出すべきである。
(b) The Constructor shall paint the house white in accordance with the Owner's request.
建設業者は施主の要求にしたがって家を白に塗るものとする。

⑤ SVOO（主語・動詞・目的語・目的語）パターン

主語・動詞の次に直接目的語，間接目的語をとる形である。動詞は他動詞で，「何々を，何々に，何々する」というように書く，法律文ではもっとも多いパターンである。

―例文―
(a) The Seller shall deliver the Purchaser the product.
売主は買主に商品を引き渡すものとする。
(b) The Purchaser shall pay the Seller the price.
買主は売主に対し対価を支払うものとする。

column

長い法律文を読むときの注意

法律文は多くが条件やただし書が付き，意味の限定や効果の制限がはかられるから，どうしても修飾が多くなり長文となる。

長文の法律文を読んで意味が分からないときは，上に述べた５つの文型パターンを思い出して真のＳ，Ｖ，Ｃ，Ｏにマーカーで印をつけて読むと分かりやすい。中心となる主語，動詞，補語，目的語を探し出してマークをし，あとの修飾語は後回しにして意味をとると早く意味がつかめる。

(2) 時　制

法律文では，法律文書作成の時点より先の，将来の義務あるいは禁止の文言が主として書かれるので，時制はshallやshall notを使った未来時制（Future Tense）が使われる。ただし，権利については現在形be entitled toが使われ，許可についてはmayが使われる。

① 過去時制（Past Tense）
　法律文中の説明事項の中の過去の事項の記述に書かれる。

---例文---
The Licensor obtained a patent.
実施権許諾者は特許を取得した。

② 現在時制（Present Tense）
　法律文中の主張や説明事項における現在の状態や事実関係の説明の文に使わる。

---例文---
(a) The Licensee is desirous to have a license.
　　実施権被許諾者は許諾を受けることを望んでいる。
(b) The Licensor possesses the right to grant a license.
　　実施権許諾者は許諾を与える権利を有している。

③ 完了形（have動詞＋過去分詞形の動詞）
　一定時点までのその動作が完了している状態を表わす。法律文のなかでも完了形が使われることが多い。

１）過去完了形（Past Perfect Tense）
　過去の一定時点までにある動作が完了していたことを示す。法律文中の説明部分に使われることがある。

---例文---
When the Inventor invented the device, the Company and the Inventor had agreed to an employment agreement which stipulated the Company's right.
　発明者が装置を発明した時，会社と発明者は，会社の権利を規定した雇用契約書に合意していた。

２）現在完了形（Present Perfect Tense）
　現在時点までにある動作が完了していることを示す。経験を記述する場合に使われることが多い。

> **例文**
> ABC Corporation and XYZ Company have had a good business relationship.
> ABC社とXYZ社は良好なビジネス関係を保ってきた。

3）未来完了形（Future Perfect Tense）

未来の一定時点までにある動作が完了していることを示す。法律文中では将来の義務の完了を一定時点まで終了させるような場合に書かれる。

> **例文**
> The government approval shall have been obtained by the launching date.
> 政府認可は発売日までに得られていなければならない。

④ 進行形（be動詞＋現在分詞）

動作の継続を示すが，法律文の中では用いられることが比較的少ない。

1）過去進行形（Past Progressive）

過去における動作の進行を，過去完了進行形（Past Perfect Progressive）は過去の一定時点までの動作の進行を示すが，その違いは次の通りである。

> **例文**
> (a) ABC Corporation and XYZ Company were collaborating in the project.
> ABC社とXYZ社はその案件につき協力していた。
> (b) ABC Corporation and XYZ Company had been collaborating in the project till both companies ceased the collaboration at the end of 1990.
> ABC社とXYZ社は，両者が1990年末に協働を中止するまで，その案件につき協力してきていた。

2）現在進行形（Present Progressive）

現在における動作の進行を，現在完了進行形（Present Perfect Progressive）は現在までその動作が継続して進行していることを示す。

> **例文**
> Seller and Purchaser are collaborating in the project.
> 売主買主はその案件につき協力している。

3）未来進行形（Future Progressive）

　　未来における動作の進行を，未来完了進行形（Future Perfect Progressive）は未来の一定時点までその動作が継続して進行していることを示す。

> **例文**
> Students shall have been studying till the teacher will ask to end the study.
> 　学生は，教師が勉強をやめるように言うまで，勉強していなければならない。

(3) 時制の一致

　　文中に数個の動詞がある場合に動詞の時制を一致させなければならないのが原則である。

> **例文**
> （Wrong） よくない
> The Company <u>recognized</u> that the devices <u>are</u> invented by the Inventor.
> （Correct） よい
> The Company <u>recognized</u> that the devices <u>were</u> invented by the Inventor.
> 　会社はその装置は発明者が発明したことを認めた。

◎ 時制の一致の例外

　　法律文でよく出てくる例であるが，事実現象を述べる場合はその事実現象の部分は現在形で書かれる。また仮定法で書かれる文節の中の動詞は常に現在形で使われる。

> **例文**
> The scientist swore in his affidavit that the theory discovered is true and correct.
> 　科学者は，発見した理論が真実で正しい旨の宣誓書を宣誓した。

◎ 日本語にひっぱられないこと

　日本語は時制が大変ルーズである。真意は現在の事実であるのに「〜した」と書いたり，逆に真意は過去の経験なのに「〜する」と書くことがある。日本語の記述は時制を気にかけないのである。これを知らないで日本語をそのまま訳したり，これにひっぱられて英文を書き下ろしたりすると過ちを犯すことになる。

　例えば，「当事者の一方が本契約に違反した場合又は破産に陥った場合には──」の例で，動詞は過去形となっているが，これは実は「そのような状態に現在ある場合は」の意であるから英文を過去形あるいは過去完了形で書くのはおかしい。日本語を英文に訳すときは，よく真意を考えて時制に誤りのないようにしなければならない。

例文

(Wrong) If either party breached this contract or fell into bankruptcy, ...
(Wrong) If either party has breached this contract or has fallen into bankruptcy, ...
(Correct) If either party breaches this contract or falls into bankruptcy, ...
　当事者のいずれか一方が本契約に違反し又は破産に陥った場合には，…

3　叙　法

　叙法（Mood）には，直接法（Indicative Mood），命令法（Imperative Mood），仮定法（Subjunctive Mood）の三つがある。

　法律文においては，多くは直接法，仮定法が使われる。直接の命令法は使うことは少ない。一つの文においては一つの叙法で書き始めたらその叙法で通し途中で他の叙法を混ぜてはならない。

例文

(Wrong) The Company must have its representative sign to the Agreement; then please send it to us.
　会社は代表者に契約書に署名させなければならない。そしてそれを当方に送付ください。
(Correct) Have the representative sign to the Agreement and then send it to us.
　本契約書に代表者が署名のうえ当方まで送付ください。

118

4 態

態（Mood）には能動態（Active Voice）と受動態（Passive Voice）がある。受動態がbe＋過去分詞で作られることはご承知の通りである。

法律文においては，行為をする人を主語においた能動態のほうがより表現が明確になる。

――例文――
(a) Licensee shall pay Licensor running royalties.
　　ライセンシーはライセンサーに対しランニング・ロイヤリティを支払う。
(b) Running royalties shall be paid by Licensee to Licensor.
　　ランニング・ロイヤリティはライセンシーによりライセンサーに支払われる。

5 人称及び格

第一人称（I, We），第二人称（You），第三人称（He, She, It, They）があるのは承知の通りである。代名詞，名詞について主格（Subjective Case），目的格（Objective Case），所有格（Possessive Case）がある。

法律文で，主格が代名詞で書かれる場合は，文中で同じ代名詞の目的格，所有格を使わなければならない（I, me, my, mine, we, us, our, ours, you, you, your, yours, he, him, his, she, her, her, hers, they, them, their, theirs, it, it, its, who, whom, whose）。

名詞の所有格はアポストロフィS（'s）をつけるか又は前置詞ofを使う。法律文では簡潔な「's」を使うほうがよいとされる。

――例文――
(a) Father-in-law's company
　　義父の会社
(b) The Chairman of the Board's opening statement.
　　取締役会長の開会の辞

6 性及び数

男性形（Masculine Gender），女性形（Feminine Gender），中性形（Neuter

Gender) がある。名詞によっては男性，女性，中性の違いがあり，後出の代名詞で代名する場合に適切な性の代名詞を使わなければならない。単数 (Singular Number) と複数 (Plural Number) についても同じく適切な代名詞を使わなければならない。

---**例文**---
(a) The representative of the company put his seal and hands to the Agreement.
会社の代表者は本契約に署名捺印する。
(b) The executrix may sell the legacy at her discretion.
遺言執行者は，その任意裁量で，遺産を売却することができる。
(c) The Company shall establish its own plant.
会社は，自身の工場を建設しなければならない。

3章　主語・動詞，代名詞・先行詞の不整合の問題

「主語が三人称単数現在なら，その動詞にはsをつける」，「後からの文章に代名詞を使うのなら，その単数・複数・性はその代名詞が受ける先行詞と一致させる」というような英文法上の原則は，初歩的な注意事項だが案外ミスが多い。

日本語には単数複数の区別がないし，名詞における格（男性，女性，中性）の変化もない。従って，日本人が日本語で頭のなかで考えて，英文ドラフティングを行うとき，しばしばこの問題で混乱する。

法律文のように正確で誤りのない文章を書かねばならない場合は特にこのことが重要である。

この章では主語・動詞，代名詞・先行詞の不整合の問題について注意すべき点を述べる。

1　長い主語を書かないこと

明快で読みやすい法律文，契約文を書くためには，長い主語を書かないことである。法律文の主語はしばしば長くなるので注意が必要である。あらかじめ定義しておくことで主語を短くできる。

どうしても長い主語，多くの語で修飾され意味を限定された主語を書かなければならないときは，特に主語と動詞（それはずっと後の方に現れる。）との一致に気を配るようにしておかなければならない。

主語と動詞の不一致は，文としてみっともないだけでなく，法律文として一番警戒しなければならない誤解釈を生みやすい。

真の主語を見つけ，それが単数であるか複数であるかを見極め，動詞をそれに一致させる。真の主語を修飾する語に惑わされないようにすることである。

> **例文**
> The use of headings, references, footnotes, tables and formulae in legal drafting make the draft readable.
> (Change to) 書き換える
> The use of headings, references, footnotes, tables and formulae in legal drafting makes the draft readable.
> 　法律文書起草における見出し，参照，脚注，目次，及び数式の使用は，当該文書を読みやすくする。

2　倒置文における注意

　法律文，契約文にあっても，まれに副詞句が前に来て主語が動詞の後にくる形のいわゆる倒置形の文章を書くことがある。この場合は特に気をつけないと，動詞の主語との一致を忘れて，前に置かれた句に引きずられてしまうことがある。真の主語はどれかを明確に判別しておくことである。長い主語を避けるための倒置形（Inverted Word Order）においては，特に注意を必要とする。

> **例文**
> Out of the research study have come several important inventions which should be owned by both parties.
> (Change to)
> Out of the research study has come several important inventions which should be owned by both parties.
> 　その研究から，両当事者によって所有されるべきいくつかの重要な発明が生じた。

3　単数形の動詞をとる主語

　主語に持ってくる名詞のなかでも語尾がsで終わるので複数形のようにみえる名詞がある。series, basis, analysis, news, physics, mathematics, aesthetics, logistics, politics, economics（連続，根拠，分析，報道，物理学，数学，美学，兵站学，政治，経済）のような語である。いうまでもないがこのような語の動詞は単数形の動詞である。

　複数形のみを持つ名詞もある。scissors, trousers, shoes（はさみ，ズボン，

靴）などであるが、これらは勿論複数形の動詞をとる。

　後に複数形の名詞が来てその一部を指す意味でpart, pair, portionなどの語が使われることがある。この場合は後の複数形の名詞に引っ張られず、前の方にあるpart, pair, portionに注目して、受ける動詞は単数形の動詞とする。

> **例文**
> A series of committee meetings were held about the legal problems in new technology.
> (Change to)
> A series of committee meetings was held about the legal problems in new technology.
> 　新しい科学技術における法律的な問題について、一連の、委員会の会合が開催された。

4　集合名詞の場合の注意

　以上のように法律文における主語の単数複数と動詞の一致は重要なのであるが、ここで問題は、主語が集合名詞である場合、動詞は単数形の動詞で受けるか、複数形の動詞で受けるかの問題がある。

　法律用語として出てくる集合名詞は、例えばcommittee, jury, class, army, audience, counsel, brigade, staff, public, humanity, force, tribe, data, people, national, crowd, mankind（委員会、陪審、クラス、軍隊、聴衆、弁護士（団）、旅団、職員、公衆、人類、集団、部族、データ、人々、国民、群衆、人間）などがある。

　これらの語が主語のとき動詞は単数形をとるのか複数形をとるのか。具体的には、例えばThe public was informed. かThe public were informed. か、あるいはThe jury has determined the verdict. かThe jury have determined the verdict. かの問題である。

　全体の集合度が高く抽象化されて、全体として一体化された名詞の場合は単数形の動詞をとり、全体を複数の集合体としてその中の個々の構成員を考えるような場合は複数形の動詞をとる。

　同じ単語であっても、したがって、単数形の動詞をとったり複数形の動詞

をとったりすることがある。これは書き手が頭の中で単数で考えているか複数で考えているかによる。例示をすれば「The jury was deadlocked and not reached a verdict.」(陪審は評決不能となった。)も正しいし,「The jury are allowed to go to their homes for the night.」(陪審はそれぞれ夜には帰宅を許される。)も正しいわけである。

法律的に更に精密な書き方をするときは,その構成メンバーに着目してThe members of the juryとかEvery member of the juryという書き方もあることを覚えておくとよい。

---例文---
(a) The data he showed is exact and usable.
　　彼が示したデータは正確で利用できる。
(b) These data are quite accurate.
　　これらのデータは全く正確である。

5　不定代名詞と動詞

法律文では,each, either, everyone, everybody, everything, anyone, anybody, anything, someone, somebody, somethingなどの不定代名詞を使うことが多い。これらについては動詞は単数形の動詞を使う。each of the members, either of the partiesというように使った場合に,後の方の複数(membersやparties)に引きずられて複数形の動詞を使わないようにする。

同じ不定代名詞でもmany, all, both, some, several, fewなどは複数形の動詞をとる。many of the employees, both of the partiesなどの場合は動詞は複数形をとる。mostの場合はmost of the employees areと複数形の動詞をとるが,most of the oil isのように量として把握されない名詞が後にくると単数形の動詞をとる。

不定代名詞のなかでもnone, nobody, nothing, neitherのような否定の不定代名詞の場合は原則として単数形の動詞をとるが(nobody is, nothing is),場合により後に複数形の名詞がきて複数形の動詞をとることがある。none of the parties are, neither of the parties have…のような例文である。

このように不定代名詞とその後にくる動詞の整合性は大変間違いやすいか

ら気を配らなければならない。

例文
(a) Each of the original founders of the Association is scheduled to make a speech at the anniversary of the Association.
協会の最初の創設者の各々が，協会の設立記念日に演説をするよう予定されている。
(b) Either of the parties desires to enter into collaboration.
当事者のそれぞれが協力関係に入ることを望んでいる。

6　複合主語と動詞

　主語は一つの名詞とは限らない。いくつかの名詞がつながってCompound Subject（複合主語）になっていることは多い。二つ以上の名詞をandでつないだCompound Subjectの場合は複数形の動詞をとることはいうまでもない。

　ただし例外がある。法律事務所の名前はBaker and McKenzieのように代表パートナーの名をandでつなぐが，これは一つの法律事務所として認識されるので単数形の動詞をとる。雑誌の名や大学での課目名も同じように，andでつながれていても，一つとして認識されるから単数形の動詞で受ける。その他andで連結された複合主語でも観念上単数のものはそのように扱う。

　なお，andで連結された複合名詞でもeveryやeachで修飾されていれば単数形の動詞をとることはいうまでもない。

　Compound Subjectでもorやeither orで連結されていて構成要素が単数形の場合は単数形の動詞をとる。Neither , norも同じである。ただし，構成要素が複数形の場合は複数形の動詞をとることはいうまでもない。

例文
(a) Natural science and law are prerequisites for the position of the patent counsel.
自然科学と法律は，特許弁護士の職位には前提として必要な要件である。
(b) Brown, Jones and Smith is the largest law firm in the United States.
ブラウン，ジョーンズ＆スミス法律事務所は全米で最大の法律事務所である。

7　代名詞とその先行詞の一致

　以上1から6まで、主語とこれを受ける動詞の単数、複数の一致の問題を述べてきたが、この単数複数の問題は先行する語と後で出てくる代名詞にもあてはまる。先行する語が複数なら後で出てくる代名詞の例えば所有格はtheirで受けなければならないし、先行する語が単数ならhis, herあるいはitsで受けなければならない。

　代名詞の性についても同様でhis, her, itsを区別しなければならない。

　代名詞はあまり使いすぎないようにしなければならない。代名詞を使いすぎるとその代名詞がどの先行詞を受けているのか分からなくなる。例えばLicensorとLicenseeを当事者として文を記述しているときtheir employeeとかthemを使うと、このtheirやthemがLicensorとLicenseeのどちらを指しているのか分からなくなることがある。このときはむしろくどいようだがLicensee's employeeとかLicensor's employeeとした方がはっきりする。代名詞の使用は、文脈からそれがどの先行詞を指すのかが明確にわかる場合に限るべきである。

例文

(a) Mr. Smith transferred his shares in the partnership to Mrs. Smith.
　　スミス氏はパートナーシップにおける彼の持分をスミス夫人に譲渡した。
(b) An executrix may dispose of the estate that she is administering.
　　遺言執行者（女性）は彼女の管理する遺産を処分することができる。

4章　法律文における修飾の問題

1　修飾語と被修飾語

　法律的な文章は，文中に出てくる語の意味を正確に限定しなければならないので修飾が多くなる。ところがこの修飾というのが大変やっかいで，しばしば誤った書き方をしがちである。特に思考を正確にまとめないで書き流して行くと誤った文意の文章となる。どの修飾語（Modifier）がどの被修飾語（Modificand）を修飾しているのかを正確に考えながら法律的な文章を書いていくことが大切である。

　重要な事は，被修飾語を明白にすること（Identifying the Modificand）である。

　法律的な英文にあっては，修飾語を入れるとき，その修飾語がどの被修飾語を修飾しているかが明白に分かるようにして書くことが必要である。次のような点に注意する。

(1)　両にらみ修飾語（Squinting Modifiers）

　　Squinting Modifiers（両にらみ修飾語）というのは，一つの修飾語が二つ被修飾語を持つようにみえる修飾語である。下記の例文のような場合であるが，このような場合には修飾語の位置を動かして正確に一つの被修飾語だけを修飾するようにしなければならない。

例文
(a)　The Constructor shall use the Owner-supplied materials only to build the ordered building.
　　（二意の意味にとれる。onlyがその前のmaterialsを修飾する意と，onlyが後ろのto buildを修飾する意である。）
　　「建設業者は注文された建物を建設するためには，施主が支給する材料のみを使用しなければならない」
　　「建設業者は施主が支給する材料を，注文された建物を建設するためにのみ使用しなければならない」
(b)　Both parties agreed on the next day to amend the Agreement to make such an arrangement.
　　両当事者は翌日そのような取引を行うよう契約を修正することに合意し

た。(「翌日取引を行う」「翌日契約を修正する」「翌日合意する」の三つの解釈が成り立ち不正確)

(2) 懸垂修飾詞 (Dangling Modifiers)

　Dangling modifier（懸垂修飾詞）というのは，動詞の動名詞（gerund），分詞（participle），不定詞（infinitive）による，独立にぶら下がっている（dangling）修飾句である。しばしば対応する語が不明となったり混同したりするので，明確性を尊ぶ法律文ではあまり使うことを勧めない。なるべく避けた方がよい。

---例文---
After finishing the research the results shall be informed to the Fund-Sponsor.
(Means)
After the Fund-Recipient finishes the research, the Fund-Recipient shall inform the Fund-Sponsor of the results.
　研究を終了後，その成果は資金提供者（Fund Sponsor）に通知されるものとする。
(真意)
　資金受領者（Fund Recipient）が研究を終了したる後，資金受領者は資金提供者にその成果を通知するものとする。

(3) 被修飾語が不分明 (Unclear Modificand)

　誤解を生じないためには修飾語を被修飾語のすぐ傍らに置くことである。ところがこの原則に反して修飾語を被修飾語から遠くに離して置く例がしばしば見られる。このような場合，その修飾語がどの被修飾語を修飾するか分からなくなるので注意が必要である。下記の例である。

---例文---
The defendant looked at the witness testifying with cruel eyes.
(Ambiguous)
　被告は残忍な目で証言をしている証人を見つめた。
(多義である。被告と証人のどちらが残忍な目をしているのか？)

(4) 二つ以上の先行詞を修飾する場合

　二つ以上の先行詞を後から句や節で修飾することはしばしばある。この場合，修飾語が先行詞のどれを修飾するのかしばしば混乱する。もし先行詞の全てを修飾するのであれば，それをはっきりさせなければならない。はっきりさせるためには，被修飾語の前にbothやallをつける（先行詞の全部を修飾する場合）とか，被修飾語の先行詞と修飾語を前に持ってきて修飾されない先行詞を後に持ってくる，などの方法がある。下記の例のとおりである。

---例文---
The management committee shall be constituted by the Company's officers and employees appointed by the Company.
　経営管理委員会は会社の役員及び従業員（会社によって指名された）によって構成される。
（多義。会社が指名した役員と，会社が指名した従業員とが委員会を構成するのか？役員とそれから，会社が指名した従業員が委員会を構成するのか？）

(5) 先行修飾語と複数の被修飾語

　前項で述べたことは前のほうに修飾語が一つ来て後に二つ以上の被修飾語がある場合にも当てはまる。下記の例のとおりである。修飾語がどの被修飾語までを修飾するかを正確に考えて書くことが必要である。

---例文---
All players shall wear white clothes, hat and shoes.
（Ambiguous）
　全ての選手は白の衣服，帽子及び靴を着用しなければならない。
（多義。帽子と靴は色付き（白でない）は許されるのか？）

(6) 複数の先行修飾語と一被修飾語

　二つ以上の修飾語が一つの被修飾語を修飾する場合も往々にして問題が生ずる。この場合にもその意味するところを正確に考えて表現に気をつけなければならない。下記の例文のとおりである。

4章　法律文における修飾の問題

例文

The Ministry of Welfare shall supervise social and welfare institutions.
　厚生大臣は，社会福祉法人を監督する。
（疑問。監督を受けるのは「社会法人，福祉法人及び社会福祉法人」であるか？それとも「社会福祉法人のみ」を指すのか？）

2　修飾語の適正な使用

　法律文においては意味を正確に限定する修飾語（例えば関係代名詞節による修飾などはそうである。）は別として，単に語を飾るだけの修飾語はなるべく使わないほうがよいとされる。修飾語の乱用を避け，できるだけ修飾語を使わないようにすることが必要である。

(1)　形容詞の乱用を避ける

　　1）形容詞

　　　　形容詞をつけるとボキャブラリーを知っているようにみえるので，いかにもよい英語を書いたような気になるのか，不要な形容詞をつける書き手が多いが，法律文にあっては形容詞の多用はかえって疑義紛議を招きやすい。真に必要な場合にのみ形容詞を使うようにすることである。

例文

(a)　After <u>a deliberate consideration</u>, the board of directors meeting made the resolution.
　　(Change "a deliberate consideration" to "a deliberation")
　　熟考した考慮の後，取締役会は決議を行った。（「熟考した」は削除）
(b)　The defendant submitted <u>evidentiary materials</u> to the court.
　　(Use "evidences" instead of "evidentiary materials")
　　被告は，証拠資料を法廷に提出した。（「証拠資料」に代えて「証拠」とする。）

　　2）be＋形容詞

　　　　堅苦しい調子を出すためにbe動詞（existential verb）と形容詞を組み合わせた書き方をすることがある。特に古いタイプの法律文に多いが冗長な言い方であり，読みにくいので形容詞を動詞に転換して書く方がよい。下記のような例である。

> **例文**
> (a) In legal drafting, one shall not be abusive of adjectives.
> 　　(Use "shall not abuse"(instead of "shall not be abuse").)
> 　　法律文書起草において形容詞を乱用してはならない。
> (b) The Lessee is desirous of lending the building.
> 　　(Use "desires".)
> 　　賃借人は建物を借用することを望んでいる。

　３）法律文章にあっては，よく使われる形容詞に，動詞に接尾詞ableをつけた形容詞（〜することが可能な）がある。前後の文脈から意味が明白であるときに限って使う。下記の例である。

> acceptable（承諾し得る），agreeable（合意し得る），changeable（変更し得る），controllable（制御可能の），determinable（決定できる），drinkable（飲用可能の），replaceable（取り替え得る），negotiable（交渉可能の），usable（使用可能の），workable（実行可能の）

（2）副詞についての注意

　１）副詞の位置

　　副詞について一番重要なことはその位置である。前節でも例を示しているが，副詞（adverb）の名が示すように修飾する動詞（verb）あるいは形容詞の一番近いところにおくのが原則である。通常は修飾する動詞の直前に置く。動詞の直後又は動詞が他動詞の場合は動詞の取る目的語の後に置いてもよい。助動詞と動詞，動詞と過去分詞のように主動詞と補助動詞がある場合にはその間に置いてもよい。副詞を文の冒頭に置くと文全体を修飾し副詞が強調されることになる。

> **例文**
> (a) The meeting unanimously resolved the matters.
> 　　会議は満場一致で案件を可決した。
> (b) The alternative proposal shall be effectively presented within one (1) month.
> 　　1か月以内に代案を有効に提案すること。

4章　法律文における修飾の問題

2）強意の副詞

　強意を示す副詞はつい使いたくなるものであるが，強意の程度について疑義が起きやすいから法律文においてはあまり使わない方がよい。例えばvery, quite, rather, much, nearly, relatively, comparatively,（これらをintensifierと呼ぶ。）などの副詞である。下記のとおりである。

―例文―
(a)　If the information is very true, it shall be notified to the Employer.
　　（The word "very" is unnecessary.）"very"は不必要。
　　情報が本当に真実である場合，雇用者に通知しなければならない。
(b)　It is rather impossible to prove that the defendant bears no responsibility on it.
　　（Take the unnecessary word "rather" off.）不必要な"rather"をとる。
　　被告がそれに対して責任を有しないということを立証するのはやや困難である。

3）不要な副詞句

　副詞句についても不必要な副詞句をつけて文を飾りたいとする誘惑があるが，法律文においては不必要な副詞句は使わないようにする。下記を参照されたい。

―例文―
(a)　The shoes that the players wear shall be white in color.
　　（Take "in color" off. This word is redundant.）"in color"をとる。この言葉は余分。
　　選手が履く靴は色は白でなければならない。
(b)　Both parties are in agreement to collaborate together.
　　（Change to）
　　Both parties agree to collaborate together.
　　両当事者は協力することに合意する。

(3)　法律文に出る必要な副詞句

1）副詞句

　法律文や契約文には法律的な意味を限定する副詞句がしばしば出てくる。これらについては正確にその意味を知った上で正しい場所に置いて使わなければならない。しばしば副詞句の前後にコンマをつけて

文中に挿入される。法律文に出てくる副詞句には次のようなものがある。

> among other things, among others（例えば，なかんずく）
> as the case may be（適宜，場合により）
> at one's discretion（当事者の任意裁量で）
> at one's risk（当事者の危険負担で）
> at one's cost（当事者の費用負担で）
>
> without prejudice to（権利を放棄することなく）
> without limiting the generality of the foregoing（上述規定の一般性を制限することなくとりわけ）
>
> without limitation（例示に限定されることなく）
> without commitment（契約上の責任を負うことなく）
> without restriction（制約なしに）
>
> notwithstanding the foregoing（前述したところにもかかわらず）
> including but not limited to（例として次のものを含むがこれに限定されることなく）
> to the extent that（～の範囲内までは，～の限度において）
> on a basis（～の基準で）
> subject to（～に従って，～を条件として）
> unless otherwise agreed（他に別段の合意ない限り）
> if any（もしあれば）
> if required（もし要求されれば）
> if necessary（もし必要とされれば）
> if deemed appropriate（もし適当と考えられれば）
> if considered reasonable（もし合理的と考えられれば）

下記に例文を示す。

─ 例文 ─
The Contractor may, at its own risk, use a subcontractor or subcontractors.
請負業者は下請業者をその危険負担で使用することができる。

2）副詞節

　法律文には副詞節もよく出てくる。副詞節は従属接続詞（if, unless,

because, since, when, where, as, after, as though, thanなど）で導かれた文節であるが，強調の置き方で主文の前，後，主文の語の間に置かれる。主文の前に置かれるとき，主文の語の間に置かれるときは，コンマがつくが，主文の後に置かれるときはコンマがつかない。

---例文---

This Agreement, unless earlier terminated as provided in Article 20 hereof, shall remain in effect until the lapse of ten（10）years from the execution date hereof.
　本契約は，第20条に規定されたところにより早期に契約解除される場合を除き，契約調印の日より10年を経過する時まで効力を有するものとする。

3　関係代名詞，関係形容詞，関係副詞による修飾

　法律的な文章には関係詞，特に関係代名詞が多い。文中の単語の意味を正確に限定しなければならないことが多いから，関係詞を使った文節で修飾し語の意味を特定するのである。

(1)　関係代名詞文節

　1）関係代名詞節

　　　関係代名詞文節は，被修飾語の意味を正確に限定するためにひんぱんに出てくる。使われる関係代名詞は次の四つである。

```
who（whom）：人に使用（被修飾語が人である）
which：　　　事物に使用（被修飾語が物又は事）
that：　　　　人，事物両方に使用
what：　　　　事物に使用
```

　　　先に述べたところであるが，先行の名詞が二つ以上あってこれに関係代名詞節が続いている場合は，その関係代名詞節が先行の複数個の全部を修飾しているのか，あるいは先行の名詞の最後の名詞だけを修飾しているのか不明になる場合がある。それぞれの場合について正確に認識し，文を書くに際して注意しなければならない。下記のとおりである。

3 関係代名詞，関係形容詞，関係副詞による修飾

---例文---
The officers and the employees who are designated by the Company may use the Company's resort facilities.
会社役員と，会社が指名する従業員は会社の保養施設を利用することができる。
（定冠詞theがofficersとemployeesの前にそれぞれあることに注意。関係代名詞節（who以下）はthe employeesのみを修飾する。）

2）修飾語と被修飾語の離れ

先行の被修飾語が関係代名詞文節から遠くに離れて書かれることがある。意識の流れにまかせて書いていくとよくこのようなことが起きる。関係代名詞節の直前に被修飾語を持ってくるようにすることが大切である。次の例では，(b)の方が望ましい。

---例文---
(a) The memorandum from Professor John Smith of Harvard Law School that was addressed to me sets forth several important points.
私にあてられたハーバード大学ロースクールのジョン・スミス教授からの連絡箋には重要な点がいくつか書いてあった。
(b) Harvard Law School professor John Smith's memorandum to me sets forth several important points.
ハーバード大学ロースクールのジョン・スミス教授から私宛の連絡箋にはいくつかの重要な点が書いてあった。

(2) 関係代名詞の制限用法と非制限用法

関係代名詞whichやwhoには制限用法と非制限用法があることはご承知であろう。"who" や "which" の前にコンマを置くのが非制限用法であり，コンマを置かないのが制限用法である。"that" は制限用法のみであり，非制限用法はない。

法律文章にあっては文法的，論理的な正確が重んじられるので，制限用法が現れることが多い。口述するときに制限用法であることがはっきりする "that" が使われる。非制限用法でのwhichは先行の名詞との連結がゆるやかであり，先行詞についての付加的情報を与えるにとどまる。次の二つの違いについて比較すると分かりやすい。

> ──例文──
> (Compare the differences)：違いを比較
> The government agency that enacted the environmental regulation is now defunct.
> 　環境規制を施行した政府機関は今は存続しない。
> The government agency, which enacted the environmental regulation, is now defunct.
> 　その政府機関，それは環境規制を施行したのだが，今や存在しない。

(3) 重複関係代名詞節

　一文の中に関係代名詞節が一つだけある場合ばかりではない。一つの先行詞が二つ以上の関係代名詞で修飾される場合もあるし，また関係代名詞節の中の名詞に更に関係代名詞をつけて二重に修飾する場合もある。場合によっては三重四重の関係代名詞が一つの文の中に存在することもある。

　このような関係代名詞節が何重にも連なっている文章は，特許の出願に際するクレーム（請求範囲）によく見られるが，これは特許クレームの書き方は原則として一発明一文でなければならないということによる。これは日本も米国も同じである。しかしこれは特許表現の約束ごとであって法律文に適用があるわけではない。法律文においてはReadabilityも重要な要素だから，あまりたくさんの関係代名詞を重複することは好ましくない。それに関係代名詞をたくさん重複することによってかえってAmbiguityをもたらすこともある。このような場合は文を分けて書いたり，定義を利用するなどして，なるべく関係代名詞節を少なくするように心掛けて書くことである。定義を利用すれば，長い関係代名詞節によって修飾された語を一語で定義し代用できる。下記の例文の通りである。

3 関係代名詞，関係形容詞，関係副詞による修飾

―例文―

Licensee shall pay to Licensor royalties equal to seven percent (7%) of Net Sales that are Licensee's gross sales to customers less returns and discounts and which shall be calculated for each calendar year and which shall be paid within one (1) month after each calendar year in US dollars at the yen-US dollar exchange rate on the payable date.

↓

(Rewrite to)：書換え

Licensee shall pay to Licensor royalties equal to seven percent (7%) of net sales which shall be calculated for each calendar year. The royalties calculated shall be remitted within one (1) month after each calendar year in US dollars at the yen-US dollar exchange rate on the payable date. The term "Net Sales" means Licensee's gross sales of the Product to customers less returns and discounts.

ライセンシーは，ライセンシーから顧客宛の総売上から返品，値引を差し引いた額の，そして暦年ごとに計算され，且つ，毎暦年終了後の1ヵ月以内に支払日の円ドル交換率で計算された米ドルでもって送金されるべきロイヤリティを支払うものとする。

(書換え後)

ライセンシーは，暦年ごとに計算される「総売上高」の7パーセントに相当するロイヤリティをライセンサーに支払うものとする。計算されたロイヤリティは，毎暦年の後1か月以内に，支払日の円ドル交換率で計算したる米ドルにて送金されるものとする。ここで，「総売上高」とは，製品についてのライセンシーから顧客への総売上高から返品と値引を差し引いた額とする。

(4) 関係形容詞節による修飾

　　関係形容詞節は，次に来る名詞の形容詞として働きながら関係節として主節を修飾する連結の役をする文節である。関係形容詞については，関係代名詞について述べたと同様の注意が必要である。関係形容詞にはwhose, which, whatがあるが，注意すべきはwhichである。whichは所有格をそのままの形ではとらない。必ずof whichとする。of whichの前に形容される名詞を持ってくるのであるが，これが長いと，文のつながりが悪くなるからwhoseで代用することも多い。thatは関係形容詞としては使わない。whatが関係形容詞として使われる場合は少なく，多くは疑問形容詞として使われる。下記の例文の通りである。

┌─例文─
(a) A corporation the stated capital of which is less than ten million yen (¥10,000,000) shall increase the stated capital within three (3) months.
　表示資本金1000万円未満の会社は3か月以内に資本金を増資しなければならない。
(b) A corporation whose stated capital is less than ten million yen (¥10,000,000) shall increase the stated capital within three (3) months.
　(a)と同意
└─

(5) 関係副詞による修飾
　1) 関係副詞
　　関係副詞はwhere, when, whyなどで, これらの後の節は先行する文と関係しながら副詞節として機能する。whereは場所, whenは時期, whyは理由を示す副詞節として主文を修飾する。関係副詞についても関係代名詞について述べたと同様の注意が必要である。whereとwhenについては制限用法, 非制限用法の双方があるがwhyについては常に制限用法のみである。

┌─例文─
Any foreigner residing in Japan shall appear in person at the municipal office in the district where he or she resides.
日本に居住する外国人は全て, その者が居住する地区の市町村役場に本人出頭しなければならない。
└─

　2) whereプラスsuffixの節
　　関係代名詞whichに前置詞をつけた関係副詞節は一般に使われるが, 法律文によく出てくるのはwhereにsuffix（接尾詞）をつけた関係副詞である。次のようなものがある。

```
whereat ：   at which （その時点・場所で）
whereby ：   by which （その時まで, それによって, その傍らで）
wherefore ： for which （そのため）
wherefrom ： from which （そこから, それから）
wherein ：   in which （その中で）
whereof ：   of which （その, それについての）
```

whereon： on which（その上の）
whereto： to which（そこへ）
whereupon： upon which（その上の）

―例文―
The next trial date is determined to be October 1, whereby an answer shall be prepared.
　次回審理期日は10月1日とする。その日までに答弁書を作成すること。

4　各種の修飾句による修飾

(1)　分詞句による修飾

　　現在分詞（-ing）あるいは過去分詞（-ed）に先導された句による修飾は，関係代名詞に導かれる文節による修飾よりも簡潔であるところから，最近のプレイン・イングリッシュによるリーガルドラフティングでは多く利用されるようになってきている。この分詞を利用した句による修飾のしかたを知り使いこなすと文が大変簡潔になる。下記に例の通りである（下の〈比較〉後の文が望ましい。）。

―例文―
Any foreigner who resides in Japan shall complete his or her foreign registration within three (3) months after arriving in Japan.
(Compare：比較)
Any foreigner residing in Japan shall complete his or her foreign registration within three (3) months after arriving in Japan.
　日本に居住する外国人は全て，来日後3か月以内に，外国人登録を了しなければならない。

(2)　不定詞句による修飾

　1）不定詞

　　不定詞（to＋動詞）による修飾も，リーガルドラフティングにおいては，関係代名詞節による（長い）修飾に代えて多用されている。より簡潔になる。下記の通りである。

> **例文**
> The Agent shall obtain the Principal's prior approval on out-of-pocket expenses disbursed which will be reimbursed by the Principal.
> (Compare) 比較
> The Agent shall obtain the Principal's prior approval on disbursed out-of-pocket expenses to be reimbursed by the Principal.
> 　代理人は，本人が払い戻すであろう支出実費については，本人の事前の承諾を得なければならない。

2）不定詞句

　関係代名詞節を使わないで不定詞句を使って修飾するときの注意としては，①その時制に注意すること（関係代名詞節中の動詞が過去形の場合，不定詞句は完了形（present perfect tense）を使うこと。）と，②不定詞の動詞の前に副詞を持ってこないこと（splitting infinitives）である。

> **例文**
> The Principal shall reimburse out-of-pocket expenses that were disbursed by the Agent.
> (Compare) 比較
> The Principal shall reimburse out-of-pocket expenses to have been disbursed by the Agent. (not "to be disbursed")
> 　本人は，代理人が出費した実費を払い戻すものとする。

(3) 前置詞句による修飾

　前置詞についての注意は別項〔前置詞の使用法〕（第5章2）を参照していただくことにして，ここでは前置詞句による修飾について述べる。
　一般の英文においても前置詞を使った修飾は非常に多いが，リーガルドラフティングにおいては基本的に，前置詞を使った修飾はAmbiguity（多義性）をもたらすということを知っておかねばならない。特に前置詞を複数使った修飾はより多義になりやすいから，法律文等においては気をつけて使わなければならない。下記の例である。

> ─例文─
> Both parties agreed to make that arrangement on the day.（Ambiguous）
> 　両当事者は，その日に，その取引を行うことに合意した。（多義）
> （Compare）比較
> On the day both parties agreed to make that arrangement.
> 　その日に両当事者は，その取引を行うことを，合意した。
> Both parties agreed to make on the day that arrangement.
> 　両当事者は，その日にその取引を行うことに，合意した。

5　名詞の連続

　名詞が名詞を修飾する形，すなわち名詞の連続については，十分考える必要がある。

　日本語は「通商産業省科学技術投資戦略構想検討委員会」の例のように名詞を連続しても意味が通るので名詞の連続使用は可能であるが，英文では多数の名詞を連続して使うことは基本的に避けるべきであるとされてきた。

　しかし，最近では英語でも名詞を連続して使うことが多くなってきている。軍事用語や政府用語にはこれが著しく，例えばAnti-ship Missile Defense System（対艦ミサイル防衛システム）やRadiation Contamination Detection Devices（放射能汚染探知装置）のように名詞の連続を使うようになってきている。名詞の連続を避けて前置詞を使うと使いすぎて冗漫となる。例えば前述の例を前置詞を使って言うと，System for Defense of Anti-ship Missile（対艦ミサイル防衛システムのためのシステム）やDevices for Detection of Contamination on Radiation（放射能の汚染の探知のための装置）というように長くなる。

　名詞の連続は，三つの名詞くらいまでは一つの観念で把握できるから，それが固定した観念であるならば，連続名詞を使ってもよいとすべきであろう。

4章 法律文における修飾の問題

> **例文**
> (a) American Bar Association Antitrust Law Revision Committee
> （Compare）比較
> The committee of American Bar Association regarding the revision of Antitrust Law
> 全米法曹協会独占禁止法改正委員会
> (b) Withholding tax payment statement
> （Compare）比較
> Statement on payment of withholding tax
> 源泉徴収税支払調書

5章 冠詞と前置詞

1 法律文における冠詞と単数複数の問題

　日本語には単数複数の区別がない。法律文のような精密に書かれるべき文章であっても，例えば「取締役は会社の帳簿を備置し決算書を作成することを要する。」というような文章においてこの取締役が単数の取締役であるのか複数の取締役であるのかは特別に意識すべき問題とはならないように，単数複数の精密な意識がない。

　また日本語では冠詞が名詞につかない。上記の法律文の例文で特定の（定冠詞がつくべき）取締役であるのか，不特定の（不特定冠詞がつくべき）取締役であるのかは，意識する問題とならない。

　ところが英語では名詞には単数と複数の区別があり，特定のもの（定冠詞theがつく），不特定のもの（不定冠詞a, anがつくか，またはuncountable nounであれば冠詞がつかない。）であるかの違いがある。

　この単数と複数，特定と不特定とを名詞について意識するのは，英語の思考の重要な特徴であって日本語にはない。日本人はこの単数複数の思考がないので，日本人の書く英文においてしばしばこの区別が欠落し，あるいは誤用される。また，日本文の英文への翻訳に当たっては，原文にこの思考が欠落しているので翻訳者はしばしば困惑する。前述の「取締役は会社の帳簿を備置し決算書を作成することを要する。」を訳すとき訳者はA director, Directors, The director, The directorsのなかから立案者の真意を推し量って一つを選ばなければならないことになる。

　法律文においては精密に書くことが極めて重要であるので，特定の名詞を書くに当たっても，それが「任意のもの」であるのか，「特定のものであるのか」，「単数であるのか」，「複数であるのか」を一々考えながら書かなければならない。

(1) 不可算名詞と可算名詞

　　単数複数と冠詞の用法を正確に知るために,順序として，カウンタブ

ル・ナウン（可算名詞）とアンカウンタブル・ナウン（不可算名詞）のことを知っておこう。

英語の名詞の多くはCountable Noun（辞書には「C」と表示してある。）でありこれは単数，複数形をとり，また特定のものを指すときは定冠詞，不特定（任意）の単数を指すときは不定冠詞をとる。これはan employee, employees, the employee, the employeesの違いを考えてみると分かるであろう。

日本人にとって扱いにくいのが，Uncountable Noun（辞書には「U」と表示してある）である。これにはiron, gold, saltといった物質名詞（個数がない），furniture, equipment, apparatusのような集合名詞（複数の集合物をあらわす），information, knowledge, abilityのような抽象名詞（数えられない）がある。いずれも単数複数の区別がない。

法律文書においては，意味を厳密に考えて書かねばならないから，単数，複数，冠詞の有無については特に留意して書かなければならない。文中で名詞を使うときは，その名詞がCountableであるかUncountableであるかを考える。不明な場合は辞書を引いて確かめる。

Countable Nounの場合はそれを単数で使うか複数で使うかを考えてみる。更にその名詞が特定（冠詞the）のものであるか不特定・任意（冠詞a, an）のものであるかを考えてみる。

Uncountable Nounの場合はそれが不特定（冠詞を使わない）であるか特定（冠詞the）のものであるかを考えてみる。

このように一つ一つを厳密に考えながら書くようにしなければならない。以下一つ一つの使い方を順序立てて述べる。

① 冠詞をつけないで使う不可算名詞

法律文書には多くのUncountable Nounが出てくる。特許や技術法務文書にはwater, iron, goldのような物質名詞が多く出てくるし，プラント建設や機械設置にはequipmentやapparatusのようなUncountableな集合名詞が出てくる。

なかんずく法律文書には抽象名詞（これもuncountable）が多い。一般的にどのような場合にも通用するような規定を書こうとすると，そ

の文はどうしても抽象化せざるを得ないので法律文書に書かれる法律上の概念は抽象名詞であらわされることが多い。

　Uncountable Nounのうち，water, iron, saltのような物質名詞については，複数形を取らないし冠詞をつけないのは誰でも知っているし間違える人は少ない。しかし furniture, equipment, jewelryのような集合物を指す名詞（複数形をとらない"s"がつかない。）やcounsel（法律顧問），personnel（職員），audience（聴衆）のような集団を指す名詞についてはしばしば誤用されるので注意を要する。これらは単数形のみであって複数形を取らない。

　法律文書に多い抽象名詞については，複数形を取らないことは承知している人が多いであろうが冠詞で間違いやすい。

　日本人はしばしば冠詞で迷う。定冠詞（the）をつけたものか不定冠詞（a, an）をつけたものかと迷い間違ってしまう。

　法律文書によく出てくる抽象名詞は原則として「無冠詞単数形」で使う。例えばinformationやknowledgeも一般的にいう場合はtheは付かない。下記の例文に示すような抽象名詞は無冠詞単数形であることを知っておくことである。

---

discrimination（差別），time（時），money（金），conclusion（結論），authorization（認証），information（情報），readability（読みやすさ），ambiguity（多義性），vagueness（曖昧性），knowledge（知識），skill（技術），bankruptcy（破産），insolvency（支払不能），confirmation（確認），feasibility（実行可能性）

例文

(a) In conclusion, the defendant should pay sums of money to the plaintiff.
　　結論として，被告は原告に各金額合計を支払うべきである。
(b) Every applicant shall disclose information that he or she possesses.
　　出願人は全て，その保有する情報を開示するものとする。

---

　② 一つの名詞で不可算でもあり可算であるもの

　　抽象名詞はuncountableであると述べたが，同じ語がcountableの場合もある。書き手が一般的な概念として考えているときはuncountable nounで書く（したがって単数形無冠詞となる。）が，書き手がその概念を一つ一つ数え得る概念として脳裏に描くときは同じ語がcountable となる。例えばcommunication は一般的な概念としてはuncountable nounとしてのコミュニケーションの意だが，これをwritten communication, oral communication, implied communicationなど具体的なイメージのコミュニケーションのいくつかと考えればcountableとなり複数のcommunicationsと言う語も存在し得ることになる。リーガル・コミュニケーション協会の英語名Institute for Legal Communicationsのcommunicationsが複数となっているのは，この協会の趣旨が契約書のdraftingばかりでなく，各種法律文書のwriting, legal advocacy（法律弁論），legal argument（法律議論）等々複数のcommunicationを考えていることによる。

　義務を表すobligationでも，一般的に義務を指す場合はobligation（無冠詞単数）としてuncountableであるが，具体的に一つ一つの義務を考えるときはan obligation, obligationsとしてcountable になり得る。Duty（責務）についても同様，uncountable nounの場合もあるが，a duty, dutiesとcountable の場合もあり得る。

　権利をあらわすright についても一般的な場合はuncountable nounであるが，一つ一つの権利がイメージできるのであればa right, rightsとcountable nounともなる。

　法律文書は権利と義務に関する文書であるのでこの権利義務についての英語がいくつも存在する。権利に関する用語としてright だけでなくpower, privilege, authority, immunityなどがある。義務に関する用語としてobligationの他にduty, liability, responsibilityなどがある。法律文書起草者はこれらの用語の正確な意味を知っておかなければならない。Law Dictionaryでチェックするとよい。

◎**Right**—権利。もともとrightは正しいの意で、法律上、道義上あるいは人間の基準からみてこれに合致していれば、right（権利）があるわけである。Uncountable Nounとしての権利とCountableな権利（具体的な一つ一つの権利）がある。

◎**Power**—権能。法律文書中で使われるpowerは法律行為を遂行することのできる能力、権限を指す。Power of Attorneyは委任状（代理人に対する権能付与証書）、Power of the President to declare warは大統領の宣戦布告権である。Uncountableの場合とCountableの場合がある。

◎**Title**—権原。不動産のtitle、動産のtitleのように、そのものの名義が誰かを意識した権原に対応する語である。

◎**Interest**—権益。権利（Right）、権原（Title）から派生的に出てくる権利。建物の所有者の家賃収益権や会社の株主の配当期待権、精算要求権などが例である。

◎**Authority**—権限。特定の地位又は職能に付与された権限を指す。Authority to receive moneyは金銭受領権。単数形無冠詞で使うUncountable Nounである。Countable Nounとなると権限を持つ当局（authorities）の意となる。

◎**Privilege**—特権。一般人には禁止されているが特定の人にのみ認められた特典としての優位点。Attorney-Client Privilege（弁護士秘匿特権）といえば弁護士に認められた、clientの事について証言を拒否できる特別の権利である。UncountableとCountableと両方がある。

◎**Immunity**—免除。一般人に課せられる義務の特定のものに対する免除。例えば税金からの免除である（義務の免除は権利ではない。）。Uncountable Nounである。

◎**Obligation**—義務。契約上もしくは法上、義務者が拘束される義務、rightに対応する。UncountableとCountableの場合がある。

◎**Duty**—責務。契約上、法上の義務のみでなく道義上あるいは人の基準上の義務を含む。Obligationより広い概念である。一般的な責務をイメージとして書くときはUncountable Noun、一つ一つの責務をイメージして書くときはCountable Noun（a duty, duties）となる。

例文

U: Uncountable Noun
C: Countable Noun

(a) Under the Company's charter, the representative director president has power to preside over the day-to-day management of the Company. (U)
当会社の定款に基づき、代表取締役社長は会社の日常の経営を統括する権限を有する。(不可算)

(b) Under the power of attorney issued by the principal, the attorney has a power to appoint another person as an additional attorney.（C）
本人が発効した委任状に基づいて，代理人は複代理人として他の者を任命する権限を有する。（可算）
(c) The officer will lose his powers when he or she is discharged.（C）
役員は解任された時にその権限を失う。（可算）

③　可算，不可算名詞の数量表現

　　Countable Nounは数えられる名詞（可算名詞）であるからone, two, threeというような数詞をつけて用いられる。多い，少ないはmany, fewを使い，数量についてはnumber of....を使う。

　　これに対して，uncountable noun（不可算名詞）は数詞をつけることがなく，また多い，少ないはmany, fewを使わず，much, littleを使う。数量についてはnumber ofを使わずamount ofを使う。なお，a lot ofは口語的で法律文書には使わない。

　　同じ名詞でcountableでもありuncountableでもある名詞は，その場面場面に応じて書き手がイメージしたように使い分ける。日本人はしばしばこの点を誤るので注意を要する。

―例文―
(a) Many money will be spent for suits.（Incorrect）
Much money will be spent for suits.（Correct）
多額の金が訴訟のために費やされよう。
(b) Much contracts were executed.（Incorrect）
Many contracts were executed.（Correct）
多くの契約が締結された。

(2)　可算名詞で不定冠詞をとる場合と可算名詞で複数形の場合

　　Uncountable Nounの事が分かったところで，次にCountable Nounを法律文の中で扱う場合の注意を述べる。

①　単数形の可算名詞に不定冠詞a, anをつける場合

　　通常の文では不定冠詞a, anがしばしば出てくるが，法律文の中では不定冠詞a, anを使うことは極めて少ない。通常，法律文中に出てくる名詞は特定の物事である場合が多いから定冠詞theがつく。

または，Countable Nounを書くときでもその意味の限定を強調するために，不定冠詞a, anに換えて, each, every, anyというような不定代名詞を使うことが多い。

不定冠詞a, anは「任意のある一つの」(特定されていない。) 意味であるから，法律文の中ではそのような場合に限って使う（法律文の中ではそのような場合は少ないが。）。

不定冠詞a, anを使うのは「不特定多数の中の任意のある一つ」を示す場合のみに使うようにし，法律文中ではもっと意味が特定できるeach, every, anyなどを使い，これらを使うべきときにa, anを使ったりしないようにしなければならない。下記例文を見ていただきたい。

---例文---
(Compare) 比較
A student may use the library of the University.
　ある学生は大学の図書館を使用することができる。
Any student may use the library of the University.
　学生はだれでも大学の図書館を使用することができる。

② 可算名詞を複数形で使用する場合

一般的に言って複数形の名詞の使用は対象をあいまいにしやすい。というのは複数形で書くと，その対象の複数形の名詞の個々の全てを指すのか（つまりevery），あるいは全体を一つの集団と見てその全体を指すのか（つまりall as a joint group）がはっきりしなくなる。例えば, Directors shall prepare the Company's financial statements. という文においてDirectorsに財務書類の作成義務があることは分かるが，Directorsが複数であるために，この作成義務は，全てのdirectorの一人一人が負うのだという解釈と，directorsが共同して（一体の取締役会として）作成義務を負うのだとする二つの解釈を許すことになる。

正確性を重んじ，多義な解釈をされないように書かなければならない法律文においては，基本的には，できるだけ単数形を使うほうが明確に書けるということを覚えておく必要がある。

複数形で書かなければならない場合には，その複数形が「複数の集

団」として対象になっているのか，あるいは「複数の中の個々すべてが」対象になっているのかを考えることである。具体例を挙げると，personsとあればall the persons (jointly) なのかevery personなのかを考えてみるくせをつけることである。

例文

Students shall wear the school uniform on the school campus.
(Clearer) より明確に
Every student shall wear the school uniform on the school campus.
学生達は学校内で制服を着用するものとする。

---

(3) 定冠詞を使用する場合

　法律文，契約文の中に登場する名詞の多くは書き手の頭の中では「特定」しているものである。「その権利 (the right)」とか「当該義務 (the obligation)」とかいったように特定して述べられることが多い。このように特定した事物や人を述べるときは定冠詞theをつける。

　日本語では冠詞に当たるものがない。例えば「取締役」という日本語を英語に翻訳しようと思っても，それはthe directorなのか a directorなのかdirectorsなのかthe directorsなのか分からない。日本語に冠詞に相当するものがないので，日本人はしばしば冠詞をつけるのを忘れるし，また冠詞をつけたものかどうか迷う。

　法律英語では「特定したものとして意識する名詞は常に定冠詞theをつけることを忘れないようにすることが必要である。これはCountable NounでもUncountable Nounでも同じである。例えばinformationのようなUncountable Nounであっても，一般的な（特定していない。）情報を意味して書くときは冠詞なしのinformationでよいが，「その（当該）情報」というような特定した情報の場合はthe informationとなる。

　法律・法的文書で，ある名詞が「最初に」あらわれるときは定冠詞theがつかないが，2度目からは全て定冠詞　theがつくのは，書き手の意識の中でその語が特定されているからである。

　定冠詞theを忘れると意味の特定が抜けおちてしまい不分明となり，読み手にとって大変分かりにくいものになってしまう。この意味で法律

文における定冠詞theは非常に大切なものである。

　なお，以上の他に，常識的に考えて一つしかない（唯一無二の）ものにはtheをつけることは英文法で習ったとおりである。法律文によく出てくるのはthe best, the worst, the first, the last, the highestなどであるが，これらは唯一無二であるからtheがつくのである。

① 単数形の可算名詞につく定冠詞the

　それではtheがどのように使われるかをステップ・バイ・ステップで見ていくことにする。

　もっとも基本的な場合は単数形のCountable Nounにtheをつける場合であるが，これは先述した通り特定の（その，とか当該のといった）意味を有しているかどうかで判断する。定冠詞theをつけたものかどうかで迷ったときは，これを不定冠詞a, anと取り替えてみることである。不定冠詞に代えただけで意味が急に不特定になるのが分かるであろう。下記を参照されたい。

---例文---
The Licensee has the right to grant sublicense to any other third party.
（Compare）比較
The Licensee has a right to grant sublicense to any other third party.
ライセンシーはいかなる第三者にも再実施権を与える権利を有する。

② 複数形の可算名詞につく定冠詞「the」

　次は複数形の名詞に定冠詞theをつける場合であるが，これも単数形の場合と同じように「特定の」複数の事物あるいは人をグループとして把握する場合にtheをつける。

　複数形の場合は，冠詞をつけない複数形のままでも存在するので，定冠詞theをつけないでも意味が通る。英語のネイティブスピーカーでもしばしばtheをつけないですませることがあるが，法律文書を専門とする人は，複数形にもそれが特定のものであればtheをつける。

5章　冠詞と前置詞

> **例文**
> The documents shall be kept for five（5）years.
> 　文書は5年間保存するものとする。
> （Compare）比較
> Documents shall be kept for five（5）years.
> （less definite。あまり明確でない）

column

文中の大文字表記の名詞

　法律文中で特定の名詞を最初に出てきたときに定義し，後に再度現れるときに大文字の名詞で引用することが多いが，この場合は　theをつけてもつけなくてもよい。ただし全文中一貫しておかなければならない。

例
Licensee	the Licensee
Lessee	the Lessee
Product	the Product

ただし固有名詞については theをつけない。

Say	Do not say
○　General Motors	×　the General Motors
○　Sony	×　the Sony
○　DEX	×　the DEX

③　不可算名詞に定冠詞theをつける場合

　単数形につくthe，複数形につくtheについては以上に述べてきたとおりであるが，Uncountable Nounにtheをつけるのはどのような場合であろうか。

　本稿の最初（Uncountable Noun とCountable Nounの項を参照）に述べたように，Uncountable Nounは冠詞なしで用いられることが多い。例えばinformation，communicationなどである。

　しかしながら，Uncountable Nounであっても，書き手が「特定の」意味をこめて書くときには定冠詞theをつける。例えばthe information, the communicationなどは「その」「当該」informationなりcommunicationを指す。Uncountable Nounについてはしばしばtheをつけたものかどうか迷うことがあるが，theをつけないのは特定でなく一般的に意味するときであり，theをつけるのは特定を意味するときであると，はっきり意識して書くようにする。定冠詞theをつけるべきときにそれをつけないと文の意味が不分明になる。法律文のように意味の明確性を常に維持しないといけない文章にあってはUncountable Nounについても定冠詞theの重要性を充分認識しておかなければならない

---例文---

A draftsperson should consider consistency, accuracy and readability when drafting a legal document. The consistency is the most important.
　起草者は法律文を起草するときは，首尾一貫性，正確性及び読みやすさを考慮すべきである。そのうちで首尾一貫性がもっとも大切である。

column

動名詞とthe

　動名詞（Gerund：動詞のing形で名詞の働きをするもの）については一般的には定冠詞theをつけない。

(例)
 drafting legal documents
 (do not say) the drafting legal documents

 investigating records
 (do not say) the investigating records

 sending a notice
 (do not say) the sending a notice

④　句で修飾された名詞にtheをつける場合

　二つ三つの名詞が前置詞で連結されているような場合，すなわち句で修飾されたような名詞，あるいは名詞がいくつかつながっている場合に theをどこにつけるかでしばしば迷うことがある。例えば，the principal and the interestと the principal and interestやthe right and the obligationと the right and obligationの違い，the negotiation between the lender and the borrowerとthe negotiation between the lender and borrowerの違いである。

　名詞が二つあるような場合のtheはその二つの名詞を修飾する。正確を重んずる法律文にあってはそのtheがどこまでかかるかをしっかりと把握しながら書いていかなければならない。

---例文---
The Borrower shall repay the principal and interest in accordance with the repayment schedule.
借主は返済計画にしたがって，元金と利息を返済するものとする。
（Compare）比較
The Borrower shall repay the principal and pay the interest in accordance with the repayment schedule.
借主は返済計画にしたがって，元金を返済し利子を支払うものとする。

⑤　文節で修飾された名詞にtheをつける場合

　関係代名詞文節などで修飾された名詞にtheをつけるか，aをつけるか又はつけないかについても大変迷うところである。

　The employee who is sixty（60）years old or older（60歳以上の当該従業員）とAn employee who is sixty（60）years old or older（60歳以上の従業員）は意味が違う。

　基本的に，関係代名詞文節などの文節で修飾された名詞は，意味が制限的になるから特定のものとなりやすいが，法律的に正確な文を書くためには文節で修飾された名詞を書くときに常にそれが「特定の」ものであるかどうかを考えてtheをつけるかどうかを決しなければならない。

> ──例文──
> Every employee shall not reveal the information that the employee has obtained from the Company during the employment.
> 　従業員はすべて，在職中に会社から得た情報を開示しないものとする。
> （Compare）比較
> Every employee shall not reveal any information that the employee has obtained from the Company during the employment.
> 　従業員は全て，在職中に会社から得た情報はいかなる情報も開示しないものとする。

2　法律文における前置詞の使用上の問題

　前置詞は英文の中で日本人にとって最も難しいものの一つである。前置詞そのものはあまり使わないものを含めても70にしか過ぎないのであるが，使い方が極めて多岐にわたっているので英文に接する機会の少ない日本人はなかなかマスターするのが難しい品詞である。

　しかし，法律文においては，前置詞の多彩な使用は，一般の英文に比べて少ない。前置詞はその後に来る名詞又は代名詞とくっついて修飾句を作るのであるが，法律文においては，正確性を重んじ誤解釈を防ぐ目的から，なるべく修飾句を少なくしようとするので，一般の文，例えば小説などに比べると比較的前置詞句は少ないのである。

　前置詞一つ一つの意味説明や一般的な前置詞に対する注意はここでは省略して，英文の法律文において注意しなければならない点を以下に述べる。

(1)　慣用句における前置詞

　　　前置詞の用法で一番覚えやすい方法は先行する動詞なり形容詞と一緒に覚えてしまう方法である。

　　　法律文によく出てくるいくつかの動詞，形容詞は必ず特定の前置詞とセットになっている。例えば次のような語句であるが，これらは語句と前置詞，形容詞と前置詞がセットとなった慣用句として覚えるほうがより易しい（全部で99語ある。知らない単語をチェックしてみよう。）。

5章　冠詞と前置詞

abstain from （する事を）差し控える
accused of （のかどで）告発する
affix to （～に）押印する
aim at （～を）目的にする
allocate to （～に）割り当てる
alternate with （～と）交替する
apply to （～に）適用する
apply for （～に）申し込む
aware of （～を）知っている
bargain with （～と）取引きする
bargain for （～について，のために）取引きする
belong to （～に）属する
ban from （～を）禁ずる
blame for （～について）非難する
capable of （～について）能力がある
compete in, with, against （～について，～と）競争する
compensate for （～について）補償する
comply with （～に）従う，遵守する
compromise with, on （～と，～で）妥協する
consent to （～に）同意する
consist of （～より）成る
defend from （～から）防御する
deal with （～を）扱う，処理する
demand of （～を）要求する
devote to （～に）捧げる，献身する
desirous of （～を）望んでいる
dispose of （～を）処分する
embark at, for, on （～で，～向けに～に）載せる
eligible for （～の）資格がある
engage in （～に）従事する
entrust to （～に）任せる
evict from （～から）立ち退かせる
exclusive of （～について）排他的な
exempt from （～から）免れさせる
faithful to （～に）誠実な
familiar with （～について）よく知っている
fit for （～に）適した
gain on (upon) （～に）追いせまる
guilty of （～について）有罪の
hand over （～を）手渡す
head for （～に）向かう
hopeful of （～を）期待する
identical with （～と）同一の
ignorant of （～について）知らない
impeach of （～について）弾劾する
impose on （～に）課する
inclusive of （～を）含んでいる
interested in （～に）興味がある

interfere with （～に）干渉する
interfere in （～に）干渉する
intervene in （～に）介入する
involved in （～に）関与する
irrelevant to （～について）見当はずれの
irrespective of （～に）かかわらず
inconsistent with （～に）矛盾する
justify in （～で）正当化する
jealous of （～を）ねたんでいる
know(s) of （～について）知っている
liable for （～に）責任がある
link up with （～と）連結する
lend to, for （～に，～のために）貸す
material to （～に）欠かせない，重要な
merge with （～と）合併する
multiply by （～を）掛ける
necessary to, for （～に）必要な
negligent of （～に）怠慢な
negotiate with, on （～と，～について）交渉する
obvious to （～に）明白な
occur to （～に）生起する
omit from （～から）省略する
opposed to （～に）反対する
participate in （～に）参加する
possessed of （～を）所有している
prevent from （～を）妨害する
protest against （～に）抗議する
pursuant to （～に）従って
refer to （～を）参照する
refrain from （～を）禁止する
rely on (upon) （～を）頼る，信頼する
resign from （～を）辞任する
responsible for （～に）責任がある
similar to （～に）類似する
stick to （～に）固執する
submit （～に）提出する
succeed to （～を）継承する
suffer from （～で）苦しむ
subsequent to （～に）引き続く
substitute for （～に）取り替える
supplement to （～を）補充する
tend to, toward （～の）傾向がある
testify to （～を）証明する
threaten with （～で）脅す
tie up with （～と）提携する
uniform with （～と）不変の
vital to （～に）極めて重要な
void of （～が）無い，無効な
warn of （～ついて）警告する
warn against （～に対して）警告する
withdraw from （～から）撤退する

以上は法律文にあらわれる例示であるが，前置詞と一緒になった一つの慣用句（idiom）として覚えることが賢明である。

(2) 特に注意を要する前置詞

前置詞は，その後にくる名詞（又は代名詞）につけて，特別の意味を持たせるのであるが多くの方は既にその用法は知っているであろう。すなわち，方向を示す（to, into, across, toward），場所を示す（at, in, on, under, over, beside, among, by, between, through），形容的な場所を示す（for, against, with），時間を示す（before, after, during, until, since, by），等であるが，この中に特に法律文で気をつけなければならない前置詞がある。それは，with, to, of, for, between, among, till, by, out of, from, on, of, about, concerning, against, towards等の前置詞である。以下に注意を述べる。

① with（～と共に，～をもって）

一番あいまいさをつくりやすい前置詞である。A and BとすればよいものをA with Bとしたために難しい場におかれることになる場合がある。正確に書かなければならない。以下は「and」を使うべきである。

───例文───
The licensee shall remit the price with royalties.
　実施権者は，代価と共に実施料を送金するものとする。
The Licensee shall remit the price and royalties.
　実施権者は，代価及び実施料を送金するものとする。

② to（～へ：方向）

前置詞toも間違いが起きやすい前置詞である。toを含んだ前置詞句はできるだけ修飾しようとする動詞のそばに置くようにする。日本語からの翻訳（日英翻訳）や，日本語で考えてから英文を書くときなどではtoを含んだ前置詞句が遠い後の方に行ってしまい，意味がとれなくなる。

また日本語での数字で何々から何々までをfrom, toで表すとこれらの前置詞が方向を示す前置詞であるだけにその元の数字を含まないと

解されることがある。例えば4時から5時までをfrom 4 o'clock to 5 o'clockとすると5時の方向を示すのみで5時を含むかどうか不鮮明となる。この場合はinclusive（その数を含む。）を数字の後につけてこれを明確にする必要がある。前置詞toを日本語で「～へ」,「～に」と覚えると誤りやすいのである。「～の方向へ」と覚えることである。

---例文---
These company rules shall apply to employees whose age is from fifty（50）to sixty（60）.
（Rewrite to（More exact））書換え（より正確）
These company rules shall apply to employees whose age is from fifty（50）to sixty（60）, inclusive.
この会社の規則は，年齢50歳以上60歳以下の従業員に適用するものとする。

③ of（～の，～についての）

前置詞ofも誤用されやすい。特に日本語の助詞「の」に機械的にofを当てはめると間違いがおきやすい。日本語の助詞「の」は所有をあらわす場合だけでなく色々な意味を持っているから真意をよく考えてから書かなければならない。

所有を意味する「の」に相当する場合でもofを使うと意味が散漫になり読みにくくなる。この場合はofにかえてアポストロフィs（'s）を使って所有を表すようにすると意味が明確になる。最近の英文の法律文で海外で起草されたものはofにかわってこの所有のアポストロフィs（'s）が多くなってきている。

---例文---
An offer of the Seller shall be dispatched within two（2）days.
（Compare）比較
The seller's offer shall be dispatched within two（2）days.
売手の申込は，2日以内に発送するものとする。

④ for（～のために，～に向かって，～の間）

前置詞forもまた日本人にとっては使い方の難しい前置詞である。中級レベルの英和辞典でもforの用法として20以上の用例が掲載されている。

特に日本語の「ために」をforで表すのには注意を要する。日本語の「〜のために」は契約文や法律文に極めて頻繁に出てくるが，その真意は色々と違う。「〜のために（目的）」，「〜のために（利益，貢献）」，「〜のために（用途）」，「〜のために（追求）」，「〜のために（記念）」，「〜のために（原因）」等々である。これらの真意をよく考えてforを適切に使い分けなければならない。

特に初心者は「〜するために」をfor.....ingなどと誤って使いやすい。「〜するために」の真意が目的であるのか（この場合はfor the purpose of .....ingとなる。），順序としての意味であるのか（この場合はin order toとなる。）をよく考えて適切な語を選ばなければならない。

―例文―
(a) This Agreement is effective for two (2) years from the day of execution.
本契約は，締結の日から2年間有効とする。
(b) Every employee shall work for eight (8) hours a day.
従業員は全て，1日につき8時間働くものとする。
(c) Any worker may take a rest for one (1) hour during working hours.
いかなる勤務者も，勤務時間内に1時間の休憩を取ることができる。
(d) For the purpose of mutual prosperity, both parties shall establish a joint venture corporation.
相互の繁栄のために，両当事者は，合弁会社を設立するものとする。
(e) For the sake of my family, I, John Smith, put my property in trust.
私，ジョン・スミスは，家族のために，財産を信託する。
(f) For the solution of any dispute arising out of this agreement, both parties will create a dispute solution committee.
この契約から生ずる紛争解決のため，両当事者は紛争解決委員会を設ける。

⑤　betweenとamong（間に）

多くの人がこのbetweenとamongの使い方の違いは知っているであろう。2個のものの「間に」の場合はbetweenであるし，3個以上のものの「間に」はamongを使う。ただし，betweenの方がより多く使われ，3個以上のものの場合でもそれぞれが個別的に認識されるときはbetweenを使う。

数詞が後についたbetweenについては，特に注意が必要である。"between 20 and 60"は20と60が入るか入らないかが判然としない。

年令の場合に，20歳以上60才以下ではなく，20歳を超え60歳未満と解釈されるおそれがある。この場合のbetweenは20と60の「間」の意である点に注意する。下記の例文を参照されたい。

─ 例文 ─
(a) This Agreement made between ABC Corporation and XYZ Co., Ltd.
　　本契約は，ＡＢＣ社とＸＹＺ社との間で締結された。
(b) This Agreement made among ABC Corporation, DEF Inc., and XYZ Co., Ltd.
　　本契約は，ＡＢＣ社，ＤＥＦ社，及びＸＹＺ社の間で締結された。

⑥　till（until）とby（まで）

　日本語でよく出てくる「～まで」，「～までに」を表す前置詞で間違いやすいのはこのtill（until）とbyである。特に時点において問題である。

　前置詞till（until）は一定の時点まである状態なり，行為なりが継続するときに使う。前置詞byは「一定の時点までに」というときに使う。簡単なことであるが間違う人が多い。下記の例文を見ていただきたい。

─ 例文 ─
(a) The Contractor shall work till the Owner's satisfaction.
　　請負業者は，発注者が停止の許可を出すときまで，作業するものとする。
(b) The Contractor shall complete the work by the time the owner designates.
　　請負業者は，発注者の指定する時間までに，作業を完成するものとする。

⑦　out ofとfrom（～から）

　日本語の「～から」を意味する前置詞out ofとfromもよく間違って使われる。日本人は「から」というと何でもfromを使いがちであるが，fromは一定の点なり場所なり「から」スタートするときに使うのであって，内部から外部へ出てくる場合の「～から」はout ofを使う。一点からのスタート（from）と中から外への動き（out of）を区別することが必要である。

　なお，out ofはいくつもの熟語があるから注意が必要である。例え

ばout of control（制御不能の），out of order（故障中），out of work（業務外），out of office（外出中），out of pocket（出費），out of mind（無記憶），out of shape（壊れている），out of form（書式外の）などである。

例文
(a) The conclusion was derived out of the inspector's report.
    結論は，検査員の報告から得られた。
(b) It appears from the inspector's report that the goods are defective.
    商品に欠陥があることは，検査員の報告から明らかである。
---

⑧ on, of, about, concerning, with regard toなど（〜についての，〜に関する）

　日本語の「〜についての」，「〜に関する」に相当する前置詞を選ぶときも日本人は大変苦労する。「〜についての」，「〜に関する」に相当する前置詞なら前置詞句はon, of, about, concerning, regarding, respecting, relating to, with regard to, with respect to, in relation of, in relation to (of) など幾つもある。いずれも少しずつニュアンスが違う。これらの使用についてはいくつもの例を読み込んでみて一番ぴったりしたものを使うしかない。この使い方の詳細だけで膨大な文例がある。

例文
(a) The company may request employees to provide with information in relation to their family.
    会社は従業員に対し，その家族の情報を提供することを要求することができる。
(b) The law with regard to the prevention and control of pollution and public hazards was enacted.
    汚染，公害の防止と制御に関する法が施行された。
---

⑨ againstとtoward（に対して）

　日本語の「〜に対して」に対する前置詞についても前出のforやtoの他againstやtoward（又はtowards）などの前置詞がある。

　これらの前置詞の使用においても，「〜に対して」が反対の方向に

5章　冠詞と前置詞

向かっての「対して」なのか自分が向かっている方向に向いての「対して」なのかをよく考えて，against「（反対の意味の）対して」かtoward「（の方向に向かっての意味の）対して」を使う必要がある。

―例文―
The Borrower shall put the money, whenever earned, towards paying off the mortgage on the house.
借り手は，住宅ローン返済に対して，収入があったときはいつでも，金銭を充てるものとする。

(3) 前置詞を増やす場合，減らす場合

とかく前置詞を使った文の修飾は，意味があいまい，多義になりやすいから，法律文においては気をつける必要がある。法律文は正確でありかつ読みやすいものでなくてはならないから，その観点に立って適宜，前置詞を加えあるいは省かなければならない。

① 前置詞を増やす場合

名詞を連続してこれに前置詞句をくっつけて修飾するような場合，例えば名詞＋名詞＋前置詞句（例，A，B and C of D）のような場合は，その前置詞句が直前の名詞のみを修飾するのか，最前列の名詞までさかのぼって修飾するのが不明であり，あいまいさを生む。

また，動詞の不定詞形（to＋動詞）や前置詞動名詞形（前置詞＋動詞ing形）が数個続く場合には全ての句に同じ前置詞を繰り返してつけておかないと間違いやすい。下記の通りである。

―例文―
Waiver is the intentional or voluntary relinquishment of a known right, or in other words, the renunciation, repudiation, abandonment, or surrender of some claim, right, privilege or the opportunity to take advantage of some defect, irregularity or wrong.
(Compare) 比較
Waiver is the intentional or voluntary relinquishment of a known right, or in other words, the renunciation, repudiation, abandonment, or surrender of some claim, right, privilege or of the opportunity to take advantage of some defect, irregularity or wrong.
権利放棄とは，既知の権利の故意又は任意の放棄であり，言い換えれば，ある請求権，権利，特権の，又はある瑕疵，反則若しくは不正を利用する機

会の，主張放棄，拒絶放棄，自発放棄（自己の意志による放棄）又はやむを得ない放棄である。

② 前置詞を減らす場合

　総じて前置詞は多く使うほど文はあいまいになるし，読みにくくなる。ofやinが二つも三つもつながった前置詞句を考えてみよう。Employees of Honda in USは「アメリカ国内に滞在しているホンダ自動車の社員」を指すのか，「ホンダ・アメリカ社の社員」を指すのか解釈をめぐって紛議を呼ぶ恐れがある。

　法律文の起草にあたって思考があいまいな人は前置詞句を多用しがちである。文を書き下ろす前に思考を明確にして，あいまいなまま前置詞句をつなげていくことのないようにする必要がある。前置詞の多い文はリライトの時に，その意味を正確に考えて，修飾句を関係代名詞節や現在分詞句で書き直すようにする。下記を参照されたい。

---例文---
Every member of a scholastic assembly in Canada may use this library.
　カナダにおける学会会員はすべて，この図書館を使用できる。(Ambiguous：多義)
(Compare：比較すること)
Every member of a scholastic assembly organized in Canada may use this library.
　カナダで設立された学会会員は全て，この図書館を使用できる。
Every member of a scholastic assembly who resides in Canada may use this library.
　カナダに居住する学会の会員は全て，この図書館を使用できる。

③ 前置詞を減らす方法

　一昔前の英文に比べて最近の英文は前置詞が少なくなってきている。これは前置詞を少なくすることによって，より具体的で簡潔な文を書こうとする傾向によるものであろう。

　前置詞を減らすことを考えるときに一番てっとり早いのは名詞を連結して行くことである。Embassy of the United StatesのかわりにUS Embassyと書くような例である。名詞の連結形は日本語やドイツ語

に多かったが最近では英語にも多くなってきている。3重連結や4重連結の名詞連結形も多く見受けられるようになってきまた。

　前置詞を減らすもう一つの方法は現在分詞形（ing形）を使った修飾句にする方法である。これは特に重複前置詞に有効である。with regard toの代わりにregardingを，in relation toの代わりにrelating toを，in respect ofの代わりにrespectingを使うものである。現在分詞の使用で文がずいぶんすっきりし，読みやすくなる。

　所有を表す前置詞ofのかわりにアポストロフィs（'s）所有形を使うことについては前述したとおりである。

　色々な方法で前置詞を減らすことを試みよう。下記の例文を見ていただきたい。

---例文---

In relation to the Articles of Incorporation, a by-law for the resolution of the board of directors is to be established.
（Compare）比較
Relating to the Articles of Incorporation, a by-law for the resolution of the board of directors is to be established.
　定款に関連して，取締役会の決議を受けるため，業務執行規則を作成しなければならない。

6章　法律文中で特別の注意を要する語

　法律文のなかによく出てきて，その使い方に留意を要する語がある。
　法律関係の文章は正確に書かなければならないし，意味が明確に取れるように書かなければならない。以下に示す用語の使い方は，法律文書起草にあたる者として是非マスターしておかなければならない。
(1)　「等」を示す英語表現のsuch as, and the like, etc.などの使い方
　　日本の法令用語でも，いくつかの事例が列挙され，加えてその列挙事例のほかにもなお色々あるというときに「等」を使ったり「その他」や「その他の」を使う。
　　「等」を使う例としては，「医薬品，医療機器等の品質，有効性及び安全性の確保等に関する法律」（法律の表題名）や風俗営業等の規制及び業務の適正化等に関する法律26条の「公安委員会は，風俗営業者若しくはその代理人等が当該営業に関し法令若しくはこの法律に基づく条例の規定に違反した場合において……」がある。一般に法令の規定で一ないし数個の列挙事項を掲げて，その直後に「等」の字が用いられた場合は，別意に解すべき特別の理由がない限り，その「等」に包含される事項は，例示事項とその規範的価値において「同じ性質の重要性」を有するものと解するのが相当である，とされる。
　　「その他の」は，日本国憲法66条の「内閣は法律の定めるところにより，その首長たる内閣総理大臣及びその他の国務大臣でこれを組織する。」の用例が示すように前に出てくる語を一つの例示として，これをくくる，より広い範囲の語を示す形で使われる。「俸給その他の給与」，「馬，牛，その他の家畜」のような例である。後の語は前の語を包含する。
　　「その他」は，労働基準法15条の「使用者は，労働契約の締結に際し，労働者に対して賃金，労働時間その他の労働条件を明示しなければならない。」の用例が示すように，前に出てくる語と「その他」で示される

語は包含関係にあるのではなく，別の概念として並列関係にある。「賃金，給料，その他これに準ずる収入」，「勤務期間，勤務能率，その他勤務に関する諸条件」のような例である。前の語と後の語は並列であり，後の語が前の語を含むわけではない。

英文の法律文書においてもこのようなことを考えなければならない。ここでは such asなどを中心に検討する。

なお，例示の意味の「などの」を示すincludingについては，後述（187頁）している。

① such as, and the like, etc.について

"such as"は"the things such as A, B, and C"のように冒頭に出てくる the thingsの例示としてA，B，Cを並べるときに使う。冒頭の語the thingsはA，B，Cを包含する概念である。

これに対し"A, B, C, and all similar things"や"A, B, C, and the like"のような言い方もある。この場合は and all similar thingsやand the likeはA，B，Cを含む概念でなくA，B，C以外のものであるが，A，B，Cと似たものを並列する意である。

日本語の法律文ではよく「等」を使う。「甲において破産，和議，会社更生等の事態が生じたとき」のような例である。「等」をつけるのは，その他の事も念のために含ませて広くしておきたい潜在意識が働くのであろうが，この「等」に意識が引っ張られて英文で etc.を使うと誤解が生じやすい。

"A, B, C, etc.", "A, B, C, et cetera"はetc., et ceteraのところで読み手がこのetc., et ceteraは何か，A，B，C，とは違ったものではないかと思って混乱してしまう。"A, B, C, and so on", "A, B, C, and so forth"も同じである。

これらは使うべきではない。もしA，B，C，と列挙してその他のものも含ませたいのであれば A, B, C, and the likeや，A, B, C, and all similar things，あるいはthe things such as A, B, and Cのような語を使うほうがよい。

> **例文**
> A legal draftsperson must also be familiar with, will, petition for probate, petition for divorce, and other similar legal documents.
> 　法律文書起草者は，契約書及び規則の起草修得に加えて，告訴状，答弁書，出頭命令及文書持参証人召喚状などの法律文書を書くことに習熟しなければならない。

② 基本的にothersを使うべきでないこと

　英文契約書を起草するとき，つい書きがちなのがand othersやother thingsあるいはotherwiseなどの語であるが，基本的にはこれらの語は使うべきではない。当事者双方がそれぞれ勝手な解釈をして自分の田に水を引くからである。

　これらの語を付けたためにかえって事柄を紛糾させることになる。下記の例文を参照していただきたい。

> **例文**
> The Company shall provide the Employee with a uniform consisting of a cap, a jumper and others.
> (What are "others"?, "その他"とは何か)
> 　会社は従業員に対し，帽子，ジャンパーその他よりなる制服を支給するものとする。

(2) 「それぞれ」，「場合により」を意味するrespectivelyとas the case may beの使い方

　いくつかの語を列挙して，それぞれに対応する語を列挙して対応させる場合がある。

　Aはaに対応し，Bはbに対応し，Cはcに対応するとき，三つの文を書くのを節約して「A，B，C，はそれぞれa，b，c，に対応する」と書くことができる。例えば，薬事法82条の「この法律の規定に基づき政令又は厚生労働省令を制定し，又は改廃する場合においては，それぞれ，政令又は厚生労働省令で，その制定又は改廃に伴い合理的に必要と判断される範囲内において，所要の経過措置（罰則に関する経過措置を含む。）を定めることができる。」のような用例である。

　「それぞれ対応して」，「それぞれの場合に応じて」は英文として

respectivelyとas the case may beがある。A，B，C，がa，b，c，にそれぞれの場合に応じて対応しているような場合に，この二つの語を使う。

　使い方としては，respectivelyは"A，B，and C apply to a，b，and c，respectively."というように使う。列挙する語（A，B，C，）が時間的に同時に並行して起き，それが並行してa，b，c，に対応する場合はこのrespectivelyを使う形となる。

　もう一つのas the case may beは"A，B，or C bears the relationship to a，b，or c，as the case may be."のように選択的に生起する場合（A-aのときはB-b，C-cは起きない）に使う。下記の例を見ていただきたい。

―例文―
Either party may drop from this project at any time in the first stage, the second stage, or the third stage stated in the preceding paragraph by paying to the other party ten million yen（¥10,000,000），twenty million yen（¥20,000,000），or thirty million yen（¥30,000,000）each of withdrawal compensation, as the case may be.
　いずれの当事者も，前節に述べる第1段階，第2段階又は第3段階中のいつにおいても，その場合によりそれぞれ1,000万円，2,000万円又は3,000万円の脱退補償金を相手方に支払うことによりこの事業から脱退することができる。

(3)　当該をあらわすsaid, such, same, the matter in question等の使い分け

　日本の法令用語では，「その」とか「当の」という特定の指定をあらわすために「当該」という語がよく使われる。例えば地方自治法第10条の「市町村の区域内に住所を有する者は，当該市町村及びこれを包括する都道府県の住民とする。」というように前に出てきた市町村を受けて「当該市町村」と書くのである。

　法律文においても「その何々」を強調したいときに「当該何々」と書くことはよくある。英文においては，文中の最初に出てくる名詞を受けてこれを繰り返すときは定冠詞theをつけるが，法律・法的文書においてはしばしばsaid, such, sameなどが名詞に冠される。本項では，こ

れらの使い方を述べる。

1) saidの用法

法律文書では使われすぎるくらいよく使われる。said royaltyやsaid propertyというように既に述べたものを繰り返すのに使う。ただsaidをあまり使いすぎると読む方が混乱するので，誰でも分かるような場合であれば，theで代用してもよいし，特定のものであることを強調するのであればthatやthese（複数の場合）などの指示形容詞を使うのもよい。saidを冠する場合でも特定の意味を強調したいのであればthe saidと定冠詞theをつける方がより意味がはっきりする。

―例文―
I, John Smith, am the plaintiff in said action I have read said complaint and know said content hereof, and I declare that said content is true and correct.
（Compare）比較
I, John Smith, am the plaintiff in the above entitled action I have read the foregoing complaint and know the content hereof, and I declare that the content is true and correct.
　私，ジョン・スミスは上記の表題の訴訟における原告であり，前記の申立てを読み，その内容を知っており，当該内容が真実にして正しいことを陳述します。

2) suchの用法

「当該の」あるいは「そのような」というような類別で前出した名詞を繰り返すときにsuchを冠して使う。前述のsaidとは違ってそのタイプのもの全体を一つの性格付けをしてまとめて指示するときに使う。

―例文―
I, John Smith, hereby direct my Executrix to pay such children the income as my Executrix considers appropriate.
（Note）注意
"Such children" can be replaced by "these children" or "(the) said children".
　私，ジョン・スミスは，本書により，私の遺言執行者に対して，彼女が適当と考える金額をそれらの前記子供たちに支払うよう指示する。
（注意，"Such children"は"these children"又は"(the) said children"に置き換えられる。）

3）The sameの用法

　　英文の法律・法的文書でしばしば見かけるが，前出のものをthe sameで受ける例がある。法律的な感じがするので使いがちであるが，誤解が起きやすい。全く誤解のないようにするなら，その名詞をthe said partyのようにthe saidをつけて繰り返した方がよいし，代名詞を使うのならitやthoseなどの代名詞で受ける方がよい。

例文

When Offeror's proposal has been withdrawn, Offeree may disregard the same.
(Compare) 比較。下記の方が望ましい
When Offeror's proposal has been withdrawn, Offeree may disregard the proposal.
　申込者の申込が撤回されたときは，申込を受けた者はその申込を無視することができる。

4）"the matter in question"の用法

　　前出の文章で説明された事柄を後で引用して「問題の案件」「当該案件」というような意味で使うときにthe matter in questionを使う。

例文

When a petition is submitted to the Diet, the petition in question is investigated first by a committee concerned in the Diet.
　国会に請願が提出されたときは，当該請願はまず国会の関係委員会において調査される。

---

(4) 慣用句としてのifやasの小句

　　法律文や契約文でよく出てくるifやasを含んだ慣用句は，それなりに意味があるから正確に使い方を覚えておかなければならない。

1）短いifを含んだ慣用句

　　法律文中にifのショート・フレーズが現れることがある。

---

if necessary	（必要ならば）
if possible	（可能であれば）
if required	（要求される場合）
if deemed appropriate	（適当と考えられる場合）

> if considered reasonable （合理的と考えられるならば）

　これらは便利なので法律文でしばしば使われる。ただこのようなif慣用句を文中に入れるときは気をつけて書かなければならない。

　if necessaryにしてもif deemed appropriateにしても，誰がそのように判断するのかということが問題の種になることがある。もし必ずそうして欲しいのなら，このようなif慣用句は入れない方がよい。

---例文---
The Debtor may at any time, if possible, make repayment to the Bank before payment is due.
　債務者は，可能ならばいつでも，期日前に銀行に返済することができる。

2）asを含んだ短い慣用句

　法律文中にasのショート・フレーズが現れることがあるので，その使い方を身につけておかなければならない。

as it is	（そのままの状態で）
so as to	（のように）
as long as	（の期間）
as far as	（の限りで）
as may be deemed necessary	（必要と認められるとおり）
as may be considered appropriate	（適切と考えられるとおり）

---例文---
On the closing date, the Seller shall deliver to the buyer the Premises as it is.
　売主は，最終取引日に，家・屋敷を現状のままで，買主に引き渡すものとする。

(5) 法律文の特殊用語としてのhereby, hereinなどの慣用語

　本書の第1章の英文法律・法的文書を読んだ人はherebyという単語がたくさん出てきたのを覚えていると思う。英文法律文書によく出てくる。場所を示す副詞に前置詞を接尾詞としてくっつけた慣用語は，長い文章などにあっては，使い慣れると便利なものである。法律文によく使

われる。

① "here" に前置詞を接尾詞としてつけた語

```
hereby      (by this：これにより)
herewith    (with this：これをもって)
hereunder   (under this：この下で)
```

比較的意味が明確でありよく使われる。語も短いので使って便利である。

```
herein        (in this：この中で)
hereinafter   (in the following part of this：本書中の以下において)
hereinbefore  (in the preceding part of this：本書中の以上において)
hereof        (of this：これについて)
hereto        (to this：これに対して)
hereunto      (to this：これに対して)
```

これらの語も意味が明確にとれる場合はよく使われる。ただ、これらの語を使う時は、thisで表されるものが何かを考えてみることが必要である。長文の文書であるとhereinとかhereofとかいっても、この文書の、であるのか、この条中、この条の、であるのかが不分明になることがある。文脈から明確に分かるときに限って使うことである。

hereafter, heretobefore, heretoforeは二様に意味がとれる。すなわちhereafterは「本契約の日以降」ともとれるし、「本条より以降の部分で」ともとれる。hereinbeforeやheretoforeも「本契約の日以前」ともとれるし「本条より以前の部分で」ともとれる。これらはしたがって使うべきでないし、事実あまり使われていない。

── 例文 ──
The Company shall treat the Employee in accordance with the procedures stipulated hereunder.
　会社は、従業員を、本規則に基づき定められる手続にしたがって、処遇するものとする。

② "there"に前置詞を接尾詞としてつけた語

```
thereafter  (after that：それ以降)
thereat    (at that point：その点で)
therefore   (for that：そのための)
therein    (in that：その中での)
thereof    (of that：それについての)
thereto    (to that：それに対する)
thereunto   (to that：それに対する)
thereupon   (on that：その上での)
therewith   (with that：それをもって)
```

　法律文中，時点や場所をあらわす副詞としてよく使われるが，使うに際してそれが文意を不正確なものにしないかどうかをよく考えて使用する。下記を参照いただきたい。

―例文―
The Defendant's answer to the complaint shall be submitted by the first day of September, 2011. The corresponding Certificate of Service therewith shall be also submitted by the same date.
　原告の最初の申立てに対する被告の答弁書は，2011年9月1日までに提出するものとする。それに関係する送達証明も同日までに共に提出するものとする。

③ "where"に前置詞を接尾詞としてつけた語

```
whereat  (at which：そこで)
whereby  (by which：その傍らで，により)
wherein  (in which：その中で)
whereof  (of which：それの)
whereupon (upon which：その上で)
```

　これらの関係副詞も，法律文のなかでよく用いられる。特定の時間的，場所的な点を示す。これらは意味が不明確にならないよう配慮しながら使うとよい。

　なお，これらの語は分析すれば，上述のような前置詞をつけた関係代名詞であり，使い方としては，その前にコンマをおいた関係代名詞

の非制限用法であるから，もしこの直前の語を制限的に修飾しようとするのであれば，関係代名詞thatを使う方がよい。

> **例文**
> April 1, whereat the Company's anniversary is held, shall be a holiday.
> (Compare) 比較
> The date that the Company's anniversary is held shall be a holiday.
> 会社の創立記念行事が行われる4月1日は，休日とする。

(6) 「上の」「次の」を示すabove, below, preceding, followingの使い方

日本語でも「上記の」，「下記の」，「前述の」，「後述の」という用い方があるように英文法律・法的文書でも，above, below, preceding, followingは，頻繁に用いられる。

above, belowは，上下感覚の上，下をあらわす語であり，契約書中の文章のおかれる場所によっては，必ずしも前述や後述の部分が上，下に置かれるとは限らない場合があるので，aboveやbelowよりはpreceding やfollowingを使う方がよいとされる。

"stated previously" や "to be stated later" はその文書中における，前述，後述なのか別の文書で既述，あるいは追述するのか，が不明確であるから使わない方がよいであろう。

> **例文**
> Buyer shall inspect the goods delivered by Seller immediately upon receipt.
> 　買主は，売主が納入した物品を受領後直ちに検査するものとする。上記検査は，買主の物品受領後30日以内に完了するものとする。
>
> The inspection above shall be completed within thirty (30) days from Buyer's receipt of the goods.
> (Preferable) 好ましい
> The inspection stipulated in the preceding paragraph shall be completed within thirty (30) days from Buyer's receipt of the goods.
> 　前項に規定された検査は，買主の物品受領後30日以内に完了するものとする。

(7) 形容詞の多用は意味を不明確にする
　1 ）不要の形容詞
　　英文の契約書や法律文の語句使用に際して形容詞を多用する起草者がいるが，好ましくない。

```
true（本当の）              authentic（本物の）
actual（実際の）            correct（正しい）
real（真の）
```

　　形容詞を名詞につけたがる人がいるが，これは意味がないし，何がtrueであるかなどと無用の論争を生む。

```
proper（適当な）
appropriate（適切な）
considerable（考慮に値する，相当の）
appreciable（評価できる，相応の）
substantial（本質的な，かなりの）
material（重要な，決め手になる）
```

　　これらの形容詞も，法律・法的文書中に使いがちであるが，何がそうであるのかで後で論議を呼ぶことになる。

```
little and negligible（僅少で無視できる程の）
inequitable and unconscionable（不公正かつ非良心的な）
```

　　二重形容詞も更なる論争の種になる。
　　というわけで，形容詞の多用は意味を不正確にし，論議の種となりやすいことを覚えておくべきである。
　2 ）意味のある形容詞
　　また，どうしても形容詞を使うときは，それが意味のある（meaningful）ものでなければならない。

> possible（可能な）とpracticable（実務上可能な），
> necessary（必要な）とadvisable（望ましい），
> equal（平等な）とequitable（公正な），
> same（同種の）とsimilar（相似の），
> capable（能力ある）とqualified（資格のある），

　　　これらの違いをはっきりと認識して正しく使わなければならない。下記を参照いただきたい。

―例文―
Seller shall furnish Buyer with proper samples.
（Do not need the word.）「proper」は削除
　売り手は，買い手に，しかるべき見本を提供するものとする。

(8) **法律文によくあらわれる重複語**

　　契約書や法律文書を読んでいるとby and betweenだとか，null and voidといったような重複文言が非常によく出てくる。

　　これらについては，不必要であり，冗慢をもたらすものであるから廃すべしと主張する人も多くいる。プレイン・イングリッシュの見地からしばしばそのように主張される。

　　しかし，英文のLegal Draftingに当たる日本人としては，どのような重複語があるかをあらかじめ知っておくことは必要であるし，またそれを使ってみせる必要も，場合によっては出てくる。

　　もともと重複語は，イギリスの征服王朝であったフレンチ・ノルマン王朝がイギリス平民に対して布告を発したときに，その文言を古代英語とフレンチ・ノルマン語で重複記述したことに始まるという。

　　更にラテン語と古代英語，ラテン語とフレンチ・ノルマン語の重複記述が法律文書において一般化し，古い法律文書では語を二重にならべる重複語が一般化した。法律用語のcease and desist（中止する。ceaseはラテン語系の止める，desistはフランス語系の止める，古代英語系の止めるはstop）や，null and void（無効な。nullは古代フランス語系の無価値，voidはラテン語系の空虚な，の意）などはこの例である。

中世のイギリスの法律文書がこのように重複語を多く使ったので，その後の法律文書を起草する法律家は，その伝統を引き継ぎ，法律用語を二つも三つも並べて書くことが法律界で一般的になった。

　加えて，法律家の慎重さによって，一つの語の概念を広げるために似た語を並べあわせてより広い概念としようとする試みが一般化するようになり，現在のように法律用語というと二重三重の語の重複が特徴であるような文体が生まれたわけである。

　現代アメリカの法律家のなかでは，これに対する反省が生まれて，文書平明化運動（Plain English Movement）がおきているが，依然として法律語に重複語は多い。

　Legal Draftingの担当者としても，法律文章らしい文章を書けるところを示すためにも，一応の重複語は知っておく必要がある。

1）前置詞・従属接続詞の連結

　　前置語を二つつないだり，従属接続詞を二つ重ねたりすることは多い。例として，次のようなものがある。

---

by and between（の間で）
by and under（の下で）
by and with（により）
for and during（の間（期間）中に）
for and in (on) behalf of（の為に）
from and after（の以後）
from and against（に対し）
on and after（の以降）

over and above（の上で）
above and beyond（を超えて）
save and except（を除いて）
under and subject to（の制限下で）
within and under the terms of（の条件下で）
if and when（の場合）
when and as（の時に）

例文

(a) All employees shall be treated equally by and under this Employment Rules.
　従業員は全て，本就業規則の下で平等に処遇されるものとする。

(b) I, Alan Leon, by and with this Power of Attorney, appoint Mr. John Goldman to be my attorney in fact.
　私，アラン・レオンはこの委任状により，ジョン・ゴールドマン氏を私の代理人に指名する。

2）動詞の連結

　　動詞を二つ，あるいは三つ重ね合わせるのは，法律用語に極めて多い。例として次のようなものがある。

advise and inform（連絡通報する）
assume and agree（引き受け合意する）
authorize and empower（権限権能を付与する）
authorize and direct（権限を付与しかつ指示する）
alter and change（変更する）
assign and transfer（譲渡する）
bind and obligate（拘束し義務づける）
be deemed and considered（とみなす）
contract and agree（契約する）
cease and desist（中止する）
convey and transfer（移転する）
covenant and agree（約定する）
demand and request（要求する）
demand and insist（要求する）
desire and require（要望し要求する）
depose and say（申し述べる）
finish and complete（完了する）
furnish and supply（供給する）
give, devise and bequeath（付与する）
have and hold（所持する）
keep and maintain（保持する）
order and direct（指示命令する）
order and instruct（指示する）
made and entered into（作成された）
mentioned and referred to（言及された）
mean and include（意味する）
refuse and decline（拒絶する）
seal and affix（捺印する）
supersede and displace（置換する）

―例文―
(a) The plaintiff demands and requests that the defendant shall compensate the plaintiff's losses and damages.
　　原告は，被告が原告の損失及び損害を補償することを要求する。
(b) The defendant demands and insists that the plaintiff's allegation shall be dismissed.
　　被告は，原告の主張を却下することを要求し主張する。

3）形容詞の連結

　　法律文によく用いられる形容詞，不定形容詞の重複語に次のようなものがある。

6章 法律文中で特別の注意を要する語

null and void（無効な）	null and of no effect（効力のない）
due and payable（支払われるべき）	sole and exclusive（独占的な）
due and owing（負担している）	true and correct（正しい）
chargeable and accountable（計上された）	any and all（全ての，一切の）
	all and every（全ての，全部の）
final and conclusive（最終の）	each and all（各全部の）
full and complete（完全な）	each and every（各自全ての）

―例文―

(a) The debtor shall pay the creditor all of existing debts due and owing if the debtor has failed to perform any obligation to the creditor.
　債務者は，債権者に対する義務の履行を怠ったときは，負担している現存債務の全てを債権者に支払うものとする。

(b) The tenant shall be chargeable and accountable for all damages caused by his negligence occurring on the premises.
　賃借人は，自己の過失により物件に対して生じた全ての損害に対して責めを負い償いをするものとする。

4）名詞の連結

　法律文によく出てくる名詞の重複語は次のようなものがある。

goods and chattels（動産）	full force and effect（効力）
kind and character（種類）	power and authority（権能及び権限）
kind and nature（性質）	rules and regulations（規則及び規定）
type and kind（形質）	modification and amendment（変更）

―例文―

I bequeath to my son the following goods and chattels.
　私は，息子に次の動産を遺贈する。

(9) 英文法律文章に出てくるラテン語

　ローマ法は，西欧諸国の法律に大きな影響を与えた。イギリス法においても例外でなく，多くの法概念がローマ法から来ている。アメリカ法はイギリス法を承継した。

　このことからアメリカ合衆国やその他のアングロ・サクソン法系の国の法律文書には多くのラテン語法律用語が用いられている。

6章　法律文中で特別の注意を要する語

　アメリカやイギリスの法律家になるわけではないから，大学ロースクールの学生が学ぶラテン語法律用語の全てを知る必要はないが，下記に記した程度のラテン語法律用語は英文法律・法的文書中にもよく出てくるから知っておかなくてはならない。アメリカやイギリスなどの法律・法的文書中に，これらのラテン語法律用語はごく自然に，ひんぱんに出てくるのである。

ラテン語法律用語の例

a priori	アプリオリ	先見的
ab initio	アブ・イニシオ	最初から
ad hoc	アド・ホック	特にこのための，その場限りの
ad infinitum	アブ・インフィニチウム	際限なく
ad litem	アド・リテム	訴訟のための（に）
ad respondendum	アド・リスポンデンディウム	答弁のための（に）
amicus curia	アミカス・クリエ	法廷の友（法廷における意見申述者で当事者でな者）
bona fide	ボナ・ファイド	善意の（法律用語の善意はその事について承知していないの意)
caveat emptor	キャヴィート・エンプトール	買手側注意の法原則
certiorari	サーティオラリ	原義は「知らせるべし」の意。法律用語としては上位裁判所に案件を移送させるべしとの下位裁判所に対する命令語，移送命令
corpus juris	コルプス・ジュリス	原義はcorpusは身体，jurisは法。corpus jurisは法律用語として法規大全書の意味
de facto	デ・ファクト	事実上の

6章 法律文中で特別の注意を要する語

e converso	エ・コンヴェルソ	逆の（に）
et alii；（et. al.）	エト・アル	他 及びその他
ex contractu	エクス・コントラクチュ	契約書から生起する，契約上の
ex delicto	エクス・デリクト	不法行為から生起する，不法行為上の
ibid（ibidem），id；（idem）	イビッド	同上，前注
infra	インフラ	下記に，以下に
supra	シュープラ	上記に，以上に
in re	イン・レ	事件 案件（判例等）
habeas corpus	ハビアス・コルプス	人身保護令状，身柄提出令状（habeasはyou haveの意，corpusは身体）
lucus sigilli	ルーカス・シギリ	署名の場所の表示
mala fide	マラ・ファイド	悪意の（その事について知っている）bona fideの逆
pari delicto	パリ・デリクト	同罪の（pariはequal（等しい），delictoは不法な行為）
pendente-lite	ペンデント・リテ	訴訟係属中
per annum	ペル・アナム	年ごとの
per diem	ペル・ディエム	日ごとの
per capita	ペル・キャピタ	頭割りの
per se	ペル・セ	それ自身
prima facie	プリマ・フェイシー	表見上
pro rata	プロ・ラタ	比例して
pro tanto	プロ・タント	それだけ，その程度，その範囲
scilicet（SS or ss）	スシリセット	すなわち（言い換え語）
status quo	ステイタス・クオ	そのままの状態，現状
subpoena duces tecum	サビーナ・デユーシス・ティーカム	文書持参証人（罰則付）召喚令状
versus	ヴァーサス	対
vice versa	ヴァイス・ヴァーサ	反対に

2編 文章作成上の注意

181

ラテン語の法律用語は，上記の他にもたくさんあるが，使い慣れているものは別として，意味もよく分からずに使うと大変なことになることを知っておくべきである．

> **例文**
>
> ad infinitum = indefinitely = forever
>
> The legal effect shall continue ad infinitum.
> 　法的効力は永久に続くものとする．

1 合理的な，承諾できる，許可されうる，一般的な，最有利の（Reasonable, Acceptable, Permissible, Prevailing, Most Favorable）等の使い分け

7章　法律上特別な意味をもつ語群

　英文契約書を書く外国人の法律家は特定の用語に特定の意味をもたせて書く。これは日本語の法律文書を書くにあたって日本語の法律用語をそれなりの意味を持たせて書くのと同じである。法律・法的文書の起草に当たる担当者は特定の英単語についてもその法律的な意味を充分承知して書かなければならない。以下に知っておかなければならない語を示す。

1　合理的な，承諾できる，許可されうる，一般的な，最有利の（Reasonable, Acceptable, Permissible, Prevailing, Most Favorable）等の使い分け

　Legal Draftingにおいて何らかの判断基準を書かなければならないとき，その基準はできるだけ数字を用いた基準を書くのが原則である。数字であらわした，程度や基準であれば，あとで解釈の相違でもめることがないからである。しかしながら，作成時点で数字的な程度，基準が書けない場合もある。まだそこまで煮詰まっていない場合とか，当事者が一致しない状態で法律文の文言を書かなければならない場合などである。

　このような場合に以下を用いる。

> reasonable degree of（合理的な程度）
> acceptable amount of（承知できる量）
> permissible figure of（許可されうる数値）
> prevailing percentage of（一般的基準の率）
> most favorable rate of（最有利の率）

　数字でない形容詞であらわすことによりとりあえず法律文の文言を作成することがしばしばある。この意味と正確な使い分けに習熟しておくことが法律・法的文書の起草者としては是非身に付けておく必要のある技術である。下記に示した通りである。

183

> **例文**
> In order to promote the products, Purchaser may demand from Seller a certain amount of free samples which is acceptable to Seller.
> 　商品の販売促進をするために，買主は売主に対し，売主が承諾する量の無償見本を要求することができる。

2　公正に，適切に，公平に（Duly, Fairly, Properly, Appropriately, Equally, Equitably）等の使い分け

　法律・法的文言中に具体的な程度をあらわす副詞句にかえて，下記のような副詞を入れることはよくある。これらの副詞は比較的明瞭な意味があるので後日の誤解や意見相違を避けるために使う。英文法律・法的文書の起草者はこれらの副詞（下記に示す）を用いる。

> duly（正当に）　　　　　　　appropriately（適当に）
> fairly（公正に）　　　　　　 equally（同等に）
> properly（適切に）　　　　　 equitably（公平に）

　これらの意味を正確に知り，これを使い分けなければならない。下記の例文を参照いただきたい。

> **例文**
> Any and all costs and expenses disbursed by either party during the joint development shall be equally shared by the parties hereto.
> 　本共同開発期間中に各当事者が支出する一切の費用，経費は当事者間で等額ずつ分担するものとする。

3　直ちに，早急に，できるだけ早く，遅滞なく，合理的期間内に（Immediately, Forthwith, Promptly, Without delay, Within a reasonable time）等の使い分け

　時間的制限をあらわす表現についてはいくつもの表現がある。
　日本の法令用語においても「直ちに」，「遅滞なく」，「速やかに」などの用

3 直ちに，早急に，できるだけ早く，遅滞なく，合理的期間内に（Immediately, Forthwith, Promptly, Without delay, Within a reasonable time）等の使い分け

語が少しずつニュアンスを変えて使われている。「直ちに」というのは一番時間的即時性が強く，何はさておいても今すぐにという趣旨をあらわす場合に使われ，「遅滞なく」は時間的即時性は強く要求されるがその場合でも正当な又は合理的な理由に基づく遅滞は許されると解され，事情の許す限り最も速やかにという趣旨をあらわす場合によく用いられる。「直ちに」も「遅滞なく」もこれに遅れた場合は義務を怠ったものとして違法となる。「速やかに」はできるだけ早くという意味をあらわすが，それが訓示的な意味，つまりこれに対する違反が，義務を怠ったものとして直ちに違法とはならず不当であるというにとどまる場合に使われる。このように日本の法令用語の上でも使い分けられているのである。

英語の場合においても，行為の即時性を表現する表現はいくつもあるが少しずつニュアンスが違っており，時間の長短がある。

英文法律・法的文書の起草に当たってはこれらの用語，を正確に知り，これを使い分けなければならない。

---

immediately（直ちに，即時）
forthwith（直ちに）
promptly（早急に，速やかに）
as soon as（できるだけ早く）

without delay（遅滞なく）
within a reasonable time（合理的時間内に）
at the instant that（その時点で）

例文

(a) Any and all results arising out of this Collaborative Research Project shall immediately become the common property of the parties hereto when the results are originated or created.

本件共同研究プロジェクトより生ずる成果は全て，その成果が創成された時点で，直ちに当事者の共通の財産になるものとする。

(b) When Seller has received Buyer's notice that the Product delivered is defective, Seller shall promptly replace the defective Product with a new Product.

売主が，引き渡した商品に欠陥があるという買主の通知を受け取った時は，売主はその欠陥商品を速やかに新しい商品と取り替えるものとする。

(c) Any Employee who made an invention with in the scope of the Company's business shall report the invention with details to the Company as soon as he has made the invention.

会社の業務目的内の発明を行った従業員は，発明を行った後できるだけ

早期に，会社に対し，明細を添えて，その発明を報告するものとする。
(d) If the situation of the Patent in any country in the world has substantially changed, Licensor shall notify Licensee thereof without delay.
世界のいずれかの国における特許の状態が本質的に変化した場合，ライセンサーはライセンシーに対し，遅滞なく，その発明を，明細を添えて，通知するものとする。
(e) Purchaser shall check and test the delivered products within a reasonable time.
買主は，合理的な期間の間に，引き渡された商品を検査し試験するものとする。
(f) Every Employee working in this Plant shall stop working at the instant the siren blows.
本工場内で働く従業員は全てサイレンが鳴った時に業務を中止するものとする。

4　最善の努力，努める，約定義務なしで等（Best Effort, Endeavour, Without Commitment, etc.）の使い分け

　本来，法律・法的文書は明確に義務を定めるべきもので，その義務の不履行は義務違反となるよう明確にしておくべきものであるが，場合によってはそこまで行為義務を強く書くことができないことがある。このような場合は「何々しなければならない」と行為義務の形で書かず「何々することに努める」とやや和らげたニュアンスで書き，その違反が直ちに契約違反とはならないような書き方をしなければならないことがある。英語でbest effort clauseというものでる。

　英文法律・法的文書の起草者はこれらの場合の用語の意味を知り，その使い分けを知らなければない。

---

best effort（最善の努力）
endeavor（努める）
without commitment（特定義務なしで）

on a non-commitment basis（特定義務なしの基準で）

　Letter of Intent（レター・オブ・インテント）としてそれが義務を伴わない

ことを明確にすることもある。この場合は，Letter of Intentの本文中に，そこで取り決めた条項が当事者を，not binding（拘束しない。）という条項を入れてその不拘束性を明確にしておく必要がある。下記の通りである。

---例文---
(a) Purchaser shall exert its best effort to obtain the import license from the authority as soon as possible after the execution of this Agreement.
　　買主は，本契約締結後，可及的早急に，当局より輸入許可を取り付けるよう最善の努力を尽くすものとする。
(b) Letter of Intent:
ABC Corporation and XYZ Company Limited are intending to establish a joint venture company in Japan with a scope of business in manufacturing automobile parts and accessories.
意図表明状：
　　ＡＢＣ会社とＸＹＺ会社は，日本において自動車部品及び付属品の営業目的の合併事業会社を設立する意図がある。

5　含む，〜を除外する，例として含むがこれに限らず等（Including, Excluding, Including Among Other Things, Including But Not Limited To, etc.）の使い分け

　具体的な概念や事象をあらわす用語があってこれらを総合的に包含する概念や事象をあらわす一段大きい用語を使う場合がある。a，b，c，dなどがあってこれを包括的にあらわす言葉がAというような場合である。日本語では「馬，牛，鹿等の動物」とか「交通費，宿泊料，食費その他の出張経費」といった例である。

　英語でこれを表現するときincludingを使う。includingは「含む」という意であるが先行する包括的な語の「例示」としてincludingの次に具体的な，より小さい概念や事象の語を使って書く。A including a, b and cといった形となる（includingの場合は，列挙の最後の語の前にコンマをつけない点に注意。）。includingは「○○などの」というように例示として訳すと日本語として意味が分かりやすい。

　もし先行する包括的な概念の語に入りそうなまぎらわしい語があって，これを除外したいときはexcludingを使う。A excluding x, y and zという具合

である。Vehicles including automobiles, motorcycles and motorbikesというような場合に，Vehicles excluding bicyclesというように使う。

　（注）　例示の表現としてはincludingの他にsuch asやand the like, etc.などがあるがこれについては前に別項（6章(1)①，166頁）で説明している。

このincludingやexcludingは，このように包含あるいは除外する概念なり事象なりを列挙して例示するものであるが，その列挙の例示がすべてであると誤解されかねないとのおそれが出てくる場合がある。Vehicles including automobiles, motorcycles and motorbikes（自動車，オートバイ，モーターバイクを含む乗り物類）には　snowmobilesやsidecarsを含めてよいのかどうかという疑問が生じることがある。

このような場合に後に列挙した例示は単なる一部の例示であって他のものも含めての一般的な名詞を先頭に持ってくるのであれば，これを明らかにするためincluding among other things（いくつかの物のなかから例示として何々を含む。），including but not limited to（を含むがこれに限定せず），including without limitation（限定することなしに何々を含む。），というようなフレーズを添えて使う。

またexcludingの場合もexcluding among other things（いくつかの物のなかから例示として何々を除外する。）というように使う。ただし，excluding but not limited toは除外するものが際限なく広がる可能性があり不分明になるので使わない。下記の例文の通りである。

---例文---
(a)　The Tenant shall, at his expense, repair any damage to devices such as air conditioner, water heater, dishwasher and garbage disposal, set in the Premises, excluding plumbing, chimneys and roofs.
　　賃借人は，物件内に設置された空調機，暖水機，皿洗い機，ゴミ粉砕機などの装置に生じた事故につき，自己の費用でこれを修理するものとする。ただし，上記には水道管，煙突，及び屋根は除く。
(b)　Any and all results originated from this Scientific Collaboration including, but not limited to, inventions, improvements, discoveries, data and descriptive articles, shall belong to the ownership of the Company.
　　本共同研究より創出された一切の成果（発明，改良，発見，データ，著作論文等を含む。ただし，これに限らない。）は会社の所有に帰するものとする。

6 権利を放棄することなく，義務を負担することなく，なんら制限することなく等（Without Prejudice to, Without Commitment, Without Restriction）の使い方

英文契約書や法律文では，一定の事項を規定する際に，勝手な解釈や思い込みを防ぐためにこのようなwithout seriesの制限句をよく使う。次のようなものである。

◎without prejudice to
　この場合の prejudiceは辞書に出てくる偏見の意ではなく，不利益の意である。「不利益を伴うことなく」あるいは「権利を放棄することなく」の意である。ある一定の規定，例えば相手方の義務の免除とか当方の権利行使の猶予などを規定する場合において，他の権利に影響を及ぼさないよう配慮したいときに，このwithout prejudice toを使う。Creditor may, without prejudice to his right, extend the date of repayment.（債権者は，自己の権利を失うことなく，返済の日を延長することができる。）のような例である。

◎without commitment
　commitment（約束）なしに，つまり法律上の義務を積極的に負うことなしに，の意味である。英文法律・法的文書中で，何らかの行為を約束するに際してそれが法律上の義務ではないような場合はしばしばある。例えば「甲は乙に対してできるだけの協力を惜しまないこと」とか「AはBに対し何々することにつき最善の努力をすること」といったような場合である。これらの文言が，単に協力をすることなり努力をすることなりの意図の表明であって法律的な義務でないときに，これを明らかにするためにwithout commitmentを挿入する。例えばContractor will, without commitment, consider reducing the price.（請負人は，法律上の義務の約束ではないが，価格を切り下げることを考慮するものとする。）とすると値下げをする義務を生じることなく値下げについて規定できることになる。

◎without restriction
　語義どおり無制限に，あるいは何らの制約をつけないでの意味である。At fire, the supervisor may take any action without restriction.（火災の場合，監督者は無制限にどのようなこともできる。）というように一定の行為の許容に際してその限界のないことを明瞭にするために使う。

◎without limitation
　語義は「何々に限られることなく」の意であるから，例示などを列挙するときに，その列挙されたものに限られるわけではなくということを明らかにするために使う。例えば"including, without limitation"や"for example, without limitation"のような例である。

◎without limiting the generality of the preceding

189

「上記の一般化に限られることなく，とりわけ」の意で，前出のwithout limitationと同じ意である。例示の列挙が続いて出るような場合が英文法律・法的文書には多い。不可効力免責事項では不可効力の場合が「戦争，暴動，内乱，火事，洪水……」と列挙されるし，期限の利益喪失事項ではその喪失事由を「債務者の破産，民事再生，会社更生……」と続く。これら列挙は事由をできるだけ具体的に例示しようという趣旨であるが，反面「ここに例示したものに限られる。」と議論される可能性もある。もし当事者の真意が「ここにあげたのは単なる例示であって先行する語を列挙の全部で限定しようという趣旨ではない。」ということであれば，これをはっきりさせるよう，このような例示はあくまで例示であって，これによってもたらされる一般化で考えられる他のものを排除しようとする意味ではないということを書いておかなければならないわけである。そこでこのwithout limiting the generality ofが使われることになる。

◎without objection
異議なく，反対なくの意である。法律文書，特に議事録によく使われる。

―例文―
(a) Without prejudice to the right to continue the general scheme of his scientific collaboration, either party may relinquish, at its discretion, by sending notice in writing to the other, any of collaborative projects started in the course of this Research Collaboration Agreement.
　各当事者は，本共同研究の全般的枠組みを継続する権利を喪失することなく，本共同研究契約の進行上開始された共同研究プロジェクトのいずれをも，他方当事者に書面の通知を送付することにより，任意，中断放棄することができる。
(b) During the effective period of this Franchise Agreement, Franchisee shall without commitment purchase from Franchiser any and all materials which Franchisee may need for use or sale at its place of business.
　本フランチャイズ契約の期間中，フランチャイジーは，フランチャイジーがその事業の場所で使用もしくは販売するに必要な原材料の全てをフランチャイザーより購入するものとする。

7　オプション，第一選択権，予約，停止条件等（Option, First Refusal, Pre-engagement, and Condition Precedent）の使い方

契約の締結に至らない前の段階で相手方を拘束しようとするのがオプション，ファースト・レヒューザル，プレエンゲージメント，コンディション・

7 オプション，第一選択権，予約，停止条件等（Option, First Refusal, Pre-engagement, and Condition Precedent）の使い方

プレシデントなどである。これらの法律的な意味をよく知っていなければならない。

日本法の下での法律実務においても「一方の予約」、「予約契約」、「停止条件付契約」など契約に至らぬ前段階はいくつもある。

「一方の予約」というのは当事者の一方が予約の完結権を行使して契約を成立させることができる契約のタイプである。例えば，不動産の売買について金額，登記等の条件を煮詰めておいて，しかし売買契約とはせず，買主が売主に「買う」旨を通知したら売買契約が成立する旨の約定をするのはこのタイプである。買主が予約の完結権を持っているのである。買主一方の予約という。

「予約」というのは将来本契約を結ぼうという合意である。予約の段階では，将来本契約を結ぼうという合意であって，一方に予約完結権があるわけではない。予約の段階では将来本契約を結ぼうという合意だけであって，契約の効力は，本契約が結ばれない限り，生じない。例えば「甲乙間において本不動産について何年何月何日までに売買契約を締結したい旨合意した」というような例である。

「停止条件付契約」というのは一定の条件の成就に契約の成立をかかわらせているような契約である。例えば「本件医薬品につき監督官庁の新薬承認が得られたとき，甲乙間における共同販売契約が成立する」というような契約は，監督官庁の新薬承認を停止条件とする契約ということになる。

英文契約書においてOptionというのは当事者の一方がOption（オプション権，選択権）を行使することによってそういう内容の契約が成立する契約である。通常，特定の期間にOption権を行使（exercise）しないとオプション権を喪失する。

The right of first refusal（第一選択権）というのは，オプションとは少し違い，第一番目に選択した他者の申込みを拒絶して，契約の申込みができる権利である。オプションがオプションの行使により契約を一方的に成立させ得るのに対しthe right of first refusalは他者の交渉権を拒絶して第1番目に交渉できるというだけで，一方的に契約を成立させるわけではない。

Pre-engagementはまだ契約とはなっていない状態の予約で，将来の合意

をしようという約束である。

　Contract on Condition Precedentは停止条件の下での契約で，停止条件が発生すれば契約が成立する。

　これらの違いを十分知っておかないと契約に当たって思わぬ間違いをしでかしかねない。

例文

Upon payment of One Million U.S. Dollars (U.S. $1,000,000) as an option money by Licensee to Licensor, Licensor grants Licensee an option to receive sole and exclusive license to manufacture and sell the Product in Japan, provided that the option may be exercised at any time within six (6) months from the execution of this Option Agreement and shall expire at the end of this six (6) months option period.

　ライセンシーよりライセンサーに対する選択金100万米ドルの支払により，ライセンサーはライセンシーに対し，日本において商品を製造し販売する独占実施権を得る選択権を与える。ただし，この選択権は本オプション契約締結より6か月以内に実施できるものとし，6か月の選択権期間の終日に満了するものとする。

8　共同で，個別に，連帯して（Jointly, Individually, Jointly and Severally）の使い方

　複数の当事者が何らかの行為をすることを約束するときに，それを共同で行ったり別々に行ったりすることを表現しなければならないことがしばしばある。

　日本の法律用語でも「共同して」と「連帯して」を使い分けている。「共同して何々の行為を行う」という場合は，会社の共同代表の定めが一つの例であるように，複数の当事者が「一緒に」その行為を行うことにより効果を生ずるわけである。

　これに対し，「連帯して何々の行為を行う」という場合は複数の当事者はそれぞれがその行為を行う義務があることになる。例えば連帯保証人が数人ある連帯保証の場合には，連帯保証人はそれぞれ一人一人が主たる債務の金額を返還する義務を負うことになる。数人の行為がそれぞれ別々に行われるときは「個別に」という文言を入れてこれをはっきりさせる。

9 ～と同じ，～と類似した，～と全く同一の，～と同等の（The same as, Similar to, Identical with (to) and Equivalent to）の使い分け

英語の場合にあっても，数人の当事者の行為を規定するような場合，必ずそれがjointly（共同で）に行われるのかjointly and severally（連帯して）に行われるのかをあらかじめ明確にして書かなければならない。

JointlyはA and B shall jointly perform the action.のように共同して（一緒に）行うという趣旨である。AとBが共同して行うが，どちらかがそれを行わないとき他方がその全てを行為しなければならないときは，A and B shall jointly and severally perform the action.（A及びBは各自連帯してその行為を行う。）のようにjointly and severallyを使う。日本語の「各自連帯して」の意味である。AとBが各自個別的にその行為をする場合はindividuallyを入れてこれを明確にする。A and B shall individually perform the action.（A及びBは各自個別にその行為を行う。）のような例である。下記の例を見ていただきたい。

例文

(a) The Contractor and the Subcontractor shall be jointly responsible for the completion of the Work.
　請負業者と下請業者は，仕事の完成につき共同して責任を負うものとする。
(b) Guarantor shall be jointly and severally liable with Borrower for the repayment of the loan which Lender has lent to Borrower.
　保証人は，貸主が借主に貸与した貸付金の返済につき借り主と連帯してその責に任ずるものとする。

---

9 ～と同じ，～と類似した，～と全く同一の，～と同等の（The same as, Similar to, Identical with (to) and Equivalent to）の使い分け

英文の契約書で上記のような用語を使わなければならないことが多くある。「同種商品の取扱禁止」や「同種事業の競業禁止」などの条項で出て来る。「同種の」といっても使う用語によってその範囲に広狭がある。the same asは標準的に使われ，そのものと同じものの意である。similar toはsameよりも広く，同種を含んでこれと類似した意味である。

identical toは逆に狭く「全く同一の」「全く一致した」の意味である。

193

equivalentは違う性質のものであっても解釈において「均等の」,「同等の」というときに使われる。これらの違いを知っておかなければならない。

the same as（と同じ） similar to（と類似した）	identical with (to)（と全く同一の） equivalent to（と同等の）

これは，次のように書いて並べてみると違いが判るであろう。

the same product（同じ商品） similar product（類似の商品）	identical product（同一商品） equivalent product（同等の商品）

下記の例文を参照されたい。

──例文──
The Distributor shall not sell any product identical with the Product made by the Manufacturer.
　販売代理店は，製造業者が製造する商品と同一の商品は一切販売してはならない。

10　約因（Consideration）とその書き方

　イギリス法やアメリカ法が通用する地域，いわゆるアングロサクソン法域においては，契約の締結に際してConsideration（約因）が必要であることはよく知られている。

　英文契約書は異法域間なかんずくアングロサクソン法域とその他の地域の間で結ばれることが多いから，英文法律・法的文書においても起草者はConsideration（約因）の記載の仕方について十分慣れておかねばならない。下記にその書き方を記載する。

──例文──
John Doe, the Grantor for consideration paid, and in full consideration of Two Million Dollars ($2,000,000), grants to William Kenny, the Grantee, the land and premises lying and being in the City of Bridgestone, County

of Cannonland and the State of New York, more particularly described herein.

2百万ドル（2,000,000ドル）を対価としてかつ完全な約因として，権利譲渡者ジョン・ドゥーは，権利譲渡受者であるウイリアム・ケニーに対し，詳細を下記に記載する，ニューヨーク州，キャノンランド郡，ブリジストン市に所在する土地建物を譲渡する。

11 支払についての各種の表現（Various Expressions for Payment）

英文法律・法的文書の中に，価格，代金，料金，報酬，補償など色々な名目での代価の支払に関する表現が出てくることがある。これらについて，それぞれの書き方とその違いについて英文に習熟する必要がある。以下の例文に述べる。

> **例文**
> (a) Distributor shall purchase the products from Manufacturer at the prices scheduled in the price list attached hereto.
>   販売代理店は，本契約書添付の価格表に記載された価格で製造業者より製品を購入するものとする。
> (b) The Tenant shall pay to the Landlords as the monthly rent for this lease the sum of one hundred thousand yen (￥100,000) payable in advance on the first day of each month during the term of this Lease.
>   賃借人は家主に対し，本賃借の月家賃として，本賃貸借の期間中毎月1日に，前家賃として，10万円を支払うものとする。
> (c) Licensee shall pay Licensor running royalties at the rate of ten percent (10%) of Net Sales of the Product sold under this License.
>   ライセンシーはライセンサーに対し，本ライセンスの下で販売された商品の総売上高の10パーセントの率でランニング・ロイヤリティを支払うものとする。
> (d) The Company shall pay the Consultant as a monthly retainer fee the sum of two hundred thousand yen (￥200,000) per month payable in advance on the first day of each month during the term of this Agreement.
>   会社はコンサルタントに対し，月間顧問料として，本契約の期間中毎月1日付の前払で，月額20万円を支払うものとする。

8章　英日の重要な法律用語

1　法の適用の各種表現

(1) "apply to" 適用する

　法律でも規則でも契約でも，特定の事案があってこれに特定の条文を適用しようとするときは，①事案の特定，②規則の記述，③規則の事案への適用の三段論法となる。すなわち，(a)Johnは人を殺した（事実の適示：事案の特定），(b)人を殺した者は死刑とする（法の記述），(c)よってJohnは死刑，という論法である。

　「何々の場合については本法律文書の第何条を適用する。」，「本法第何条は何々に対して適用されるものとする。」というような文章はひんぱんに法律文に出てくる。あるルールを一定の事実にあてはめてそのルールで定めた一定の効果を発生させるのが「適用する」の意である。

　「本ルールは何々の場合に対して適用される」と考えて書くと，つい日本語の受身形に引っ張られてThe rule shall be applied to the case. と書きがちだがこれは正しくない。The rule apply to the case.（そのルールはそのケースに適用する）が正しい。法律文においては be applied toと受身とはならないことに注意することである。適用する主体が人物の場合はThe judge applied the law to the case.（判事はその法をそのケースに適用した。）となる。次の例文を参照されたい。

例文

The Pension Plan shall apply to (i) every employee who has worked for the Company for ten years or more, and (ii) every officer who has taken office of director for two years or more.
　当該年金プランは，(i)会社に10年以上勤務した従業員の全て及び(ii)取締役として2年以上その任にあった経営幹部に適用されるものとする。

---

(2) "apply mutatis mutandis to" 準用する

　日本語の法令用語で「準用する」という語は，ある事項について定め

られている規定を，それとは異なる他の事項について，必要な変更を加えた上で適用しようとする場合に用いられる。「本法律第何条より第何条までの規定は，本法律に掲げる事項と類似の事項が生じた場合に，これを準用する。」というように，類似の事柄でもう一度細かく規定をつくるのが面倒なときに「準用する」を使うと便利であるのでよく使われる。

英語でこれにぴったりした言葉は"apply mutatis mutandis to"である。mutatis mutandisはラテン語で「必要な変更を加えて」「適用が可能であれば」の意であるからapply mutatis mutandis toは日本の法令用語でいう「準用する」という語になるわけである。次の例文を参照されたい。

―例文―
(a) This License Agreement shall apply mutatis mutandis to the Agreement between the Licensee and Sublicensee.
　本ライセンス契約は，ライセンシーとサブライセンシーの間の契約に準用する。
(b) Civil Code Article 350 stipulates of the mutatis mutandis application to the pledges of the provisions of extension of security interest to proceed of collateral of statutory lien.
　民法350条は質権における留置権及び先取特権の規定の準用について規定する。
(Situation) 情況
(Write as) 条文を書く
Civil Code Article 350 The provisions of Articles 296 (Indivisibility of Rights of Retention) through 300 (Exercise of Rights of Retention and Extinctive Prescription of Claims) and those of Article 304 (Extension of Security Interest to Proceed of Collateral of Statutory Lien) shall apply mutatis mutandis to pledges.
民法350条　第296条（留置権の不可分性）から第300条（留置権の講師と債権の消滅効）まで及び第304条（先取特権の物上代位）の規定は，質権について準用する。

(3) "be applicable to" 適用することができる

　日本語で「適用する」とか「準用する」とかいったように断定的に言うのではなく，「適用することができる」というように，そのルールを

適用する者の判断に任せる形で，やわらかく書く場合がある。この場合 "be applicable to" を使う。apply（適用）してもよいししなくてもよく，その判断は任せられているわけである。

日本語で，「何々については何々を適用することを妨げない」と書かれる場合がある。これはIt is not prevented to applyとも書けるが「妨げない」の真意は "apply してもよい" ということであろうから "be applicable to" の方が英文として正しい。次の例文を参照いただきたい。

---例文---
It is not prevented that this rule applies to the case.
　本ルールがそのケースに適用される事は妨げられない。
（Preferable）好ましい書き方
This rule is applicable to that case.
　本ルールは当該ケースに適用することができる。

(4) "subject to" "instead of" "apply to" 「〜によるものとする」の使い方

日本語の法令用語に「何々については何々によるものとする」という言い方がある。先出の「適用する」の裏返しの言い方である。

「法第何条は何々のケースに適用する」を裏返しに書くと「何々のケースについては法第何条によるものとする」ということになる。

この場合の「よるものとする」の真意は「何々にしたがう，何々に支配される」の意味である。

この場合の英語の法律文章は "subject to" を使って書ける。"apply to" に変えて "subject to" を使って次のように書く。

　The rule applies to the case.（その規則は当該ケースに適用される。）
　　↓
　The case shall be subject to the rule.（そのケースはこの規則によるものとする。）

「適用する」(apply to) の裏返しの書き方として「によるものとする」(be subject to) の書き方がある。次の例文を参照していただきたい。

> **―例文―**
> The provisions in Article 10 shall apply to the cases enumerated in Article 11 hereof.
> 　第10条の規定は，第11条に列挙した事案に適用される。
> (Rewrite reversely) 反対から書く
> The cases enumerated in Article 11 hereof shall be subject to the provisions in Article 10 hereof.
> 　第11条に列挙した事案は，本契約第10条の規定に従うものとする。

(5)　"accord to" or "comply with"「にしたがうものとする」の書き方

　ある特定の事柄については，ある一定のルールをあてはめようとするとき，前出の"apply to"や"subject to"の他の書き方がある。

　同じことが，"accord to"（にしたがう，一致する）や"comply with"（にしたがう，一致する）を使っても書ける。

　日本の法令用語では「何々の件については何々の法律にしたがうものとする」というような書き方で書かれている。下記の例文を参照いただきたい。

> **―例文―**
> The secrecy obligation clause stipulated in this Agreement shall apply to employees of the parties hereto.
> 　基本契約の規定は個別契約に適用される。
> (Compare) 比較
> Employees of the parties hereto shall comply with the secrecy obligation clause stipulated herein.
> 　各個別契約は基本契約の規定に従う。

2　法の擬制（「みなす」と「推定する」。Fiction and Presumption by Rule）

　本質的に異なるものを一定の法律的取扱いにおいて同一のものとみなして同一の効果を与えることを法の擬制というが，これに関連して二つの言い方がある。

　日本の法定用語では「みなす」と「推定する」を分けて使っているが，英語の法律文でも二つに分けて，それぞれ使う用語が違っている。

199

「みなす」は法令上「何々の適用についてはAをBとみなす」というように，本来性質が異なり同一のものでない二つのものを，法の効果によって同一のものと扱うものである。民法886条がその例で「民法886条　胎児は相続については，既に生まれたものとみなす。」と規定されている。法がそのような法律効果を確定させたのである。「みなす」は古くは「看做ス」と書かれていた。

「推定する」は一定の事実関係について一応の事実を推測することであって，法律上の効果は確定的なものではない。事実が違う旨の明確な反証が出れば，その推定事実はひっくり返すことができるのである。

英語では "be regarded as"，"be deemed to"，"be considered to"，"be presumed to"，"be assumed to"，"be treated presumptively as" などが使われるが，「みなす」に相当する「法律効果を確定する」意味をもたせるときは "be deemed to" 又は "be considered to" を使う。これをConclusive Presumption（確定的推定）と言う。法の疑制はこれである。

これに対して日本の法令用語での「推定する」（一応の事実の推定）については "be presumed to"，"be assumed to"，"be treated presumptively as" を使う。これらの言い方はInconclusive Presumption（非確定的推定）である。Legal Draftingに当たってはこの違いを認識して適切な語を選ばなければならない。

なお，否定「みなさない：shall not be deemed」と「ないものとみなす：shall be deemed not」について注意が必要である。それぞれ違う意味である。下記を参照いただきたい。

---例文---

(a) In regard to inheritance, an unborn child shall be deemed to have already been born (Article 886 of the Civil Code of Japan).
胎児は，相続については既に生まれたものとみなす（日本民法886条）。

(b) If it is unknown for seven (7) years whether an absentee is alive or dead, the spouse of the absentee may allege to the Family Court for declaration of disappearance. Upon the declaration, the person to whom such disappearance has been declared becomes in its legal effect dead, or in other words, is treated as to have died. (Situation)
不在者の生死が7年間分明ならざるときは，不在者の配偶者は家庭裁判

所に失踪宣告の申立てをすることができる。宣告の時点で、失踪が宣告された者は法的効果において死亡者となる。言い換えれば死亡したものとして扱われる。(情況)
(Write as) 表現
A person to whom it is unknown for seven (7) years whether he or she is alive or dead shall be deemed to have died by the Family Court's declaration of disappearance when his or her spouse alleges in the Family Court a declaration of disappearance.
　７年間生死が不明の者は、その配偶者が家庭裁判所に失踪宣告を申し立てた時に、家庭裁判所の失踪宣告により、死亡したものとみなす。

(c) Electricity shall not be deemed to be property.
　電気は財物ではないものとみなす。

(d) Article 772 of the Civil Code of Japan stipulates that a child conceived by a wife during marriage is to be treated as a child of the husband of the wife. (Situation)
　日本民法772条は婚姻中に妻が懐胎した子は妻の夫の子と推定する旨定める。(情況)
(Write as) 条文の書き方
A child who is conceived by a wife during marriage is assumed to a child of the husband and wife. (Civil Code of Japan Article 772)
　民法772条　妻が婚姻中に懐胎した子は、夫の子と推定する。

3　法的効力—無効と取消し（Void and Voidable）の問題

　法律文書の効力を失効させる条項を考えるときに、この無効と取消しの問題が出てくる。

　日本法上、無効とは特定の法律行為が、特定の理由によって当事者の意図した法律的効果を生じないことを指す。例えば民法94条（虚偽表示）は「相手方と通じてした虚偽の意思表示は、無効とする。」とし、また民法95条（錯誤）は「意思表示は、法律行為の要素に錯誤があったときは、無効とする。」としているが、これらの場合には、当初にさかのぼって効力が無くなる。つまり無効となるのである。

　取消しは特定の意思表示あるいは法律行為を、後から当事者が消滅させることである。この場合は、取り消されるまではその意思表示なり法律行為なりは有効であるとされる。例えば民法５条（未成年者の能力）は「未成年者が法律行為をするには、その法定代理人の同意を得なければならない。(略) 前項の規定に反する法律行為は取り消すことができる。」とし、また民法第

9条（成年被後見人の法律行為）は，「成年被後見人の法律行為は，取り消すことができる。ただし，日用品の購入その他日常生活に関する行為については，この限りでない。」としている。これらの場合には取り消した時点から効力が無くなるのである。

英文の場合もVoidとVoidableは違う。法律・法的文書のドラフティングに当たっては，この点を頭に入れて，それが無効なのか取消しなのかどちらであるかを考えなければならない。

(1) Voidance ab initio無効

取消しではなく当初より無効である旨を宣言する場合の英文としては"null and void ab initio"，"be invalid ab initio"，あるいは"void"，"null and void"，"nullify"，"invalidate"などの語を使って正確にそれが無効の表現をすることである。

― 例文 ―
Any fictitious manifestation of intention made in collusion with another party（ies）shall be void（Article 94 of the Civil Code of Japan: Fictitious manifestation of intention）.
相手方と通じてした虚偽の意思表示は，無効とする（日本民法94条・虚偽表示）。

(2) Voidance pro futuro取消し

日本の法令用語の「取消し」に相当する英文はVoidance pro futuro（一定時点から将来に向かって効力を失わしめる）であるが，この言い方には"be voidable"，"be invalid pro futuro"，"revoke"，"repeal"，"rescind"などいくつかの言い方がある。それぞれの意味を正確に知って使うことが必要である。

be voidable（無効とし得る，取り消し得る）
be invalid pro futuro（将来に向かって失効させ得る）
revoke（取り消す）
repeal（公式に無効にする）
rescind（効力を失わせる）

― 例文 ―
A declaration of intention that is induced by fraud or duress is voidable (Article 96 paragraph 1 of the Civil Code of Japan: Fraud or Duress).
　詐欺又は強迫による意思表示は，取り消すことができる。（日本民法96条1項・詐欺強迫）

4　契約等の期間終了と廃止・撤回（Termination and Revocation）の問題

　法律・法的文書や規則などが効力を失う場合の言い方にも色々な言い方がある。日本語において法律・法的文書を「終了する」「期間満了する」「解除する」等と色々な言い方があるのと同じように，英語にもいろいろな単語がある。

expiration	（期間満了）	expire	（期間満了する）
termination	（契約終了）	terminate	（終了する）
cancellation	（解除）	cancel	（解除する）
rescission	（失効）	rescind	（失効させる）
revocation	（取消）	revoke	（取り消す）
repeal	（廃止）	repeal	（廃止する）
abrogation	（破棄）	abrogate	（破棄する）
withdrawal	（撤回）	withdraw	（撤回する）

　法律・法的文書の期間が確定期間で定まっていて，その期間が満了してその文書の効力を失う場合には，expiration, expireを使う（The period shall expire....）。

　一方当事者が法律・法的文書を解除する（一定時点から将来に向けて失効させる。）場合には，cancellation, cancelを使う（Either party may cancel....）。

　Termination, terminateは，法律・法的文書の期間（term）を切る意で，期間の満了（expiration, expire），解除（cancellation, cancel），合意による解約（agree to terminate）の三つを包含する観念であり，expireやcancelと代替的に使える。

　法律・法的文書につき，一定の事態が生じたときに，その効力を失効させて元の状態に戻す場合にはrescission, rescindを使う（The signed party may

203

rescind....)。

　将来に向かって効力を失わせる場合にはrevocation，revoke を使う（The signed party may revoke....)。

　意思表示を撤回するときはwithdrawal，withdrawを使う（The notice may be withdrawn....)。

　なお，repeal（廃止する，公式に無効とする。），abrogation，abrogate（破棄する。）も法律などの公式法律文書に使われる。

―― 例文 ――
(a) The term of this contract shall expire on the end of December, 2019.（Expiration）
　本契約の期間は2019年12月末日に満了する。（満了）
(b) Both parties hereby agree to terminate the Contract.（Agreement to terminate）
　両当事者は本契約を終了させることに合意する。（終了の合意）
(c) Either of the parties hereto may cancel the Contract by sending a notice to the other party if the other party breaches any provision of this Contract.（Premature Termination by breach of Contract）
　各契約当事者は，相手方が本契約の条項に違反したときは，他方当事者に通知を送付して，本契約を解除することができる。（契約違反による期限前解除）
(d) This Contract may be terminated at any time by either party sending a notice to the other.（Premature Termination）
　本契約は，いつでも，一方当事者より他方当事者に通知を送ることにより，解除することができる。（期限前解除）
(e) This Agreement shall be rescinded by either party if the requested government approvals are not obtained.
　本契約は，要求されている政府認可が得られない場合，各当事者により失効させられるものとする。
(f) Either party may withdraw at any time the offer.
　各当事者はいつでも申込みを撤回することができる。
(g) Either party may revoke at any time the offer.
　各当事者はいつでも申込みを取り消すことができる。
(h) The ordinance shall be repeated by resolution of the Congress.
　条例は議会の決議により廃止されるものとする。
(i) The Congress may at its discretion abrogate any ministerial ordinances.
　議会は随意，省令を破棄することができる。

5 法的効果発生の時期（Time for Legal Effect）

　法律・法的文書を起草するときに，それが法律上の効果を発生する時期を明示しなければならないことがよくあるが，起草者はしばしばこの問題を忘れてしまい，文章が不明確となる。この問題については，現在時点をもって発効するのか，過去の一定時点をもって発効させたことにするのか，将来の特定の時点で発効させるのかをよく考えて文章をそのように書き分けねばならない。

　一般に，法令や法律・法的文書の法的効果について考えるべき時点としては，公布の時（promulgation），制定の時（enactment），発効の時（effectuation），及び過去に遡及して適用する時（Retroactive Application）などいくつかが考えられるが，法律・法的文書の効力発生時点を書く時についても，この区別を頭において書かなければならない。

---例文---
(a) This Contract takes effect on this day.
　　本契約は本日をもって発効する。
　This Contract is effective from the day of execution.
　　本契約は調印の日より発効する。
(b) This Contract takes effect retroactively from the first day of January 2002.
　　本契約は2002年1月1日よりさかのぼって発効する。
(c) This Contract is effective retroactively as of the first day of January 2002.
　　本契約は，2002年1月1日付で遡及的に発効する。
(d) These rules are promulgated on this day of January 1, 2012.
　　本規則は，2012年1月1日に公布する。

6 承認と報告（Approval and Report）の問題

　日本の法律では行政法上，政府の関与を特許，免許，許可，認可，承認，登録，届出，報告などに分けて規定し，それぞれ意味が違う。法律・法的文書においても厳密に使い分けることが勧められている。

　特許は本来与えられていない権利を特定の者に付与する権利設定的な考え方のものである。「特許法」がそれである。

　免許は許可と混用されているが本来的に一般に禁止されているものを特定

の者に限って許すことである。医師法2条の「医師免許」が一つの例である。

　許可は法令によって制限されたこと，禁止されたことを特定の場合に解除して適法にすることである。風俗営業等の規制及び業務の適正化等に関する法律（風俗営業法）3条の「営業許可」，労働者派遣事業の適正な運営の確保及び派遣労働者の保護等に関する法律（労働者派遣事業法）5条の「労働者派遣事業の許可」などがある。

　認可は一定の者の行為を補充してその法律上の効力を完成させる行政行為で，許可が効力発生要件となるような場合である。昭和54年（1979年）以前の旧外国為替管理法では，対内直接投資，技術援助については関係省庁の許可が効力発生要件であった。

　承認は，特定の事項が一定の基準に合致していることを認める意味で，例えば，薬事法23条の37第1項は「厚生労働大臣は，再生医療等製品であつて本邦に輸出されるものにつき，外国においてその製造等をする者から申請があつたときは，品目ごとに，その者が第三項の規定により選任した再生医療等製品の製造販売業者に製造販売をさせることについての承認を与えることができる。」とする。これは禁止している行為の認可ではなく基準への合致の確認であり，これを承認と呼んでいるのである。

　登録は，特定の事項を省庁に登録（原簿に記載）することである。例えば，農薬取締法2条では，農薬の製造者又は輸入者はその製造，加工，輸入した農薬について農林水産大臣の「登録」を受けなければこれを販売してはならない，としているが，この場合は農水省の許可を受けなければならないのではなくその旨を登録する，ということである。

　届出は一定の事項について関係省庁へ知らせる文書を提出することである。平成27年改正前の独占禁止法6条2項による国際的契約の公正取引委員会への届出義務がこの典型的な例である。届出は許可と違うから，届出さえすればよく許可を待つ必要はない。

　報告は文書，口頭を含め相手方に知らせることである。通知，連絡も同意である。

　日本の法律は各官公庁で膨大に作られるからこれらの用例が必ずしも上記に書いた定義通りとなっているとは保証できないが，総じてこのような差が

6 承認と報告（Approval and Report）の問題

あることを知っておかねばならない。

英文の法律・法的文書を起草するに際しても（あるいは日本文の法律を英文に翻訳するに際しても），相手方の了解なり相手方への連絡なりを要する，とする文章を書かなければならないことはしばしばあるが，それが意味することを正確に詰めて考え，そのように書かなければならない。即ち相手方に報告なり連絡することを要するのか（そしてそれだけでよいのか。），あるいは相手方の了解なり同意なりあるいは許可なりを要するのか，を正確に知って英文を起草することが必要である。

前述の許可，認可，承認，登録，届出等についても，その意味するところを知って正確に英文を書かなければならない。英和や和英の辞書で対訳語として現れている語を，考えもなく，そのまま使うのは危険である。

例文

(a) A minor shall obtain a consent of his or her juridical representative (such as guardian) for conducting any juridical act.
　　未成年者は，法律行為をなすためには法定代理人（例えば後見人のような）の同意を得なければならない。

(b) Any person who intends to do a broadcasting business shall obtain a license from the Minister of General Affairs.
　　放送事業を行おうとする者は総務大臣許可を得なければならない。

(c) The Minister of Health, Labor, and Welfare may grant authorization for manufacturing pharmaceuticals on each item basis to the person who has obtained an approval to manufacture pharmaceuticals.
　　厚生労働大臣は，医薬品の製造許可を取得した者に対し，各品目ごとに，医薬品の製造の承認を与える。

9章　法律文章によく使う語と慣用句

法律・法的文書の中で，ひんぱんに出てくる語句がある。日本語の法律文章でもそうであるが，法律的な文章は型が決まっている。多彩な書き方Elegant Variationはむしろ悪とされる。したがってよく出てくる語句は決まった言い方である。

1　理由づけ（Reasoning）のための用語

法律文章にはしばしば　Reasoning（理由づけ）のための語句があらわれる。

```
by reason of（の理由により）          by reason only（の故のみにより）
for the reason that（との理由のた    due to（のため，の原因（理由）に
め）                                    より）
on the ground that（という根拠に     owing to（のため）
より）
```

プレインイングリッシュの見地からはこれらはbecauseでおきかえ得るのでbecauseを使った方がよいということになるが，これらの表現を使うこともある。

―例文―
(a) The Contractor may demand that the Owner should review the contract clauses on price and payment <u>by the reason</u> of change of circumstances.
　　請負業者は事情変更の事由により価格と支払の契約条項を見直しすることを要求することができる。
(b) <u>For the reason</u> that it is obvious that the consumers' injuries are caused from the defects in the Product made by the Manufacturer, the Manufacturer shall be liable for any and all damages to consumers.
　　消費者の傷害は製造業者が製作した商品の欠陥に起因するものであることが明白であるという理由から，製造業者は消費者の損害の一切につき賠償の責に任じなければならない。

2　依拠（いきょ）と原則（Basis and Principle）

(1) "basis"「に基づき」

　　日本語の法律文章でも「何々に基づき」,「何々により」などの語はよく出てくる。同じ「何々に基づき」,「何々により」であっても「一定の原理に基づいて」という場合は, 前掲1に述べた　理由づけの「何々に基づき」,「何々により」とは, 英文の書き方が違う。この辺をしっかり把握して, それが原則に対する依拠（一定の原則に基づくこと。）を意味するのであれば, 下記の語句を使う必要がある。

---

on a basis of（に基づき, の基準で）, based on（に基づく）, in principle（原則として）, due to（により）

例文を参照されたい。

┌─ 例文 ─
(a) During the period of this Basic Agreement, Seller shall sell and Buyer shall purchase the Product on a continuous basis.
　　本基本契約の期間中, 継続的に, 売主は商品を販売し買主は商品を購入するものとする。
(b) The price of the Product shall be decided on an individual contract-by-contract basis.
　　商品の価格は各個別契約ごとに決定するものとする。
└

(2) "based on", "on the basis of"「に基づき」を使う注意

　　これらの語（based on, on the basis ofなど）は便利なのでつい深く考えないで使ってしまいがちである。例えばRoyalty shall be paid based on Sales.（ロイヤリティは売上に基づいて支払う）とだけ書いてしまうような場合である。実際の法律文章においてはもっと精密に考えて起草しなければならない。下記を参照していただきたい。

> ─ 例文 ─
> (a) The consultation fee shall be paid in principle at the end of every month in cash.
>   顧問料は原則として現金で毎月末に支払うものとする。
>   (原則としては "in principle" 不要。例外は明示されていないから。)
> (b) Seller shall be liable for any damage to the Purchaser due to its failure.
>   (Correct:正確)
>   Seller shall be liable for any damage to the Purchaser arising out of its failure to perform the obligations under this Agreement.
>   売主はその不履行の故に買主の損害につき責に任ずるものとする。

3 因果関係 (Causal Relationship)

　法律文章では「何々の故をもって」という言い方で「因果関係」を指し示す言葉がしばしば出てくる。この因果関係 (Causal Relationship) は先に述べた理由づけ (Reasoning) や依拠 (Basis) と違う。因果関係を示すのにはしたがって based on や due to は使わない。

　因果関係を示すには次のような言葉を使う。

> | caused by（による，に由来する） | resulted from（から起きる） |
> | arising out of（より生起する） | |

　下記の例文を参照されたい。

> ─ 例文 ─
> Neither party is liable for delay in performing hereunder if such delay is due to Force Majeure.
> (Rewrite to) 書換え
> Neither party is liable for delay in performing hereunder resulted from any event of Force Majeure.
>   不可抗力に起因する本契約履行上の遅延については当事者双方とも責任を負わないものとする。

4 方法，手段 (Method, etc.) をあらわす語

　法律的な文にあっては「何々により」とか「何々で」あるいは「何々のと

おり」という言い方で，その行為なり対象なりをもたらす「方法」を示そうとする言葉をよく使う。この「何々により」とか「何々で」という言葉が方法（Method）を意味するときは次のような語句を使う。

> by means of（による，の手段で），in the manner that（のとおり，の方法で），in such manner as（のように，のやり方で），on the method that（の方法で），by virtue of（によって，のおかげで）

英文の法律文章を書くにあたっては日本語の「よって」とか「のように」とかの助詞に惑わされず，正確に意味を知って適切な英語を選択しなければならない。下記を参照されたい。

── 例文 ──
Purchaser may make the payment by means of a promissory note if accepted by Seller.
　買主は，売主が承諾するならば，約束手形によって，支払をすることができる。

5　従属・準拠（Compliance）をあらわす語句

英文の法律文章には「何々に従って」とか「何々に基づき」とか「何々によって」という言い方で一定の基準なりルールなりの一致・従属をあらわす語を使うことがよくある。この従属・一致（Compliance）をあらわす語句として次のようなものがある。

> according to（に従って）　　　　　　pursuant to（に従って）
> in accordance with（に従って）　　　subject to（に従って）
> in compliance with（に従って，一致して）

下記の例で使い方を知っていただきたい。

> **例文**
> The contract price shall be adjusted according to the change of the consumer price index.
> 契約価格は，消費者物価指数の変動に従って調整されるものとする。

6　目的 (Purpose) を示す語句

　法律文章のなかによく出てくる目的を示す句は次のような語句が使われる。いずれも日本語にすると「何々のための（に）」と訳されるがその意味するところを正確に知って英文の語句を使い分けなければならない。

> for the purpose of（何々のため，何々の目的のため），for the sake of（何々のため），aiming at（を目的とした），in order to（何々のため），in order that（何々のため）

　同じ「何々のため」であっても違う言い方があることが分かるであろう。例えば，"in order to (that)" は，目的であっても，一段ずつ近づいて行く順序に重点がある。下記を参照されたい。

> **例文**
> (a) Seller shall deliver to Purchaser the Product together with the agreed amount of samples for the purpose of testing the Product.
> 　売主は，商品を，商品を試験する目的のための合意した量の見本と共に，買主に引き渡すものとする。
> (b) Both parties, aiming at realizing mutual prosperity in the machinery business in Japan, hereby establish a joint venture company.
> 　両当事者は，日本における機械事業についての相互の繁栄を実現することを目的として，合弁事業をここに設立する。

7　対象範囲・程度 (Coverage or Scope) の限定

(1)　範囲 (Scope) の限定

　法律文章にあっては，正確性を期するため，特定の範囲に対象を限るような限定を示す語句を書くことがよくある。このScopeという語はし

ばしば前掲の目的と混同されることがある。例えば会社の事業目的（定款中に書かれる。）は日本語で「会社の目的」というが，アメリカでは主にPurpose of CompanyではなくScope of Business（会社の事業の範囲）である。起草者は次のような語の使用に習熟しなければならない。

within the scope of（の目的範囲の） to the extent that（の範囲内で） insofar as（の限りで）	as far as（の限りで） as long as（の限りで） for so long as（の限りで）

下記の例を参照されたい。

――例文――
Contractor may at its own discretion change the order in which the Work is to be performed to the extent that such change shall not affect the time of completion of the Work.
　請負業者は，履行すべき仕事の順序を，その変更が仕事の完成の時期に影響しない範囲で，任意に変更することができる。

(2)　限定を正確にする（"only"，"not otherwise"，etc.）

法律文章にあっては範囲の限定を更に厳格にするためにonly，not otherwise，at leastなどを範囲を限定する語につけて正確を期することがよく行われる。下記の通りである。

――例文――
(a)　The Employer may order the Employee to work on holiday in an emergency case only.
　　使用者は，緊急の場合に限り，従業員に休日出勤を命ずることができる。
(b)　The Employer may order the Employee to work on holiday in an emergency case, and not otherwise.
　　使用者は，緊急の場合（そうでない場合を除いて），従業員に休日出勤を命ずることができる。

8　言い換え（Restating）のための語句

法律文章にあってはより一層の正確さを期するため，一度言ったことをもう一度別の言葉で言い換えることがよくある。「言い換えれば」，「すなわち」，

「その意味は」などの言葉を使って言い換えるのである。次のような語がよく使われている。

```
in other words（言い換えれば，すなわち）    to wit（すなわち）
that is（すなわち）                        viz（すなわち）
that is to say（すなわち）                  scilicit（すなわち）
i.e.（すなわち）
```

　法律文章の起草に当たる者は，これらの語句を使い分けることを知らなければならない。下記を参照されたい。

――例文――
The Antimonopoly Law prohibits unfair business practices, in other words, any transaction admitted as an unfair business practice such as fixing resale price, discrimination in sales conditions, tie-in sales, etc., is per se illegal and void under the Antimonopoly Law.
　独占禁止法は不公正取引慣行を禁止する。言い換えれば，再販価格維持，差別的販売条件，ひも付販売等のような不公正取引慣行と認められた取引は，独占禁止法上それ自体違法であり無効である。

9　例示（Exemplifying）のための語句

　複雑な法律文章にあっては，まず一般的なルールを規定し，それを例示する規定を再度書いて理解をより正確にすることは，しばしば行われる。例えば次のような語句である。

```
for example（例えば）          in exemplification of（例示すると）
for instance（例えば）          e.g.（例えば）
to illustrate（例示すると）
```

　法律文章の起草者としてはこれらの語句についても充分習熟しなければならない。下記を参照されたい。

> **例文**
> (a) Manufacturer shall furnish Distributor with advertisement materials for promoting sales of the Product, for example, pamphlets, leaflets, brochures, catalogues, signboards, gimmicks, etc.
> 　製造業者は販売代理店に対し，商品の販売促進用の宣伝資料，例えば，パンフレット，リーフレット（チラシ），ブロッシュア（小冊子），カタログ，看板，おまけ用小物等を提供するものとする。
> (b) When drafting a joint venture agreement, you have to check the concerned laws, e.g., Commercial Code, Antimonopoly Law, Foreign Exchange Control Law, Securities Law, Patent Law, Trademark Law, etc.
> 　合弁事業契約書を作成するとき，関係法律例えば商法，独占禁止法，外国為替管理法，証券法，特許法，商標法等をチェックしなければならない。

10　導入（Introducing a Subject Matter）のための語句

　法律文章にあっては，論旨を展開するときに導入のために使う語句は多い。「何々に関しては」，「何々については」などの導入語には次のような英文の語句がある。

> with regard to（に関する）　　　　respecting（に関する）
> in regard to（に関する）　　　　　in relation to（に関する）
> regarding（に関する）　　　　　　relating to（に関する）
> with respect to（についての，に関する）　concerning（に関する）
> in respect of（についての，に関する）　　as to（に関する）

　プレインイングリッシュの見地からはなるべくシンプルな語を使う方がよいとも言えるが，法律文章にあっては時により，難しい語句を使わなければならない場合もある。文中で慣用語として覚えるのが良い。下記を参照されたい。

> **例文**
> An agent may take any and all actions in relation to the matter commissioned.
> 　代理人は委任を受けた案件に関し一切の行為を成すことができる。

10章　法律・法的文書における数量表現

1　法律文書中によく出る数字表現

(1)　Monetary Units（金額の表現）

① 基本は算用文字

　　法律・法的文書に英文の金銭の表示が書かれることは多い。法律・法的文書では金額が訂正されないように書かなければならないから，日本語であっても壱，弐，参，拾などのように漢数字を使うが，同じように，英文でも原則として算用する「文字」（数字を表現する語，1，2，3，に代えてone, two, threeなど）を使って表記する。更に文字による表記の直後にカッコをつけ，その中に算用数字を重複して書く。なお，この場合の算用文字は大文字の頭文字（Capital Letter）で始める。

例文

The monthly rent shall be Two Thousand dollars ($2000.00).
　月間賃料は2000ドルとする。

---

② 文字が優先

　　文字で書いた部分と数字で書いた部分が違っている場合（例えばTwo Thousand Dollarsと書いていながら数字を$20.000としたような場合），これは原則として文字で書いた方を優先する。これは日本語の場合（例えば弐拾萬円也と書いて¥20,000としたような場合）と同じである。

　　アメリカ統一商法典　3-118条C項に次のような規定がある。

---
　§ 3-118.　Ambiguous terms and rules of construction
　　　　　　Words control figures except that if the words are
　　　　　　ambiguous figures control.
　3-118条　語による表記が数字の表記に優先する。ただし，語があ
　　　　　　いまいな（多義の）場合は数字が優先する。

216

日本の場合，小切手法に次のような規定がある。

小切手法第9条1項
小切手ノ金額ヲ文字及数字ヲ以テ記載シタル場合ニ於テ其ノ金額ニ差異アルトキハ文字ヲ以テ記載シタル金額ヲ小切手金額トス

---

③ 端数の表記

数字の表記には，通常使用される金銭単位の以下の金銭単位（例えばドルに対するセント，円に対する銭）も表示する。法律文章ではそうするのが原則である。端数単位のある場合とない場合に特に誤りやすいから注意を要する。

例文
Five Thousand Dollars（$5,000.00）
（Wrong: $5000）$5000は誤り
5千ドル（$5,000.00）

---

④ 端数の分数表示

ポンドについては昔（1971年以前）は12ペンスが1シリング，20シリングが1ポンドの時代があった。現在では100ペンスが1ポンドであるから，£100.00の表示で十分であるが，ペンスが100分の1ポンドを示すために分数表示する慣習もある。下記の通りである。ドルとセントについても同様である。次のような分数を使った表記もあることを知っておいた方がよい。

例文
(a) Two Hundred Thirty Two Pounds and 15/100
    232ポンド15ペンス
(b) Ten Dollars and 54/100
    10ドル54セント

---

⑤　カッコ内数字

　表記するときに金銭単位の符号は（$100.00）のようにカッコの中につける。しばしば忘れることがあるから注意する。

例文
(a)　Ten Dollars（$10.00）
　（Wrong: Ten（10）Dollars）Ten（10）Dollarsとするのは誤り
　10ドル
(b)　Twelve Thousand Yen（¥12,000.00）
　1万2000円
---

⑥　数字の最後

　法律文書では金額表示の最後にonlyをつけることがしばしば行われる。日本でも手形や小切手などには「金壱百五拾萬円也」というように「金」と「也」を入れるが，これは数字を書き加えられないようにする配慮である。英文でも数字に書き入れられないようにするには冒頭に金額表示の単位をつけ，最後にonlyを入れて前後の書き入れを防ぐようにする。

例文
(a)　United States Dollars One Million Five Hundred Thousand Only（US $1,500,000.00）
　150万ドル
(b)　United States Dollars One Million Five Hundred Thousand Six Hundred Seventy-Four point Eighty-seven Hundreds Only（US $1,500,674..87）
　1,500,674ドル87セント
---

⑦　説明的表示

　金額を数字で表現せず，文により説明的に表現する場合がある。日本語でも「会社が有する資産の4分の1に相当する額」とか「死亡者が死亡の時点において有する財産の2分の1に相当する金額」というような説明的な表示は，法律・法的文書においてしばしば出てくる。

② 年月日（Date）

　文中に年月日を書く場合も金額表記のように文字で書く（例：the fifteenth day of November in the year one thousand nine hundred ninety-nine）例もあるが読みにくいし，金額の場合のように数字を改ざんされて困る危険度は年月日については少ないから，冒頭に述べたように数字と月名で書く（November 15, 2010）方が良いであろう。

　なお，曜日（Sunday, Mondayなど）を日付に添えれば日付数字の改ざんがやりにくくなる。日付に曜日を付して表示する場合は，日本語のようにカッコに表記（2010年11月15日㈮）とせず，曜日を先に日付を後に書く（Friday, November 15, 2010）ことになっている。

(Wrong) The notice shall be dispatched by November 1, 2010, Friday.
(Correct) The notice shall be dispatched by Friday, November 1, 2010.

③　An Explanatory Expression of Date　説明的表現の日付

　年月日を特定的に書かないで説明的に書くことは法律文書ではしばしば行われる。次のような例がある。

例文
(a) the date of execution of the Agreement
契約調印日（署名をして相手方に交付するなど有効に効力発生の状態におくこと）
(b) the date of signature of the Agreement
契約署名日
(c) the date of the incorporation of the Company
会社設立日
(d) the date of government approval
政府許可日

④　繰り返し日付（Repeated Date）

　日付が繰り返されるときはanniversary date（周年日），corresponding date（対応日），same date（同一日）などを使う。次の例を参照されたい。

1 法律文書中によく…

これを英語でどのように書くかを知っておかなければなら…

例文

(a) An amount equal to a quarter of the total amount of the Co… assets
会社の資産の総額の4分の1に相当する額

(b) An amount equal to a half of the total value of the estate t… deceased had owned at the time of death
死亡者が死亡の時点において有したる財産の総価額の2分の1に…る額

(c) A sum of the amount of ABC Company's total assets and the a… of XYZ Company's total assets
ＡＢＣ会社の全資産額とＸＹＺ会社の全資産額の合計

(d) An amount of the Gross Sales less discounts and returns
総売上高より値引き及び返品を控除したる額

---

(2) 日付と時間（Date and Time）の表記

① 特定の年月日（A Particular Date）

　　日付の書き方は色々ある。英国式（1st July 2010），米国式（Ju… 2010），数字のみの日付（1/7/2010あるいは7/1/2010）などいくつ… 書き方があるが，法律・法的文書で重要なことは誤解，誤読が生じ… いようにすることであるから，数字のみの日付表記は好ましくな… あろう。1/7/2010は2010年7月1日と2010年1月7日の2通りに… まれる恐れがあるからである。英国式か米国式かは顧客のニーズに… わせる。

　　月の記載を略称で書く（Jan. Feb. など）ことがあるが，法律・法的 文書では正式にフルスペリングで書くのが正しい書き方である。

例文

(Wrong)　Nov. 15, 2010
(Correct)　November 15, 2010

219

> **―例文―**
> (a) the third anniversary of my father's death
> 　　父死亡3回忌
> (b) the third anniversary of the Company's incorporation
> 　　会社設立3周年記念日
> (c) the first repayment date and the same date in any following year
> 　　第1回支払日及び以後毎月同日

⑤　周期的に特定する日付

　毎年何々の日，毎月何々の日，何々ごとに，などのように周期的に特定の日が現れる場合は，日付の周期（week, month, year等）と起点日（starting date）を使って特定する。

> **―例文―**
> (a) at the end of every month following to the month
> 　　毎翌月末日
> (b) on the 25th day of every month
> 　　毎月25日
> (c) at the end of every year from 2010
> 　　2010年より毎年末日
> (d) semi-annually starting on April 1, 2010
> 　　2010年4月1日より半年ごと
> (e) bi-monthly starting on April 1, 2010
> 　　2010年4月1日より2か月ごと
> (f) the fifteenth day of March every year
> 　　毎年3月15日
> (g) the fifteenth day of each quarter year
> 　　各四半期ごとの15日

⑥　時間（Time）の表記

　法律・法的文書における時間の表記は多くがa.m.（午前10時，10:00 a.m.）又はp.m.（午後7時，7:00p.m.）をつけて書かれているが，古いタイプの法律・法的文書では文字で書く書き方も残っている。

10章　法律・法的文書における数量表現

例文
(a) The witness is requested to appear before the court on July 7, 2010 at 2:00 p.m.
証人は2010年7月7日午後2時に本法廷に出頭することを命ずる。
(b) This insurance policy shall come into effect on this first day of January 2010 at five o'clock in the evening and cease on the first day of January, 2011, at five o'clock in the evening.
本保険証券は2010年1月1日午後5時に発効し2011年1月1日午後5時に失効するものとする。

---

(3)　期間と期限（Period and Deadline）の表記

　法律・法的文書には法的効果の発生消滅の時点を特定して示さなければならないので，期間なり期限なりを記述することが多いが，ここでは期間と期限の表記に関する各種の表現を示す。

①　始期と終期を特定しての期間（Period between a starting date and an ending date）

　最も確定的に期間が示されるのは始期と終期を明確に特定しての記述であるが，英語を書くときに注意すべきは，その始期と終期が期間の中に含まれるかどうかである。日本語でも法令用語の使い方においては「以後」や「以前」はその基準日を含み（4月1日以後は4月1日を含む。），「後」はその基準日を含まない（4月1日前といえば4月1日を含まないそれより前）というように使っているが，英語を書くときにも気を付けるべきことは基準日を含むかどうか考えることである。「4月1日から4月30日までの期間」をa period from April 1 to April 30とかa period between April 1 and April 30と書いてしまいがちであるが，前置詞toの意味をよく考えてみると（toは方向を示す前置詞），あるいはbetweenの意味を考えてみると（betweenは両端が入らない「間」），正しい英語は次のように，基準日（この場合April 1とApril 30）が入ることが明確なように書かなければならないことが分かるであろう。

```
―例文―
(Wrong)    from April 1 to April 30
(Correct)  from April 1 to April 30 (both inclusive)
           April 1 through April 30
           for the period between April 1 and April 30 (both inclusive)
           for the period commencing on April 1 and ending on April 30
    4月1日から4月30日まで（1日と30日の両端を含む）
```

② 期間（Term, Duration）の書き方

なお期間を示す英語にはperiodの他にterm, durationなどがあるがこれは下記のように自由に使える。

```
―例文―
for a period of ten years
for a term of ten years
for a duration of ten years
    10年間
```

③ 説明的表示（Explanatory Expression）

始期や終期の日を数字による特定日とせず説明的に書く場合もある。下記のような例である。

```
―例文―
(a) For the term between the date of employment and the date of retirement (both inclusive)
    採用の日より定年の日までの間
(b) For the period commencing on the date of execution of the Agreement and ending on the date of termination of the Agreement
    契約調印の日以降契約終了の日に至る期間
(c) For the term since and inclusive of the date of borrowing the Loan up to and inclusive of the date of completion of repayment
    本融資金借入の日（借入日を含む。）より融資金返済完了の日（返済完了日を含む。）までの期間
```

④ 始期を示しての期間の表示（Period starting a date）

「某月某日より何年間」というように始期を示しての期間の書き方としては次のようなものがある。

> **例文**
> (a) for a period of ten (10) years from the date of execution of the Agreement
> 本契約調印の日より10年間
> (b) for further two (2) years periods from the date of expiration of the Agreement
> 本契約の期間満了の日より更に2年間（一回限りの2年間でなく2年間が何回か繰り返される意。periods の複数形に注意）
> (c) for ten (10) years' duration starting on the date of governmental approval
> 政府認可日より10年間
> (d) for a period of six (6) months on and after the employment
> 雇用開始の日より6ヵ月間

⑤ スターティング・ポイント（Starting Point）

　始期を示しての向こう何年間というような書き方であっても，スターティング・ポイントである始期の日を含んで計算するのかどうかをよく考えてから書く必要がある。特に日をもって計算するような英文を書くときは慎重に考えることが必要である。「某月某日から365日間」という文では基準日を含むと含まないでは始期の日は違う日になる。日本国内であれば，日本民法138条から143条までに期間計算の原則が規定されており，例えば「期間の初日は参入しない」ことになっている。つまり基準日の翌日から計算することになるわけである。しかし国際間の取引に日本の民法が必ず適用されるというわけではないから，起草者は基準日を含むのか含まないのかを明示しなければならない。この場合，注意すべきは前置詞afterである。前置詞afterはこれに続く数詞を「含まずに後」という意味（after March 31はMarch 31を含まずApril 1からとなる。）であるから，基準日を含んで後と言いたいのであれば，on and afterを使わなければならない。その他starting on and from やsince and inclusiveを使って基準日を含むかどうかを明確にすることが必要である。

―例文―
(a) for the period of 365 days after March 31
　　3月31日（を含まないでその後）後365日の間
　for the period of 365 days on and after March 31
　　3月31日を含みその後365日の間
(b) for the period of 365 days from March 31（inclusive）
　　3月31日（を含み）以降365日の間

⑥　終期を示しての期間（Period ending on a date）

「某月某日までの間」というように終期を示しての期間の表記も法律・法的文書にはよく出てくる。この場合はuntil, till, up to, before, prior toなど使って表現することになるが、終期の日を含むかどうかを考えて書かなければならない。特にto, up to, beforeは基準日を含まないと解釈される場合があるから注意する。

―例文―
(a) for the period of one hundred and eighty (180) days to the day of repayment
　　返済日に至る180日の間
　for the period of one hundred and eighty (180) days to the day of repayment (inclusive)
　　返済日を含みこれに至る180日の間
(b) for the period of one hundred and eighty (180) days until the day of repayment
　　返済日までの180日間
　for the period of one hundred and eighty (180) days till the day of repayment
　　返済日までの180日間
(c) for the period of one hundred and eighty (180) days before April 1
　　4月1日前（4月1日を含まない。）180日間
　for the period of one hundred and eighty (180) days on and before March 31
　　3月31日（を含み）以前の180日間

⑦　期限の表示（Time for Ending or Deadline）

法律文書には期限がしばしば書かれる。期限については(1)法律的な効果が一定の時点まで継続する事を示す期限と(2)法律的な行為を行わなければならない時点を示す期限がある。いずれについても期間の場

合と同じように基準日が含まれるかどうかを考えて書くことが必要である。

下記は法律的な効果が一定の時点まで継続することを示す期限の書き方である。

例文

(a) The government approval shall be effective until March 31.
政府許可は3月31日まで有効とする。
(b) The legal effect shall continue up to and including the expiry date of the patent.
法律効果は特許権の満了の日を含みその日まで継続する。

---

⑧ 行為を行うための期限

ある一定の時点までに法律的行為を行わなければならないという時点を示す期限の書き方は次の通りである。

例文

(a) The Construction Work shall be completed by March 31.
建設工事は3月31日までに完了しなければならない。
(b) The repayment of the loan shall be made before March 31.
融資金の返済は3月31日前（3月31日を含まず。）に行うものとする。
The repayment of the loan shall be made on or before March 31.
融資金の返済は3月31日以前（3月31日を含む。）に行うものとする。
(c) The breach shall be cured within ten (10) days after the notice.
契約違反は通知後10日以内に是正されなければならない。
(d) The intention of renewal shall be notified during the sixty (60) days period prior to the expiration date.
契約更新の意思は契約満了日の60日前までの期間に通知しなければならない。

---

⑨ 他の期間に従属する場合（Period referring to other）

法律・法的文書中に期間あるいは期限を確定的に書かず，他の文書の期限に従属させる場合がある。これについては次のような書き方がある。

> 例文
> This Agreement shall remain in effect so long as the government approval remains.
> 本契約は政府許可が存続する限りの期間有効とする。

⑩　日本法令の書き方

　日本語の法令用語では「以前」と「前」をはっきりと使い分けている。「以前」はその日を含む（例：政府認可の日以前30日）が、「前」はその日を含まない（政府認可日前30日）。「以後」を「後」についても同じである。「以後」はその日を含む（例：契約終結日以後30日）が、「後」はその日を含まない（契約終結日後30日以内）。「以降」「以内」も同様にその日を含む。留意する必要がある。

(4)　年齢（Age）

①　以上，以下，超，未満

　法律・法的文書の中でも，例えば社内の規則や雇用関係の書類などでは年令の表記がしばしば出てくる。日本語で「20才から60才まで」とか「自20才至60才」と言うこともあるが，法律的には「以上」，「以下」，「超える」，「未満」のいずれかを使う。「以上」，「以下」は基準になる数を含む（20才以上は20才を含む。60才以下は60才を含む。）こと，「超える」「未満」は基準になる数を含まない（60才を超えるは60才を含まない。20才未満は20才を含まない。）ことになる。

　英語による年令の表示は〜years oldと〜of ageがある（He is sixty (60) years old. She is sixty (60) of age.）ことはご承知の通りであるが，法律・法的文書中に書くときには基準になる数を含むかどうかに気を付けなければならないことは日本語の「以上」，「以下」，「超える」，「未満」の場合と同じである。特に比較級の数詞について注意が必要である。

> 例文
> (a)　Every person who is sixty (60) years old or older is entitled to the National Pension.
> Every person whose age is sixty (60) or more is entitled to the National Pension.

60才以上の者は全て国民年金を受領する権利がある。
(b) Any person who is older than sixty (60) years old may not pay the resident tax.
Any person whose age is more than sixty (60) may not pay the resident tax.
60才を超える者は住民税を支払わなくてもよい。

② 前置詞に注意

例えばnot younger than, not older thanは認められる言い方であるが，readabilityの見地からは好ましくない。意味が直截的にとりにくいからである。同じ事を20 or more of age and 30 or less of ageというように書けるからである。それよりも使ってはいけないのはbetweenやunderやwithinである。この前置詞は基準数詞を含むかどうかがはっきりしない。

―― 例文（悪い例）――
(Wrong) Any person whose age is under twenty (20) may not smoke.
20才より下の者は喫煙してはならない。（20才は入るかどうか不明確）

③ 満年齢

法律文では，何才以上とか何才を超えるという書き方は，満年齢を指すのか数え年を指すのか等の疑問を生じ厳密性に欠けるので，誕生日を経過したかどうかに着目した表現が使われる。

―― 例文 ――
A person who is more than sixty (60) of age is entitled to the pension.
60才を超す者は年金受領資格がある。
(Preferable) 好ましい書き方
A person who has passed his or her sixtieth (60th) birthday is entitled to the pension.
60才の誕生日を経過した者は年金受領資格がある。

(5) 料率，比率 (Rate and Ratio) の表記

① パーセント

法律・法的文書によく出てくるのがパーセントや比率，割合などの

記述である。

多いのはパーセントである。文字を使って表記する場合はpercentと書き，数字を併用するときはカッコ内に％を書く。

例文
(a) The profit shall be divided with the parties' shareholding ratio, that is, seventy percent（70％）and thirty percent（30％）.
利益は当事者の持株比率，すなわち70パーセント対30パーセントで分割する。
(b) in the proportion of sixty percent（60％）to forty percent（40％）
60％，40％の比で

---

② 比　率

「1対2」，「3対1」というように数の対比で割合を書くこともある。この場合文字でなく数字を使ってもよい（その方が普通）が，votes（票数）やproportion（比率）など説明語をつけるのを忘れないことが大切である。

例文
(a) The budget bill passed the Diet by three hundreds（300）votes to two hundreds（200）votes.
予算案は300票対200票で国会を通過した。
(b) The expenses shall be allotted to A and B in proportion of two（2）to one（1）.
経費はA社とB社に2対1の割合で割り当てるものとする。

---

③ 多数決

多数決の表示については単純多数決（2分の1多数決）と特別多数決などがあるが，法律・法的文書中では文字による表記をする。特別多数決は，法律文書中では分数表記である。

なお，majorityはin excess of（を超えて）の意味であるから，a majorityは2分の1を超えていなければないし（丁度半分では駄目），the two-thirds majorityは3分の2を超えていなければならない。

> **例文**
> (a) a majority vote　過半数
> (b) the two-thirds majority vote　3分の2多数決
> (c) the three-fourths majority vote　4分の3多数決

2　法律文書の数量表現の原則（Principle of Writing Numerals in Legal Documents）

前項に述べた事以外にも法律・法的文書には数多く数量表現が出てくる。ここでは正式の法律・法的文書に使われる数量表現の原則を述べる。

(1)　数字表現の色々（Expressions of Figures）

① 文字と数字の併記

法律・法的文書中の数字の表現は，重要なものについてはまず文字でスペリングし，その後にカッコ内に数字を書くことは前述した通りである。

> **例文**
> Sixty Thousand Dollars（＄6,000.00）　6000ドル
> three hundred sixty-five（365）days　365日

② 文字のみで記述

文字のみで記述してもよい場合もある。通常ビジネス文書では10以下の数詞（ten or less）はアラビア数字によることになっているが，法律・法的文書ではこれが100以下の数詞（one hundred or less）は文字のみの記述，100を超す数詞（more than 100）はアラビア数字によることになっている。

いずれの方法をとってもよいが，一つの法律文書なり法的文書なりの中で一貫性（consistency）を持たせた書き方をしなければならない。

③ 文章の始めの数字

数字を書くとき文章の始めに数字がくるときは必ず文字で書き始める。これは番号と混同されないためである。文章の始めに数字があると番号と思ってしまうことがあるのでこれを避ける。

2 法律文書の数量表現の原則（Principle of Writing Numerals in Legal Documents）

---例文---
Six (6) directors among ten (10) directors in office were present at the board of directors meeting.
在任取締役10名中 6 名が取締役会に出席した。
（注）　この場合,「6 directors」とはしない）

④　列　挙

　　文中の列挙事項（Enumeration）については，全て数字で書く。

---例文---
In legal drafting a draftsperson should avoid
1. ambiguity,
2. vagueness,
3. elegant variation,
4. over-generality and over-precision,
5. double expression, and
6. shift of view point.
　法律文書作成について起草者は
1．多義性　2．曖昧さ　3．飾りの言い換え　4．過剰な一般化と過剰な精密さ　5．重複表現, 及び 6．視座の転換, を避けるべきである。

⑤　混同を避ける

　　文中に 2 以上の別の種類の数字が連なっているときは，一方を数字，一方を文字で書いて混同を避けるようにする。

---例文---
（Avoid, 避けるべき）By 2000, 2000 shares of the company's stock shall be redeemed.
（Correct, 正確）By 2000, two thousand shares of the company's stock shall be redeemed.
　2000年までに会社の株式2000株を償還（自家買取消却）すること。

⑥　省　略

　　数字の省略はしないこと。法律文書中では数字は常に全数字を表記する。

> ――例文――
> (a) 2011 through 2012
> 　　2011年から2012年まで
> (b) （Avoid，避ける）page 211-17
> 　　（Correct，正確）page 211-217
> 　　　211頁から217頁まで
> 　（注）「-17」は2017頁ではなく，17頁にも読める。

　⑦　No.と#

　　法律文書中では，基本的に，No.や#をつけた数字を使わないようにする。No.や#に代えて，Section，Article，Divisionなどを使う。数字が混同するのを避けるためである。

> ――例文――
> （Avoid，避ける）No.12 of the Contract
> （Correct，正確）Section 12 of the Contract
> 　契約書第12条

　⑧　No.使う場合

　　上述したところにかかわらず，法律文書番号，土地表示番号，株券番号など，番号それ自身の表記には　No.を使ってもよいことになっている。

> ――例文――
> Insurance Policy No. 126
> 保険証券番号126
> Stock certificates No. 111 through No. 121
> 株式番号　111より121まで（121は含む。）

(2)　単位の表記（Expression of Units）

　①　度量衡の数字

　　法律・法的文書中には数多くの度量衡単位が出てくる。前述した金額，日付，時間，期間，期限，年令，比率，料率等の他，数多くの単位の表記がある。

2 法律文書の数量表現の原則 (Principle of Writing Numerals in Legal Documents)

---**例文**---

(a) Length, Distance, Height, and Width: mm, cm, m, km, inch, foot, yard, mile, etc.
長さ，距離，高さ，及び幅 (，，，インチ，フィート，ヤード，マイル)
(b) Area: sq m (square meter), a (are), ha (hectare), sq km (square kilometer), acre, sq ft (square foot), etc.
面積 (平方米，アール，ヘクタール，平方粁，エーカー，平方フィート)
(c) Cubic measure: cu m (cubic meter), cu in (cubic inch), cu ft (cubic foot), etc.
体積 (立方米，立方インチ，立方フィート)
(d) Volume: l (liter), fl oz (fluid ounces), pt (pint), gal (gallon), bu (bushel), pk (peck), etc.
容積 (リットル，オンス，パイント，ガロン，ブッシュル，ペック)
(e) Weight: g (gram), kg (kilogram), t (ton), lb (pound), oz (ounces), etc.
重量 (グラム，キログラム，トン，ポンド，オンス)
(f) Temperature: C (centigrade degree), F (Fahrenheit degree), etc.
温度 (摂氏，華氏)

---

② その他の単位

これらの単位の他にも数多くの単位が存在し，法律・法的文書中に書かなければならない場合が出てくるが注意は次の通りである。

一般的になっている単位の略語 (例えばcentimeterをcm，literをl) と書いてもよいが，特殊な単位の略語はフルスペリングするか又は別に定義をしておく。

---**例文**---

(a) k.p.m.: kilometer per hour (speed)
時速
(b) IPU: International Pharmaceutical Unit (Special unit for drugs)
国際薬剤単位
(c) pH: a unit for measuring of the acidity or alkalinity of a solution
酸アルカリ濃度

---

③ 英語と米語

同じ単位名でもイギリス英語とアメリカ英語とで違う数を示す場合がある。正確に区別して誤解のないように書かなければならない。

> **例文**
> (a) Gallon（Volume）: imperial gallon（UK）
> 　　　　　　　　　　 US gallon（US）
> 　　ガロン（容積）: 米，英で違う
> (b) Bushel（Volume）: imperial bushel（UK）
> 　　　　　　　　　　 US bushel（US）
> 　　ブッシェル（容積）: 米，英で違う

④ 対象による違い

同じ単位名でも計量する対象物によって違う数値の場合がある。

> **例文**
> Ton: ton（for measuring a volume, e.g.1 ton: 40 cubic feet for lumber, 20 cubic feet for grain）
> 　　　ton（for measuring weight e.g.short ton,long ton and metric ton）
> トン：容積計量用トン（材木用トンは40立方フィート，小麦用トンは20立方フィート），重量計量用のショート・トン，ロング・トン，メートル・トン

(3) 数量表現についての追補（More about Figures）

① BillionとTrillion

数字の表現についてもう少し注意すべき点を述べる。いずれも法律・法的文書中での注意である。

大きな数についてbillionやtrillionを使わないほうがよい。というのは，billionやtrillionはアメリカとイギリス及び他のヨーロッパでは数が異なるからである。millionは同じである。

> **例文**
> (a) One million: 1,000,000（all countries）
> 　　1ミリオン：百万
> (b) One billion: 1,000 million: 1,000,000,000（US）
> 　　1ビリオン：10億（米）
> 　　One billion: 1,000,000 million: 1,000,000,000,000（UK）
> 　　1ビリオン：1兆（英）
> (c) One trillion: 1,000,000 million（US）
> 　　1トリリオン：1兆（米）
> 　　One trillion: 1,000,000,000,000,000,000（UK）
> 　　1トリリオン：1兆の百万倍（英）

なお，0の3つごとにコンマで区切る（US）が，ヨーロッパでは3けたごとにアポストロフィで区切る例もある（1'000'000）。

② 文字表記

大きな数を文字で書くとき，千（thousand）と百（hundred）の間にはandを入れない。百（hundred）と十の間にはandを入れる。ただし，アメリカではandを省くことが多い。

---例文---
(a) 3,653,653: three million six hundred and fifty-three thousand six hundred and fifty-three（UK）
(b) 3,653,653: three million six hundred fifty-three thousand six hundred fifty-three（US）

③ 小数の表記

小数（Decimal Fraction）を数字表記するときはピリオッドを使い，文字で書くときはこれをpointと書く。小数点より下は数字を一つずつ列挙する。

なお，USやUKでは小数を使うよりも分数を使うことが多い。0.4をfour tenths，0.11をeleven hundredsのように小数を分数で書くのである。

---例文---
(a) 32.45: thirty-two point four five
(b) 36.5 degree: thirty-six point five degree
(c) 1.01 grams: one point zero one grams（gramsと複数となる点に注意）

④ 分数の表記

分数（Fractions）は文章中においては文字表記し数字表記しない。文章外では数字表記してよい。文字表記においてhalfやquarterなどが使えるときはこれを使い，その他は序数の複数形を分母にする。分母の序数は分詞が1の場合は単数形，分詞が1を超える場合は複数形となる。桁数が大きい分数はover又はbyを用い序数を用いないで表記する。

> ―例文―
> (a) one half: 1/2
>   three quarters: 3/4
> (b) two hundred thirty seven over three hundred sixty-five: 237/365
>   two hundred thirty seven by three hundred sixty-five: 237/365

⑤ 分数文字表記

なお，分数を文字で表記する場合，形容詞・副詞用法の場合は，分子分母の間をハイフンで結び，名詞として使うときはハイフンを使わない。

> ―例文―
> (a) A two-thirds majority is needed to obtain the resolution.
>   議決するのに3分の2多数決が必要である。
> (b) Two thirds of the jury thought him guilty.
>   陪審の3分の2が彼は有罪だと思った。

⑥ 序数の表記

序数（Ordinals）は文章中においては文字で書くのが原則である。ただし，10以上の序数については数詞に序数の接尾語をつけて書いてもよいことになっている。

> ―例文―
> (a) the third party; the second person; the fifth applicant
>   第三者，第二番目の者，5番目の応募者
> (b) the fifteenth applicant; the 15th applicant; 153 West 93rd Street
>   15番目の応募者，15番目の応募者，93丁目153番地

3 数量表現の変化（Allowable Changes of Figures）

数量の表現は常に正確な確定的数量（Exact Figures）とは限らない。ある一定の概数や範囲の数の表現も法律文書中には現れる。

(1) 概数表現（Round Numbers）

① 概数の書き方

日本語の法律・法的文書にも数量を「約」，「およそ」，「略々」，「に

3　数量表現の変化（Allowable Changes of Figures）

近い」，「の桁の」，「何々台の」などの言葉をつけて概数で表現することがあるように，英語でもabout, approximately, nearly, almost, close to, in the order of, in a range ofなどの語で概数を表現する。

---例文---
(a) about 200 miles per hour
    時速200マイル程度
(b) approximately 70%
    約70パーセント
(c) nearly two thirds
    3分の2近く
(d) The yearly income shall be in a range of two million dollars.
    年間所得は2百万ドルの桁とする。

② 四捨五入，切捨て，切上げ

概数（Round Number）にすることはround offという。日本語でも「数字を丸める」という言葉を使うことがあるが，「四捨五入」，「切上げ」，「切り捨て」がこれに当たることを知っておくとよい。

---例文---
(a) The figure shall be rounded off.
    数字を概数に（端数切り捨て）するものとする。
(b) The figure shall be rounded off upward.
    切り捨てて（上方に）概数にする。
(c) The figure shall be rounded off downward.
    切り捨てて（下方に）概数にする。
(d) The figure shall be rounded off to the nearest whole number
    近い方の上位数に（四捨五入）概数にする。

③ 桁数で概数を表示

もう一つ概数の示し方は，数十の（some tens of）とか数百の（a few hundreds of）のように桁数を複数にするやり方である。

---例文---
(a) tens of　数十の
(b) hundreds of　数百の
(c) thousands of　数千の
(d) tens of thousands of　数万の

(e) hundreds of thousands of 　数十万の
(f) tens of millions of 　数千万の

(2) 数量の限界と範囲（Limit and Extent）

① 基準数字を含むか

　　日本語でも「以上」，「以下」，「未満」，「超える」，「以内」，「以外」，「上限」，「下限」などの数量表現については，基準数字を含むか含まないかで厳密な使い方があるが，それと同じように，英語でも基準数字を含むかどうかをしっかりと考えて書かなければならない。more than, less thanは基準数字を含まない。not more than, not less thanはその裏返しだから基準数字を含む。exceeding, in excess ofやin short ofは基準数字を含まない。基準数字を含むときはor moreを使う。

―例文―
(a) 　100 or more　　　　100以上
　　more than 100　　　　100を超える
　　not less than 100　　　100以上（100未満でない）
　　exceeding 100　　　　100を超える
　　in excess of 100　　　 100を超える
　　（注）　moreにかえてlonger, bigger, olderなど比較級が使われることがある（longer than 100 meterなど）。なお，日本語の「以上」と「超える」は意味が違う。100以上は100を含む。100を超えるは100を含まない。
(b) 　100 or less　　　　 100以下
　　less than 100　　　　100未満
　　not more than 100　　100以下（100を超えるものでない）
　　not exceeding 100　　100以下（100を超えるものでない）
　　in short of 100　　　 100未満（100に足らない）
　　（注）　lessにかえてshorter, smaller, youngerなど比較級が使われることがある（younger than 20など）。なお，日本語の「以下」と「未満」は意味が違う。100以下は100を含む。100未満は100を含まない。

② 前置詞を数に使用するときの注意

　　前置詞で数の範囲を示すときは，その基準数字が入るか入らないか不明になりやすい。前置詞はto（の方向へ向かって）やbetween（の間）が示すように，本来的に数については曖昧である。日本人は前置詞を

訳語で覚えるので誤りやすいが，前置詞を空間や動作で覚えるとこの辺のところは分かりやすい。前置詞をつけて数を表すときはinclusive等をつけて基準数字が入ることを確認する作業を忘れないようにする。

---例文---
(a) the age between 21 and 60
　　the age between 21 and 60（both inclusive）
　　　21才より60才まで
(b) the price ranging from ¥1,000 to ¥2,000
　　the price ranging from ¥1,000 to ¥2,000（both inclusive）
　　　1000円から2000円までの価格
　（注）「から」「まで」「より」「乃至」「自」「至」等の日本語はいずれも基準の数字を含む。

③　最高数，最小数等

　数字上の上限，下限を示すときに最高，最低，最大，最小を使うことがある。英語の使い方を承知しておく必要がある。英語のin maximum, in minimum, at least, at the largestはいずれも基準数字を含む。

---例文---
(a) The speed shall be 100 km per hour in maximum.
　　速度は最大時速100キロメートルとする。
(b) Each delivery unit shall be twelve pieces in minimum.
　　各引渡単位は最低12個とする。
(c) At least one third of the members shall be present at the meeting.
　　少なくとも3分の1の会員が会に出席しなければならない。
(d) The size of court papers shall be eight inches long and six inches wide at the largest.
　　裁判所提出書類は最大縦8インチ横6インチとする。

④　以内と内

　範囲の限界を示してそれより「以内」あるいは「内」という用法は日本語にもあり，これに対する英語としてwithinが使われる。「以内」が基準になる数を含むことは「1週間以内に」，「7日以内に」のように比較的はっきりしているが，「内」は「1週間内に」，「1月内に」のように基準数字を含むか含まないかはっきりしないので，「1週間

内に満たない期間内に」、「1月未満の期間内に」というように明確にする。同じように、英語においてもwithinを使うときは、よく考えて基準数字を含むか含まないか明確にすることが必要である。

---例文---
within one thousand（1,000）acres
　1000エーカー以内
within the area not exceeding one thousand（1,000）acres
　1000エーカーを超えない面積以内

4　数量の抽象表現と比較表現（Abstract Expression and Comparative Expression of Figures）

(1) 抽象的数量表現（Abstract Expression of Figures）

① 抽象表示

法律・法的文書中に数字で書ければよいのであるが、そうもいかないことがある。このような場合は、日本語でも「若干量の」、「相当量の」、「相応の」、「合理的な数の」、「多数の」、「応分の」、「充分の」というような抽象的な表示を使って数量をあらわさざるを得ないことがある。英語についても次のような抽象的な表現がある。法律・法的文書中でこのような表現をすることがある。

negligible（無視できる程度にわずかの）
appreciable（認識できる程度の量の）
considerable（考慮に入れなければならない程度の量の）
substantial（実質的に認めなければならない程度に多量の）
material（本体として認めなければならない程度に多量の）
satisfiable（満足できる程度に充分の量の）
enough（充分の量）
reasonable（合理的な程度の量の）

4 数量の抽象表現と比較表現（Abstract Expression and Comparative Expression of Figures）

―例文―
(a) negligible <u>amount of</u> the products
　　製品のほんのわずかの量
(b) appreciable <u>quantity of</u> defective goods
　　欠陥商品の相当量

② 抽象的数量表現（その２）

　もう少し一般的であるが，次のような表現も覚えておいてよいであろう。法律・法的文書中に出てくることがある。

―例文―
(a) a small <u>number</u> of
　　少数（量）の
(b) a moderate <u>number</u> of
　　適当数（量）の
(c) a certain <u>number</u> of
　　相当数（量）の
(d) a large <u>number</u> of
　　多数（量）の
(e) a great <u>number</u> of
　　大量（数）の
(f) a reasonable <u>number</u> of
　　合理的数（量）の
(g) an adequate <u>number</u> of
　　適切な数（量）の
(h) an appropriate <u>number</u> of
　　適当数（量）の

(2) 数量の比較表現の色々（Comparative Expression of Figures）

① 別の比較表現

　比較表現のうちmore than, less than, greater than, smaller than等については既に述べた通りであるが，法律・法的文書にはこれら英語本来の比較表現（形容詞比較級＋than）の他に，ラテン語系の比較級（語尾がorで終わる。）が使われる。これにはthanの代わりにtoが続く。

―例文―
(a) A notice shall be sent <u>prior to</u> termination.
　　契約終了に先立って通知を送付するものとする。
(b) A lawyer shall be <u>superior to</u> a paralegal.
　　法律家は法律補助職より上位にあるものとする。

② 同等比較

「同じくらい」,「同じ程度の」というような意味の同等比較はas long asやas much asの形,すなわちas～asの間に形容詞の原形が入る形で法律・法的文書中に出てくる。

---例文---
(a) In evaluation of managers, an ability shall be as important as results.
管理者の評価においては能力は業績と同様に重要である。
(b) The supplier shall make its best effort to furnish the purchaser with the products as many as possible.
供給元はできるだけ多くの商品を買い主に供給するよう最善の努力をするものとする。

③ 倍数比較

倍数比較(もとの数の何倍)についてはas＋形容詞原級＋asにtimes(倍)を付けて書く。

---例文---
For a punitive damages, the defendant should pay the plaintiff a sum equal to three (3) times as much as the calculated damages.
懲罰賠償として被告は原告に対し計算した賠償額の3倍に相当する額を支払わなければならない。

④ 選　択

二つのうちいずれか「早い方」あるいは「遅い方」,「短い方」,「長い方」を選択して記述する法律文の表現がある。この場合はwhichever earlier (later) の形が使われる。

---例文---
This Agreement takes effect upon the government approval or the partial commencement of work, whichever comes earlier.
本契約書は政府許可又は業務の一部開始のいずれか早い方より効力を発する。

⑤ 多数選択

上記と似ているが,三つ以上の比較をしてそのうちの最も「早い方」,「遅い方」,「長い方」,「短い方」を選択して記述するときは,

the earliest, the latest, the longest, the shortestのように形容詞の最上級を使う。

例文

The delivery date shall be one month posterior to the latest of the following dates:
1. the issuance of the import license;
2. the receipt of the advance payment; or
3. the notice of the Seller's tender.
　引渡期日は下記のいずれかの日の最も後の日より1か月後とする。
１．輸入許可の発行
２．前渡金の受領
３．売主の履行の提供の通知

5　計算表現（Expressions of Calculation）

法律・法的文書中に計算の表現が出てくる場合の書き方について述べる。

(1)　四則計算・加減乗除（Calculations）

①　足し算（Addition）

　加算については，次のような書き方がある。plus, andを使う。和はsum 又はtotalである。in addition toやadding toを使うときもある。

例文

(a)　a sum equal to the monthly retainer fee plus out-of-pocket expenses disbursed in the month
　　月間顧問料にその月の支出実費額を加えたる額
(b)　an amount that adds the principal to the interest
　　元金に利息を加えたる額

---

②　引き算（Subtraction）

　減算については次のような書き方がある。minus, lessを使う。「差」はremainder又はdifferenceである。in subtraction from, subtracting from, deducting fromを使うこともある。

---例文---
(a) an amount equal to the gross sales less discounts and returns
　　総売上高より値引,返品を差し引いた額
(b) the remainder equal to the royalty minus the withholding tax thereof
　　ロイヤリティよりこれに対する源泉税を差し引いた額

③　掛け算（Multiplication）

　　乗算もよく法律・法的文書に出てくるが,times又はmultiplied byを使う。掛け算の答（積）はproductであるが,法律・法的文書ではあまり使わない。

---例文---
(a) an amount equal to the production quantity multiplied by the unit price
　　生産数量に単価を掛けた額
(b) the punitive damages amounting three (3) times actual damage
　　実損害額の3倍の額の懲罰賠償額

④　割り算（Division）

　　除算もしばしば法律・法的文書に出てくるが,これはdivided byを使う。割り算の答（商）はquotientというがあまり法律・法的文書では使わない。

---例文---
(a) the amount figuring the production cost divided by the number of employees
　　生産原価を従業員数で割った額
(b) the dividend per share amounting the Company's yearly profit divided by the total number of shareholders
　　会社の年間利益額を株主総数で除したる額の1株当たり配当額

(2)　複雑な計算の表記法（Expression of Complex Calculations）

　　契約書や法律文書中で複雑な計算を記述しなければならないことはしばしばある。この場合は前述した四則計算の書き方を組み合わせて書いていけばよいのであるが,列挙的に順序立てて書いていくのがよい。番号をふって順序を追って計算方法を記述していくことによりやさしく書

5 計算表現 (Expressions of Calculation)

くことができる。例えば次は輸出用の液体商品（酒類など）の計算に関する契約書用の記述である。

例文

The price of any item of the products that is stuffed in a new type with a different size of container shall be computed in the following method:
　異なった容量の新型容器に充填された製品のある品種の価格は，次の方法で計算する。

(1) At first similar types of container for which a price has been established shall be selected.
　From that types of container, there shall be selected the closest size of container that is fifty percent (50%) or less larger in size than the said new type of container, or the closest size of container that is fifty percent (50%) or less smaller in size than the said new type of container if there is no such larger size of container.
　The container so selected shall be called as the base container.

(1) 最初にすでに価格が決まっている類似の容器を選定する。
　容量が新型容器に比べて50％又はそれより小さいときは近い容量の容器を選定し，また，容量が新型容器に比べて50％又はそれより大きいときで，そのような大きい容器がない場合，一番容量の近い容器を選定する。
　そのように選定した容器を基準容器と呼ぶことにする。

(2) The price for said item of the product when stuffed in the base container shall be determined and taken as the base price.
　In case this base price is a price delivered any place other than the shipping place, the price shall be converted to an F.O.B. price at the shipping place by deducting the transportation charges that are reflected in that price.

(2) 基準容器に充填された商品のある品種の価格をまず決定しこれを基準価格とする。基準価格が船積地以外の場所で引き渡すときの価格であるときは，当該価格中に反映されている輸送費を差し引くことにより，船積地のFOB価格に変更する。

(3) From the F.O.B. price at the shipping place, the direct cost of the container shall be subtracted.

(3) この船積地FOB価格より容器の直接原価を控除する。

(4) In case the new type of container differs in size from the base container, the figure obtained by said deduction and subtraction mentioned in (2) and (3) above shall be adjusted by dividing it by the number of units in the base container and multiplying the results by the number of the units in the new container.

(4) 新型容器が容量において基準容器と異なる場合，上述(2)及び(3)に記載した控除により得たる数値を基準容器の単位数で割り，更にその数値に新型容器の単位数を掛けることにより数値を調整する。

⎛
│ (5)　The direct cost of the container in the new type and size shall be added to the figure so adjusted as mentioned in (4) above.
│ 　　The resulting figure shall be Seller's price F.O.B. at the shipping place for the item of the product in the new container.
│ (5)　上述(4)で調整した数値に新型容器の直接費用を加算する。結果として得られたる数値は新型容器に充填された製品の品目の船積地におけるFOB価格である。
⎝

(3)　数式による表記（Expression by Formulae）

　　四則計算（加減乗除），比率料率（パーセント，数比），平均（単純平均，加重平均）くらいまでの表記は文章で書くことができるが，複雑な関数や微分積分などの数式が入ったものは文章に表記するよりは数式で表示したほうがよい。この場合略語（Abbreviation）をきちんと定義しておくことである。

11章　読みやすくする技術及び定義

1　列挙法（Tabulation）

(1) 平明化のための列挙法（Tabulation for Simplification）

① 改行による平明化（Simplifying by Using Return Key）

　　長い英文法律文章をドラフティングする場合，途中で改行し，段落を作っていくと，考えが整理されて分かりやすくなる。特に修飾が長くたくさんあって混乱する場合に有効な方法である。段落を替えると共に番号をふって論理的に整理する。修飾がどこまでかかるかを正確に認識することができる。また箇条書きにすることによって見落としていた点を見つけることができる。

　　次の例文でTabulationのやり方を見ていただくとこれが大変役に立つテクニックであることが分かると思う。例文を読んでみていただきたい（例文を読むときには先に日本語の方を読んでから英文を読むこと。）。

―例文―
　契約妨害又は将来の有利な経済関係の干渉の故をもって他の者に対し責任を有する者は，
(a) 当該契約又は将来の関係についての金銭的な利益喪失，
(b) 当該妨害干渉が法的に原因であるところの金銭上の損失，及び
(c) 妨害干渉に起因することが合理的に予想される場合の感情的苦痛又は名声に対する実際の損害，
につき損害賠償の責に任ずるものとする。

One who is liable to another for interference with a contract or prospective advantageous economic relation shall be liable for damages for the pecuniary loss of the benefits of the contract or the prospective relation, other pecuniary loss for which the interference is a legal cause, and emotional distress or actual harm to reputation, if they are reasonably foreseeable from the interference.

↓

(Rewrite, using tabulation) 改行を用い書換え
One who is liable to another for interference with a contract or prospective advantageous economic relation shall be liable for damages

for:
(a) the pecuniary loss of the benefits of the contract or the prospective relation;
(b) other pecuniary loss for which the interference is a legal cause; and
(c) emotional distress or actual harm to reputation, if they are reasonably foreseeable from the interference.

② 二重の列挙法（Double Tabulation）

　　Tabulationは複雑な法律文をより明確に書く技術であるから，複雑さにあわせて，二重三重のTabulationが使われる場合がある。次の例文を読んでいただきたい（例文を読むときには，先に日本文を読むこと。）。

例文

本法の目的上，会社法人は，
(a) その会社法人が
　(i) 他者により，もしくは
　(ii) 他者及びその他者が支配する1以上の会社法人により，もしくは
　(iii) その他者が支配する2以上の会社法人により，それぞれ支配されているか，又は，
(b) 他者の子会社である会社法人の子会社である場合であってかつその場合に限り，他の会社法人の子会社であるものとみなすものとする。

For the purpose of this Act, a corporation shall be deemed to be a subsidiary of another corporation if, but only if, it is controlled by that other or that other and one or more corporations each of which is controlled by that other, two or more corporations each of which is controlled by that other, or it is a subsidiary of a corporation that is that other's subsidiary.

↓

(Rewrite, using tabulation) 改行を用い書換え
For the purpose of this Act, a corporation shall be deemed to be a subsidiary of another corporation if, but only if,
(a) it is controlled by,
　(i) that other, or
　(ii) that other and one or more corporations each of which is controlled by that other, or
　(iii) two or more corporations each of which is controlled by that other, or
(b) it is a subsidiary of a corporation that is that other's subsidiary.

③ 列挙表示のしかた（Tabulation Techniques）

　タビュレーションは以上のように複雑な文をシンプルに表現するのに大変有効な技術であるが，この文章作成技術を上手に使いこなすにはいくつかのコツがある。

　一番大切なことは，常日頃から自分の思考（idea）を「第1に〜，第2に〜，第3に〜」というように箇条書きに整理するくせをつけることである。自分の思考（idea）を整理できずに脈絡もなくしゃべるような方がいるが，このような方はあまり自分で法律文を書かない方がよいであろう。まず論理的な思考を訓練しないと法律文章は書けない。考えをまとめるときに常に「第1，第2，第3〜」と考えるくせをつけることである。

　タビュレーションのための語法を承知しておくことは是非必要である。

(i)　タビュレーションの表現にはコロン（:）やセミコロン（;）が多く使われる。コロン（:）は，その（コロン）の前の語（あるいは文）が後の語（あるいは文）とイコールであることを示す（例：Borrower shall deposit with Bank the following securities: Stocks, Bonds, Debenture, etc.）。

　セミコロン（;）は，その前の語（あるいは文）と後の語（あるいは文）が違うことを表現する（例：The new marketing policy shall be taken; every division shall report its results to the president of the company.）。

(ii)　Andとorの項でも述べたが，語を並べるときに，重層的なものの列挙については最終の語の前にandをつける（例：automobile, motorbike, and bicycle）選択的な列挙については最終の語の前にorをつける。（例：books, periodicals, or newspapers）。最後の語のandとorの前にコンマを付けることを忘れないことである。

　以上を承知した上で次のようにタビュレートしていく。まず同種の「語」を抽出し，番号（カッコで囲む。）をふって列挙する。次に同じ種の「語群」を摘出し番号づけをする。更に同列に並べられる

文節を並べ，これに番号をふって列挙していく。

　カッコ内の番号は文節，語群，語の順で(1)(2)(3)……，(a)(b)(c)……，(i)(ii)(iii)とする。

　Introductory Word（導入語）─番号をふった列挙の語あるいは文節の前の語─を見極め，正しく列挙されているかどうかを確認する。

─例文─

(Construction Warranty Clause)
Upon discovery or disclosure of any defect within the warranty periods provided hereby, the following conditions shall apply:
(1)　the Owner shall furnish written notice to the Contractor of the item or work involved and, if known to the Owner, set forth the nature of the defect;
(2)　within fifteen (15) days after receipt by the Contractor of the notification provided pursuant to the preceding paragraph(1), the Contractor shall provide the Owner, in writing, with the following information:
　(a)　acknowledgment of the notification given by the Owner of the defect,
　(b)　the corrective action to be taken by the Contractor to remedy the defect,
　(c)　disposition instructions regarding the defective item or work,
　(d)　the date that the defective item or work shall be repaired, or replaced as required, or
　(e)　with the advance approval of the Owner, a proposed price reduction to this Contract for the Owner's compensation.
　※　Extract from Uniform Trade Secrets Act

(建設保証条項)
本契約に規定される保証期間内に瑕疵が発見されたときについては，下記の条件が適用される。
(1)　建築主は，建築業者に対し瑕疵に関係した項目又は仕事について書面により通知し，かつ，建築主が分かっているならば，瑕疵の性質を書くこと
(2)　前項(1)にしたがって述べられた通知を建築業者が受領した後15日以内に，建築業者は建築主に対し，書面で次の情報を提供すること
　(a)　瑕疵についての建築主の通知の受領確認
　(b)　瑕疵を是正するため建築業者がとるべき是正行為
　(c)　瑕疵項目又は業務についての処置の指示
　(d)　瑕疵項目又は仕事を要求通り修理取替する日付

> (e) 建築主の事前の承諾を条件として，建築主の補償のための本契約の値引の提案金額
> ※ 統一トレード・シークレット法より抜粋

(2) **条項の分割と配列**（Division, Subdivision and Arrangement of Stipulation）

① **条と項**（Articles and Sections）

　大昔の（例えば中世イギリスの）法律（Statute）は，現在の法律のように条文で構成されたものではなく，全文書き流しの文であったし，法律・法的文書にしても条項分けはされておらず，全部が一つの文であった。それが現在のように，法律にしても法律・法的文書にしても，第1条，第2条——というように条項分けをして書くようになったのはそれが便利だからである。

　実際，条項分けがしてあることにより

　⑴　条項を探しやすい

　⑵　他の文書に引用しやすい

　⑶　後日の修正や加除に便利である

等の理由から，現在の法律や法律・法的文書は全て条項を分けて書かれるのが通常である。

　日本の法律は，六法全書を読むと分かるとおり，まず編，章，節，款に分かれて表題がふられる。法文には条がふられる（第1条，第2条——）ので「条文」というわけである。条を更に分けるときは項（第1項，第2項——），号（第1号，第2号——）に細分される。

　これに相当する英文は何かということが問題であるが，これが必ずしも一定していない。アメリカとイギリスで違うし，アメリカでも連邦と州で違う。どのように条項分けをするかの統一的な規則があるわけでもない。アメリカ合衆国憲法はArticleを大きい分類としSectionを条文としている。

> **例文**
> 例： Article 1　　　General Provisions（総則），
> 　　　Part 2　　　　Form, Formation and Readjustment of Contract（契約の方式・成立，再修整），
> 　　　Section 2-201 Formal Requirement; Statute of Frauds（正式要件，詐欺防止法）

　このようにArticle, Part, Section, Subsectionというように分けて行くのが多いが，ときにChapter, Article, Paragraph, Subparagraphとなっているものもある。

　英文の法律・法的文書の多くは，

> Division（編）
> Part（章）
> Article（条）
> Paragraph（項）
> Subparagraph（号）

で書かれているが，Articleの次にSubarticleをおく場合もあり，Section, Subsectionを使うこともある。またDivisionより大きい分類にChapterをもってくる場合，Paragraphより小さい分類あるいはこれと同じ分類にClauseを使うこともある。

　これらの使い方は特別にこうしなければならぬとする規則はないので以上を参考にしながら適宜選択すればよいが，自社の中の英文法律・法的文書については統一的な基準で起草することが，法律・法的文書の相互参照や引用，修正などの点から便利であろう。

> **例文**
> (a)
> 　　　　　　　　　　The Constitution
> 　　　　　　　　　　　　　　of
> 　　　　　　　　　The United States of America
> 　　　　　　　ARTICLE 1. Legislative Department
>
> SECTION 1. Congress in General
> All legislative powers herein granted shall be vested in a Congress

of the United States, which shall consist of a Senate and House of Representatives.
(a) アメリカ合衆国憲法　第 1 章　立法府
　　第 1 条　連邦議会一般
　　　本憲法により付与される立法権は全て，合衆国議会に付与されるものとする。合衆国議会は上院及び下院により構成される。
(b)

Uniform Commercial Code
ARTICLE 1
GENERAL PROVISIONS
PART 2
FORM, FORMATION AND READJUSTMENT
OF CONTRACT

Section 2-201. Formal Requirements; Statute of Frauds.
Except as otherwise provided in this section a contract for the sale of goods for the price of five hundred dollars（$500.00）or more is not enforceable by way of action or defense unless there is some writing sufficient to indicate that a contract for sale has been made between the parties and signed by the party against whom enforcement is sought or by his authorized agent or broker.
A writing is not insufficient because it omits or incorrectly states a term agreed upon but the contract is not enforceable under this paragraph beyond the quantity of goods shown in such writing.
Between merchants if within a reasonable time a writing in confirmation of the contract and sufficient against the sender is received and the party receiving it has reason to know its contents, it satisfies the requirements of subsection(1)against such party unless written notice of objection to its contents is given within ten（10）days after it is received.
(b)　第 1 編，総則，第 2 節，契約の書式，成立及び再調整
　　第 2 節201条（正式の要件，詐欺防止法）
　(1)　本条に別段の定めある場合を除き，500ドル以上の価格の物品の売買契約は，売買契約が当事者間で締結され，かつ，その契約が強制される側の当事者若しくはその権限ある代理人又は仲介者によって署名された事を指し示すに充分な書面がない限り，訴訟の提起又は防御によって強制されることはないものとする。書面は，それが合意した事項を除外しておりあるいは間違って記述しているからといって，不充分であるということではないが，その契約は，本条の下で，その書面に示された特品の数量を超えては強制できない。
　(2)　商人間においては，合理的な期間内に，契約を確認する送付者側に対して充分な文書が受領され，かつ受領当事者がその内容を知る理性を有

する場合，その内容に反対の書面の通知が受領後10日以内になされない限り，それは当該当事者に対し本条第1項の要件を満足させるものとする。
(注)　統一商法典（UCC）より抜粋

② 条項の番号づけ（Numering Divided Stipulations）

　法律・法的文書の条項を，ArticleやSectionなどをつけないで，数字だけ，あるいは数字とアルファベット文字の組合せで順番付けるやり方も法律や法律・法的文書で使われる。この順番も必ずしも統一規則があるわけではないが，次のような番号付けの方法が一般的である。

■**法律論文の標題づけに使われる番号づけ**

```
Ⅰ.
  A.
    1.
      a）
        (1)
          (a)
            (i)
            (ii)
```

数字とアルファベットを組み合わせ，1段ずつキーを下げる。

■**法律のSubdivisionに使われる番号づけ**

```
1.
2.
  (a)
  (b)
    (1)
    (2)
      (A)
      (B)
        (i)
        (ii)
```

■最近の法律・法的文書に見られる番号づけ

1.
1.1
1.1.1
1.1.2
1.1.2.1

　この方法はその条文の一つ一つが分かるし，引用するときに早く参照しやすい利点がある。またタイピングのときにリターンキーを押したあと段を下げなくてよいので能率的であるところから最近の法律・法的文書によく使われている。

　ArticleやSectionと数字アルファベットを組み合わせることもある。前述したUniform Commercial Code（統一商法典）の条文配列はSectionと番号文字の組み合わせである。

■ArticleやSectionと数字アルファベットを組み合わせる

Section 2-201
(1)
(2)
(3)
　(a)
　(b)
　(c)

　英文の法律・法的文書についても以上を参考にして番号付けをすればよいであろう。

③　条項の分割と分類のしかた（How to Divide and Classify a Stipulation）

　法律や法律・法的文書を書式集（Form Book）から引き写すのではなく，全て新しく書き下ろしていく場合に，問題になるのは条項をどのように分割しこれをどのように分類してまとめていくかということである。

　まず条文の分割であるが，読みやすさ，参照・引用のしやすさから

いえば，条文はできるだけ短い方がよい。前にも述べたように一文（One Sentence）は3行前後が読みやすいから，そのくらいの長さでピリオッドを打つようにする。条件（If Clause）やただし書（Proviso）がついている場合はもう少し長くなるであろうし，タビュレーション（Tabulation）を使った場合には更に長くしてもよいであろう。

　条文の書き方にはOne Thought One Block（一思想一かたまり）の原則があるから，同じ主題をもった文を集めてこれをOne Blockとし（できるだけ小単位とする方がよい。これに番号をふっていく。番号付けはなるべく細かくしておくと，あとでまとめるときに便利である。つまり一つの項目を更に下位の項目に分割しその分割を細かくする（(a)(b)……や(i)(ii)……まで分割しておく。）と後でまとめやすいであろう。

④　配列順序をどうするか（How to Arrange in Order）

　このようにしてたくさんの条文ができてくるのであるが，これをどのように配列するかの問題がある。

　条文の内部での項，号の配列は，原則又は基本的な事項を前へ，これに対する例外，付加的な事項を後へもってくる。これが適切でないと混乱する。

　条文の並べ方には三つある。時間的順序（Chronological Order）と論理的順序（Logical Order）機能的順序（Functional Order）である。

　Chronological Orderの場合は，例えば研究開発取引の法律・法的文書において各条ごとに，研究前の事前情報交換，研究の着手，研究の進行報告，研究成果の開示，というように時間的な順序で並べていく。建設取引の法律・法的文書なども工期の進行をこの順序で書くと書きやすいであろう。

　Logical Orderの場合は，例えばライセンス取引の法律・法的文書において，ライセンス付与，ロイヤリティ，保証条項のように論理的に適切な配列をする。もっとも使いやすい配列方法である。この論理配列を使うときは次の原則による。

　(1)　全般的な条項は前に，特定的な条項は後

　(2)　重要な条項は前で，重要度の低い条項は後

(3) 使用頻度の高い条項は前で，使用頻度の低い条項は後

(4) 適用期間の長い条項（恒久的条項）は前で，適用期間の短い条項（暫定条項）は後

　Functional Orderの場合は，例えば合弁事業取引の法律・法的文書において，「一方当事者（甲）」側の権利義務，「他方当事者（乙）」側の権利義務，「合弁会社」の権利義務のように，機能に着目した分類で並べていくやり方である。

　これらを上手に使って配列を考えると読みやすく参照しやすい法律・法的文書ができあがる。

2　定　義（Definitions）

(1)　定義一般（Definitions in General）

①　定義と略称（Definitions and Abbreviations）

　最近は，法律でも法律・法的文書（それが大部なものであれば）でも必ず定義規定が置かれるようになってきている。定義規定をおくとより読みやすくなるし，またその語の解釈の食い違いがなくなるので大変便利なドラフティングの用具として使われている。

　法律・法的文書のなかのある一定の語句を取り出して，これに短い特定の言葉を与えて，法律・法的文書全体を通してその特定の言葉を使うのが「定義」である。

　例えばNet Sales（純売上高）という言葉は，業種によっても国によっても違う。会社ごとに違うかもしれない。そこで法律・法的文書中において，当事者間で，Net Salesとは総売上高から返品・値引きを差し引き更に物品税・受渡費用・輸送保険料を控除した額をNet Salesと呼ぶと法律・法的文書中に定め，これをNet Salesと呼ぶことにすれば，法律・法的文書中にこのことが出てくるごとにくどくど書く必要がなくなり大変シンプルになる。語の正確性が増し読みやすくなる。

　法律・法的文書だけでなく法律も同じである。昔は法律には定義規定はなかった（その折々の担当官の解釈にまかされていた。）のであるが，

最近は定義が多用されるようになっている。

　正確にいえば,「ある語に限定的な意味を,法律・法的文書上又は法文上,与えて,その語をもって限定的な意味をもたせたものを代表させる」のが「定義」であるが,しばしば,法律・法的文書中又は法文中にある長い語句を短い略称で代表させることも行われる。これは定義というよりは「略称規定」というべきかもしれないが,定義として扱っても支障はない。以下一緒に扱う。

(2) 定義が現れる場所 (Places Where Definitions Appear)

　法律・法的文書でも法律でも定義は基本的に冒頭におかれるのが原則であるが,例外的に文中におかれる場合もある。次のような場所に定義が書かれる。

① 冒頭の導入文言中に定義する場合 (Introductory Sentences in the Beginning)

　冒頭のIntroductory Words（導入文言）中に初めて出てくる語の後のカッコ中にその語を代表する語を書いて定義する。

---例文---
(a)　This Agreement made and entered into by and between ABC Corporation (hereinafter referred to as ABC) and XYZ Co., Ltd. (hereinafter referred to as XYZ).
　ＡＢＣ社（以下,「ＡＢＣ」と称す。）とＸＹＺ社（以下,「ＸＹＺ」と称す。）との間において本契約を締結した。
(b)　RECITALS
The Manufacturer is engaged in the business of manufacturing drugs and pharmaceuticals (Product).
前文
　製造者は,医薬品（以下,製品）の製造を営んでいる。
(c)　Preambles
The Licensor owns patents and patent applications in Japan set forth in Exhibit A (Patent).
前文
　ライセンサーは,添付別表Ａに記載した特許及び出願中の特許（以下,特許）を日本において有している。
　（注）　カッコ内に書く語は（hereinafter referred to as----）と書くことが多いが最近はhereinafter referred to asを省略して,（Product）のようにカッコ内に代表する語を書くことも多い。

② 定義条項を置く場合（Definition Clause）

最も一般的な場合である。条文の冒頭に定義条項をおき，その法律・法的文書なり法律なりの全部に通用する定義を規定する。

場合によっては，全くの冒頭ではなく，いくつかの章のなかの一つの章のなかで，特定の語を定義して使うこともある。この場合はその章の最初に定義規定を置き，「本章において，何々は次のことを意味する」というように書いて，定義した語の使用範囲がその章に限られることを明示する。

例文

UCC
Section 2-103, Article 1 Definitions
In this Article unless the context otherwise requires,
(a) "Buyer" means a person who buys or contracts to buy goods.
(b) "Good faith" in the case of a merchant means honesty in fact and the observance of reasonable commercial standards of fair dealing in the trade.
(c) "Receipt" of goods means taking physical possession of them.
(d) "Seller" means a person who sells or contracts to sell goods.

統一商法典（UCC）第一章（Article 1）2-103条
定義
(1) 本章においては，文脈が他の事を要求しない限り，
　(a) 「買主」とは，商品を買い付け又は買い付ける契約をする者を意味する。
　(b) 商人の場合における「善意」とは，事実において正直であること及び，商取引において，公正な取引について合理的な商業上の基準を遵守すること意味する。
　(c) 商品の「受領」とは，これらの物理的占有を得ることを意味する。
　(d) 「売主」とは，商品を売却し又は売却する契約をする者を意味する。

---

③ 条文中に定義する場合（Definitions in a clause）

冒頭でなく条文中に定義する場合もある。特定の条文の中のみに定義する語があり，他の条文には全くその語が出てこないような場合は，定義を冒頭に持ってこなくてもよいことになる。その条文の後段に「上記において何々とは○○を意味する」というように条文のなかの主要条項に続けて書けばよいのである。

> **例文**
> In the preceding paragraph, "the Exchange Rate" means the yen-dollar conversion rate for buying at the authorized exchange bank in Tokyo on the day of royalty remittance by licensee to Licensor.
> 前項において「交換率」とは，ライセンシーよりライセンサーに対するロイヤリティ送金の日における，東京の公認為替銀行の円ドル交換買付レートを意味するものとする。

(3) 定義語の各種（Variety of Defined Terms）

定義は，一定の語（定義語）に特定の意味を与え，あるいはその意味を限定するので，長文の繰り返しを避けることができ大変便利なものであるが，その定義語を選ぶのにいくつかの方法がある。定義を規定することは自由であるから定義語はどのようにでも選べるのであるが，定義語がその内容とあまりかけ離れたものは，意味の把握の点から好ましくないであろう。次のような定義語があることを知り，これらを使い分けるとよいであろう。

① 略称形 Abbreviation

長い名前の会社名や商品名を定義するときに略称を使う方法である。大文字で略称する。

> **例文**
> (a) Japan Tobacco Industries Company Limited (JT)
> (b) General Motors Corporation (GM)

場合により，新しく短縮形の語を造語することもある。

> **例文**
> (a) Ajinomoto Company Limited (Ajico)
> (b) Canadian Aluminum Corporation (Calco)

② 代表形（Representing Word）

長い名前の会社名や商品名を定義するときに，その一部を代表として定義語に使う方法である。

> **例文**
> First Hong Kong and Shanghai Bank (Hong Shang)

③ 機能形（Functional Name）

定義をする語の，法律・法的文書なり法律なりの中の機能に着目して定義語を作るやり方である。機能に着目しているので，用語の概念がつかみやすいので，この定義のやり方は広く使われている。

例文

The members of the Consortium, namely, SUMITOMOMITSUI Bank, MUFG Bank, and MIZUHO Bank (hereinafter collectively referred to as "Member Bank") ──

---

④ 拡張された意味をもつ同意語（Synonyms with extended meaning）

定義される内容の語がいくつかある場合（例えばdog, cat, rabbit, horse and cattle），これをDog, etc.と定義するよりはAnimalと定義した方が読み手に分かりやすい。内容の語を包含するより大きな概念の語で定義することが好ましい。

例文

Automobiles, motorcycles, motorbikes, and motor scooters (hereinafter referred to as Vehicles)
　自動車，自動二輪車，原動機付自転車及びスクーター（以下，乗用機器と称す。）

---

(4) 定義の書き方（How to Write Definitions）

① 定義の体裁（Style of Definitions）

定義については一般的に次のようなスタイルで書かれる。

(i) 大文字（Capitalization）

頭文字を大文字にするか，又は全部を大文字にする，定義の書き方である。

例文

Product　PRODUCT

---

② 定冠詞（Definite Article）

冠詞（The）は定義語につけてもよいし，つけなくてもよい。最近はつけない方が多いようである。大文字を使うことにより定義語であ

ることが特定できるので，つけなくてもよい。

ただし，略称（Abbreviation）や固有名詞を定義語にするときはTheはつけない。

例文
(Don't say)　　　　　　(Say)
The General Motors　General Motors

---

③ 定義語の数（Number of Words）

原則として定義語は1語，長くても2語までで定義する語を代表する。

例文
Working Day　就業日

---

④ 引用符（Quotation Mark）

初めて定義する語が出てくるときは必ず引用符（" "）をつける。

例文
The term "Territory" means──
「領域」とは──をいう。

---

(5) 定義のための動詞（Verbs for Definitions）

定義をするときの動詞は現在形を使う。shall meanというような使い方は誤りである。

① 基本的動詞　meansとis

定義のための基本的な動詞はmeansであり，ほとんどこれを使うことで用が足りるが，isが使われることもある。

なお，定義語が複数形であっても，それはそのような語は（例：The term "Products"）といっているのであるから，動詞は means, is のように単数形となる。

例文
(a)　As used herein, the term "Territory" means Japan, China, Korea, and Taiwan.
　　本契約書中，「地域」とは日本，中国，韓国，及び台湾を意味する。
(b)　The term "Computer Program" is a set of statements or instructions

to be used directly or indirectly in a computer in order to bring about a certain result.（US Copyright Act Section 101）
「コンピューター・プログラム」は，特定の結果を招来するために，コンピューターにおいて，直接又は間接に使用される表示又は指令の組み合わせである。（合衆国著作権法　第101条）

② 定義で使われるその他の動詞

前項のmeansやisは定義される語（主語）と定義の内容（述語）がイコールの関係に立つが，時に，不明確である境界領域を明らかにするために動詞includeやexcludeが使われたり，定義の内容を示す述語が説明的であったり，指示的であったりするときにrefer toやbe usedなどの動詞が使われたりすることがある。主語と述語がイコールでないときにこれらの動詞を使うことがある。

―例文―
The term "Motor Vehicles" excludes mobile homes and motorships.
「原動機付乗物」にはモービルホーム（移動家屋）及び発動機船を含まない。
（Compare）比較
The term "Motor Vehicles" means automobiles, motorcycles, motorbikes, and motorscooter.
「原動機付乗物」は，自動車，自動二輪車，原付自転車及びスクーターを意味する。

③ 定義を書く際の注意（Cares in Writing Definitions）

ビジネス論文や科学論文における定義が辞書的，説明的，分析的な書き方をしなければならないのに対して，法律文における定義は，その契約なり法律なりの中で使われる用語を約定的に定めればよいのであるから比較的簡単である。何々の語は何々を意味すると書けばよい。

法律文において定義を書く意義は三つある。

第1に，定義はReadability（読みやすさ）を助ける。長い文で書かれた，あるいはたくさんの事項を定義語（1語かせいぜい2語である）で代表させることによって，全文章を通してその定義語を使えることになるから，長い文やたくさんの語を繰り返す必要がなくなり，大変

読みやすくなる。

　第2に，定義をすることにより，その意味する範囲を定め，定義に入らないものとの相違をはっきりさせることができるから，法律文において一番重要なPrecision and Accuracy（精密性明確性）を増すことができる。

　第3に，定義語を使うことにより長い文やたくさんの語を繰り返すことをしなくなるので首尾一貫性が保たれ間違いが少なくなる。

　定義を書くに当たっては上記のような意義を考えながら書く。即ちその定義を書くことが，読みやすさを増し，文意がより明確となり，間違いが防げることにつながるよう書くとよい。

　また，以下に定義を書く際に避けるべきことを述べる。

　辞書的，説明的な定義は法律・法的文書においてはあまり意味がない。The term "cosmetics" means an article intended to be applied to the human body to clean or beautify it.（「化粧品」とは人間の身体につけてこれを清潔にし又は美しくするために使うものを意味する。）というように書いても法律・法的文書においてはあまり意味がない。「本法律文書中では，「化粧品」とは何々（具体的な商品名をかく。）を意味する。」と書くほうが意味がある。

　Tautology（トートロジー：類語反復）定義というのは定義語を定義内容の説明で繰り返して，分かりきった反復説明をすることである。The term "Motor Vehicle" means a vehicle or vehicles which have a motor.（原動機付乗物とは原動機のついた乗物をいう。）のような定義である。これもあまり意味がない。

　日本の法令の定義でよく現れるのであるが，列挙した語の最初のものに「等」をつけて定義するやり方がある。「普通乗用車，自動二輪車，原動機付自転車及び農業用けん引耕運機（以下「普通自動車等」と称す。）」のような例である。意味のつかみやすさでいえば，このよ

2 定義（Definitions）

うな場合は列挙した語の全てを代表するような語を定義語にする方がよく，「等」をつけることは避けるべきである。これはAutomobile, Motorcycle, Motorbike, and Movable Cultivator for Agricultural Use (hereinafter referred to as "Motor Vehicles")（普通乗用車，自動二輪車，原動機付自転車及び農業用けん引耕運機（以下，「動力付乗物」と称す。）の方がよいであろう。列挙した語の全てを代表する語を定義語にした方がよい。

ハンプティ・ダンプティ定義というのがある。童話「鏡の国のアリス」に出てくる言語学上の挿話で，Humpty Dumptyというわけのわからぬ名前をある物に名づけて全く別の名をいうことから来ている。定義語を選ぶのに全く縁のない語を選んでこれで代表させるやり方でのことである。例えばAs used herein the term "Ship" means an automobile, motorcycle, and motorbike.（本契約中「船舶」とは自動車，自動二輪車及び原付自転車を指す。）のような例である。約定定義の考え方であればこのような決め方は可能ではあるが，誤解を生じるからこのような定義を使うべきではない。

条文中，疑制で扱えばよいものを定義にするのも誤りである。疑制とは，前述したがbe deemed to, be treated asなど法的にそのように取り扱うとする法律文の書き方である。例えば，In the use of the Company's resort facilities, "Employee" includes "Part Time Employee".（会社の保養施設の利用については，正社員は臨時社員を含む。）と定義するような例である。これは，本来は疑制で扱ってIn the use of the Company's resort facilities, a part time employee shall be treated as a regular employee.（会社保養施設の利用については臨時社員は正社員と同様に扱う。）とすればよい。

定義は，文章中2回以上出てくるときに使うのが原則である。1回しか出てこない語を定義しても無駄であり読みやすさを損ねる。

定義を書くに当たっては，上記のような点に留意して書けばよいのであるが，要は，定義語には誤解を招かないような理解しやすい語を選ぶこと，定義内容の文は，対象の範囲が明確で，対象外のものとの相違が判然と区別できるように書くことが大切である。

12章　法律・法的文書の編集（Editing Legal Documents）

1　法律・法的文書のための句読点法と技術（Punctuations and Mechanics in Legal Documents）

◎　各種英文符号・記号（Punctuations）の使用について

　　日本語でも同じであるが，元々英文にはパンクチュエーション（Punctuations：句読点）はなかった。イギリスの中世の法律をみるとコンマもピリオドもない平文である。パンクチュエーションは，その平文を読み上げるときに，読みやすさを助けるために使われるようになった。パンクチュエーションで迷ったときは，何度も声を出して読み上げてみるとよく分かる。声を出して読むことにより，相手に伝えようとするメッセージを理解させるためにはどこで発声を止め息をつげばよいかが分かる。それがコンマでありピリオドである。パンクチュエーションの用法をマスターするには，とにかく声を上げて読み上げることを勧めたい。とはいえ一応の知識は必要であるから，下記に法律・法的文書に特有なパンクチュエーションの用法を示す。

①　ピリオド（Period）

（i）　ピリオドで区切る

　　前に述べたことであるが，読みやすさ（Readability）を増すためにはなるべく単文のほうがよいから，1文の中に二つの事が盛り込まれているようなときは（コンマで切ってあっても）文を別にして，ピリオドで区切ったほうがよい。

―― 例文 ――

The Architect shall be liable only in case the building has defects caused from his negligence in design, otherwise he shall have no liability.
（Rewrite to：書換え）
The Architect shall be liable only in case the building has defects caused from his fault or negligence in design. Otherwise the Architect shall not be liable.
　設計者は，設計上の失敗若しくは懈怠に基づく瑕疵が建物にあった場合に

> 限り，責任を負うものとする。その他については設計者には責任を問わないものとする。

(ii) ピリオドはカッコの内か外か

ピリオドの前にカッコ（Parentheses）がある場合はピリオドはカッコの外へ出す。ただしカッコ内が「文」の場合はピリオドはカッコの中になる。

――例文――
The lawyer instructed his legal secretary to comply with the law firm's discipline. (This was the third time he had complained to her.)
　法律家は彼の法律秘書に法律事務所の規則を守るよう指示した（彼が彼女に苦情を言ったのは3度目であった。）。

(iii) 略記に用いるピリオド

ピリオドは略語（Abbreviation）に打たれるが省略したり忘れたりしないこと。

Johnson & Johnson Inc.　　J. P. Morgan and Co.　　Mr. Jones
Mrs. Jones　　Dr. Jones

② コンマ（Comma）

コンマは法律文章の中ではきわめて多く使われる。コンマを多用する事により文章がより明確になり読みやすくなる。何度も声を上げて読んでみて意味を正確に示すようコンマを打つのが良い。

(i) 接続詞の前のコンマ

いくつかの語を列挙するときは，最後の語の前にand又はorをおき，その前にコンマを打つ。一般の文章と違って法律文章では，この「, and」（Comma "and"）や「, or 」（Comma "or"）の用法は特有の規則であるから覚えておくことが大切である。一般の用法ではandやorの前にコンマがつかないが，法律文ではコンマがつくのである。

1 法律・法的文書のための句読点法と技術（Punctuations and Mechanics in Legal Documents）

---例文---
The application should be written in English, French, Spanish, Chinese, or Japanese.
　申込書は英語，仏語，スペイン語，中国語，又は日本語で書くこと。
（Compare, Incorrect：比較，よくない例）
The application should be written in English, French, Spanish, Chinese or Japanese.

(ⅱ)　上記の例外

　ただし，二つのものを並行に書く場合はコンマを使わない。

---例文---
（Correct）正確
The director of the production division <u>and</u> the director of the research division are both responsible for the defective products.
　製造部門担当取締役及び研究部門担当取締役がその欠陥商品につき責任がある。
（Incorrect）不正確
The director of the production division, and the director of the research division are responsible for the defective products.

(ⅲ)　接続詞の後のコンマ

　なお，接続詞の後にコンマがくることはない。

---例文---
and, or, but,（Incorrect）

(ⅳ)　前と後の従属節のコンマ

　文頭に出てくる従属節（ifやwhenなどの条件節）や副詞句の後にはコンマを付ける。ただし同じ従属節が文のなかの後にくる場合はコンマをつけない。

---例文---
Two-thirds majority votes are required in order to amend the Articles of Incorporation.
　定款を変更するためには，3分の2多数票が必要である。

(v) 副詞句の両端のコンマ

法律文中の副詞句を明確にしこれを強調するために，コンマで両端を挟むのはしばしば行われる。

― 例文 ―
(a) Either party may, at its discretion, terminate this Agreement at any time.
各当事者はいつでも任意本契約を解除することができる。
(b) If either party breaches any provision of this Agreement, the other party may, without prejudice to the right for damages, terminate this Agreement by sending a termination notice.
当事者のいずれか一方が本契約の一項にでも違反した場合，他方当事者は，損害賠償を請求する権利を失うことなく，解除通知を送ることにより本契約を解除できるものとする。

③ コロン（Colon）

(i) 前と後がイコールのコロン

コロンの記号「：」はその前と後が同じという意味である。前の語の説明，言い換え，明細を書くときにコロンを使う。「すなわち」という訳である。

― 例文 ―
I hereby give and bequeath my personal property to my grandchild Josua: my daughter's son.
私は本書により私の動産を私の孫ジョシュア，即ち私の娘の息子に贈る。

(ii) 導入句の後のコロン

また，コロンは法令の中で導入句（Introductory Phrase）や説明見出し（Heading）の後に使われている。この用法は法律意見書などによく利用されている。

― 例文 ―
UCC §2-201. Official Comment
Prior Uniform Statutory Provision: Section 4, Uniform Sales Act (which was based on Section 17 of the Statute of 29 Charles II).
Changes: Completely rephrased; restricted to sale of goods. See also Sections 1-206, 8-319 and 9-203.
Purposes of Changes: The changed phraseology of this section is intended to make it clear that:

> 統一商法典（UCC）2条201項公式コメント
> UCC制定前統一法規：（チャールズ二世法令29第17章による）統一売買法第4条
> 改正：完全に文章を改訂，商品売買を制限。1条206項，8条319項，9条203項を見よ。
> 改正の目的：本条の改正の用語は下記の事をより明確にするためのものである。

④ セミコロン（Semicolon）

(i) 前と後がイコールでないセミコロン

　コロンがその前と後がイコールであるのに対して，セミコロン（Semicolon）「；」はその前と後がイコールでないものに使う。それぞれが独立した語，句，節あるいは文をつなぐときに使うのである。セミコロンは読むときには，コロンとピリオドの中間の休止の信号と考えて読むとよい。セミコロンは意味をとるときには，「前の事と違って」という意味が込められていると考えて読めばよい。法律文では複雑な文意を書くときに便利でよく使われる。特に列挙の場合は原則としてセミコロンが使われる。列挙の場合でコロンが使われるのは，その列挙が法律的には重要に考えなくてよい，単なる読みやすさを考慮したものである場合だけである。このような場合の他は全てセミコロンである。

―例文―
The jury was unable to reach a verdict; the judge declared a mistrial.
陪審は評決に達することができず，裁判官は審理無効を宣した。

(ii) 大分け小分けの場合のセミコロン

　セミコロンはコンマの大きいものと考えて使うとよい，コンマがつながった連続の語を大分けするときにも使われる。

―例文―
Among these present were John Sax, president of Sax Corporation; Richard Leon, vice president of Omega Corporation; and Marie Shalley, corporate secretary of O'Sallivan Inc.
これらのうち，サックス社社長のジョン・サックス，オメガ社副社長のリチャード・レオン及びオサリバン社の秘書役マリー・シャリーが列席した。

12章　法律・法的文書の編集（Editing Legal Documents）

⑤　カッコ（Parentheses）

　Parentheses（カッコ）「（　）」は英語の法律文で使われることは少ない。日本語の法律文ではカッコはしばしば使われ、それなりに意味があるが、英文の法律文章では、カッコ内におさめるような挿入句、節でも、コンマで両端を挟み、カッコは使わない。英文におけるParenthesesは、文章上の意味するところとは「別にしておくこと（set aside）」を意味するので、法令用の文には使わない。

　ただし、法律意見書などの中では、読者に対して説明をするときに使うこともある。文中に出てきた固有名詞を略称したり、数字を再録したり、ちょっとした説明を加えたりするときにこれをParentheses内に入れる。しかしともあれ、使用する場合は少ないと思った方がよい。

例文

Lessor hereby lease to Lessee the following land and buildings (the Premises):
貸地人は借家人に次の土地と建物（物件）を貸す。

---

⑥　カギカッコ（Brackets）

　Bracket（カギカッコ）「〔　〕」は英文法律文のなかでは殆ど用いられない。カッコ内にもう一度カッコするような場合に使用する。

例文

It is prohibited by a local regulation (City Ordinance 46 〔§5〕).

---

⑦　アポストロフィ（Apostrophe）

(i)　ofのかわりに's を使う。

　所有をあらわすApostrophe（アポストロフィ）「's」は前置詞 of よりも所有の意味が明確であるので法律文ではよく使われる。日本語で所有をあらわす「の」を英語で書くときは、ofを使わず's（Apostrophe s）を使うようにする。よりシンプルになる。

> **例文**
> Jury's opinion　　ジュリーの意見

(ii) 's の変化

　　複数形（語尾が s で終わる）の所有格（'s）は s は省略して ' のみをつけるが，その名詞をそのまま形容詞あるいは名詞の連続（Noun Chain）として使える場合は，'sは省略して簡潔にした方がよい。

> **例文**
> employees' right and obligation　　従業員の義務と権利

⑧　その他の句読点記号（Other Punctuation Marks）

　　その他の英文符号については辞書に載っている用法の通りであるが，法律文章においては「Question Mark（？）疑問符」，「Exclamation Point（！）感嘆符」，「Ellipsis（....）省略記号」，「Dash（——）横線記号」はあまり使われない。使われるものの例は次の通りである。

(i) 引用符

　　Quotations引用符（" "）は法律文章中では定義や略称中に用いるほか，語の引用に用いる。

> **例文**
> In this Contract, the term "Product" means ——
> この契約書において，「領域」とは ——をいう。

(ii) その他

　　その他に法律文書中で使われるものに Hyphen (-) ハイフン記号，Slash（/）斜線記号があるが，いずれも一つの語として自然に使い方を覚えていくのがよい。

> **例文**
> attorney-client privilege　　弁護士依頼人特権

273

12章　法律・法的文書の編集（Editing Legal Documents）

2　表現技術（Mechanics for Other Expressions）

　法律文書中においても一般の英文の場合と同じように，いくつかの書くための約束事がある。この項では法律文の起草者として知っておかなければならない英文表現上の技術について述べる。

(1)　略語（Abbreviations）

　①　カッコ内の略語の引用

　　英文法律・法的文書中で当事者名や商品名などが繰り返し現れる際に，最初にその文字が現れた際にカッコ内に略語を規定し以後その略語を使う。カッコ内には（hereinafter referred to as " "）などと書くが，最近ではhereinafter referred to asを省略してカッコ内にいきなり略語を書くことが多くなってきている。

───例文───
General Electric Corporation（hereinafter referred to as "GE"）
General Electric Corporation（GE）
　ゼネラル・エレクトリック社（以下「GE」という。）。

（注）　カッコ内の略語については固有名詞の場合はGE, Sonyのように無冠詞で略語をつくるが，固有名詞でない一般的な語を略語として引用するときは，"the Product" "the Licensed Patent"のようにtheを付けるのを好む人もいる。しかし大文字を使って略語を作った以上その略語が以後その語を代表するわけであるから，theを付けないでProduct, Licensed Patent などとしてもかまわない。最近ではタイピングをより能率的にすませようとすることから，theを付けないのが多い。
　　略称にtheを付けるか付けないかは起草者の随意であるが，法律・法的文書の全部を通して統一しなければならない。

　②　略語の後のピリオッド・マーク

　　略語は基本的に大文字で書くが，大文字の後にピリオッドをふるかどうかの問題がある。昔はそれが略語であることの印としてピリオッドを打っていたが，最近ではタイピングの効率化の見地からか略語符号のピリオッド抜きが多いようである。特に法律名の略称や政府機関の略称は大文字だけで書かれることが多い。

> **例文**
> Federal Bureau of Investigation（FBI）　　連邦捜査局

③　小文字と大文字の略語

略語は常に大文字のみとは限らず大文字と小文字の組み合わせ，小文字のみの略語などもあるが，この場合は略記符号であるピリオドをつけるのが原則である。

> **例文**
> (a)　Mister　　　Mr.　　　(b)　Association　Assn.
> 　　Chapter　　Ch.　　　　　Corporation　Corp.
> 　　Section　　Sec.　　　　　Company　　Co.
> 　　Article　　Art.　　　　　Incorporated　Inc.
> 　　January　　Jan.　　　　　Limited　　　Ltd.

(2)　大文字使用（Capitalization）

法律・法的文書についても一般の英文の大文字使用の原則は適用されるから，(1)文頭は大文字から始まる，(2)固有名詞は大文字で始める，(3)略語は大文字を使う，(4)日時や場所は大文字を使う，などについては，当然法律・法的文書に適用される。法律・法的文書に特有のものとしては次のようなものがある。

　(a)　定義や略称を定めるときに大文字を使う。(Sony, GE, the Product, the Patent)

　(b)　金額の数字を文字で書くときに大文字で始める。(One Hundred Dollars)

　(c)　肩書（Title）は大文字で始める。(the President, the Chairman, Directors, Manager of Marketing Division)

　(d)　法律文に特有の古い表現は大文字で始めるか，大文字のみで書く。(Whereas, AND THEREFORE, RESOLVED That,)

大文字は特別の意味があるときに使用するのが原則であるから，無闇に使うべきではない。大文字は以上に述べたような場合にのみ使うという約束のもとに使われているから，これ以外のときに突然大文字を使用

すると読み手が混乱する。大文字を使うときは，常にその必然性，必要性があるかどうかを考えて使うことである。

(3) 下線と斜体字（Underlines and Italics）

アンダーラインは起草者が特に強調したい場合に使う。法律上特別の意味が付加されるわけではないから，その使用は起草者の任意でよい。

法律・法的文書中では見出し（Headings）の下にアンダーラインを引くことが多い。

例文

Article 1　Purpose
Article 2　Definitions

イタリック（斜体字）は，法律・法的文書中にあっては，①ラテン語その他英語以外の言語はイタリックを使う，②引用する事件名はイタリックを使う，③引用する雑誌，書籍名はイタリックを使う，④特別の科学用語（Scientific Words）はイタリックを使う，などの約束事がある。

学術的な法律論文を書くときには更に色々約束事があるがここでは省略する（アメリカのロースクールへ行くと学生に論文執筆の手引が渡される。Blue Bookという。）。

この他に起草者が特に強調したい語，読み手が見逃さないよう特に注意を促したい語はイタリックで書くことがある。

例文

I, as the school master, wish to emphasize that you shall *never* drink alcohol during your stay in the dormitory.
校長として私は，諸君が在寮中には決してアルコールを飲んではならぬことを強調したい。

---

3 法律文書編集のための諸用具他（Instruments for Edition of Legal Documents, etc.）

(1) 編集のための用具（Instruments for Edition）

社会や経済が複雑になれば，取り決めなければならないことはより複雑になる。最近では法律・法的文書が複雑で大部なものになってきた。

3 法律文書編集のための諸用具他(Instruments for Edition of Legal Documents, etc.)

長大なものは一冊の本にも匹敵するようになってきている。このような長いものになると，読みやすく参照しやすいように色々と編集に工夫をこらさなければならない。以下にこれを示す。

① 表題（Head or Title）

　法律・法的文書にどのような表題をつけるかは起草者の自由であるが，発行後の整理や参照の便から考えると，単にAgreementやContractとするよりも，例えばJoint Venture AgreementとかSale and Purchase Contractのように契約内容がわかる表題の方がよいであろう。

　Agreementでない法律・法的文書についても，

Minutes of Board of Directors Meeting（取締役会議事録）
Power of Attorney（委任状）
Resignation（辞任届）
Acceptance of Office（就任承諾書）
Convocation Notice（招集通知）

のように，内容が分かる表題にする方がよい。

　また，日本語の表題にひっぱられて間違った表題を書かないようにすること。例えば賃貸借契約書はLease AgreementではなくLeaseという表題であるし，抵当権設定契約書はMortgage ContractではなくMortgageという表題になる（これはアメリカの不動産法の下での決まりである。）。

② 目次（Table of Contents）

　長大な法律・法的文書などにあっては，これを読み参照する人のために目次が是非必要である。全体を条項に分け，更にそれを節，章でグループ分けするやり方については252頁，254頁で述べているが，条項分けしたところに基づいて目次を作成する。

③ 見出し（Headings）

　各条，章には参照の便のために見出しをつける。見出しは条，章の表示の数字の次に書き，これが条文とは違う見出しであることを示す

277

ため，アンダーラインやボールド活字で表示する。

> 例文
> Article 1　<u>Definitions</u>
> Section 5　**Employee's Duties**

④　**脚注**（Footnotes）

　法律論文の脚注（その書き方の決まりはBlue Bookとよばれるロースクール学生用の参考書に載っている。）に限ることなく，法律・法的文書などでも脚注表示をすることがある。法律論文の脚注は文中に現れたことの出典（Quotation）や参考文献（Bibliography）を示するが，法律・法的文書の脚注表示はこれらに加え参照条文（Reference）や相互参照（Cross Reference）を示す。

⑤　**参照及び相互参照**（References and Cross References）

　法律・法的文書が大部なものであって，ある条文が他の条文と関連するとき，参考として他の条文を参照させるときにこれらが使われる。この場合，単に主題によって参照せずに，必ず特定の条文表示（例えばSection 5, Paragraph 2）をもって行うことが必要である。脚注あるいは参照は欄外に表示される。

⑥　**索引**（Indexes）

　法律・法的文書の最後に索引をつけることも，大部の法律・法的文書においては便利な道具である。何百頁もの文書ともなると参照する案件についての記述を早く検索することが必要となるからである。

　Indexの作り方は案件の法律文書を通読して行きながら，参照しようとするキーワードにマーカーをつけておき，このキーワードを取り出してアルファベット順に配列したあとに，タイプをする。

⑦　**法律的効果**（Legal Effect）

　以上に述べた表題（Head），目次（Table of Contents），見出し（Headings），脚注（Footnotes），参照及び相互参照（References and Cross References），索引（Index）などはいずれも読みやすさ，使いやすさのための編集上の道具であって，その法律文書で定める権利義務には影響しない。しかしこのことを明確にするために，法律・法的文

書などの中には，これらのものは権利義務やその解釈には影響を与えるものではないことを，特に規定で書くことが多い。

(2) 添付書式（Appendix）

① 付表（Attachment）

法律・法的文書に添付書類をつけることはしばしばある。本文で権利義務に関する条文を詳述し，これに関連する書類を添付する。

Exhibit A, Exhibit B, ──
Schedule A, Schedule B, ──
Annex 1, Annex 2, ──
Appendix A, Appendix B, ──
Attachment 1, Attachment 2, ──

などの表題が使われる。

重要なことは，これら添付書式も本文の法律・法的文書の一部であるということである。本文において添付書式について説明する規定が必ずあるが，そこで添付書式が本文と不可分の一体として全部を構成する旨の下記のような規定がおかれる。もっともそれがないからといって，添付書類の法律効果が別物となるわけではない。

---例文---
The items and prices of the Product shall be set forth in Appendix A attached hereto, which becomes an integral part of this Agreement.
商品の種類及び価格は付表Aに記載された通りとする。付表Aは本契約と一体をなすものとする。

② 図，表その他（Illustrations）

添付書式は文書のみとは限らない。Tables（表），Drawings（図），Graphs and Charts（図表）など色々なものが添付書類となる。これらについては，それが契約書等の本文と一緒になって一体の法律効果を発生させることになるから，本文と同様の細心さで作成に当たらなければならない。

12章　法律・法的文書の編集（Editing Legal Documents）

(3) 法律文書の最終版の調製（Preparation of Complete Form of Legal Document）

英文法律・法的文書は，最初に作られた案（Draft）から検討，修正の過程を経て最終版の文書となり署名される。

① 案の段階（Draft Stage）

第1案（The First Draft）から最終版（The Final Draft）まで何度も検討，交渉，修正が行われるのが通常であるから，タイピングに際しては文書が混乱しないよう，各頁にそれがどの段階のものかを明示する。右上か左上にFirst Draft, Second Draft等の文字を打っておく。なお，案の段階では修正やコメントが書き込めるよう，ダブル・スペースでタイピングする。ただし，最終案（Final Draft）となった時にはシングル・スペース又はシングル半スペースでタイピングする。通常，シングル半スペースである。

用紙は起草者が任意指定するが，通常A4判片面にタイピングする。アメリカではリーガル・サイズという縦長の用紙が使われる。

タイピングの際に重要なことは，あとで法律・法的文書が改ざんされたりしないように留意することであるが，このためには(1)文章の区切りに空白をつくらないこと（ブランクレス），(2)ページの下部に文の終わりをもってこないこと，つまり文をページとページにわたって打ち次の頁で終わらせること（センテンス・キャリオーバー），などのテクニックを使うとよい。

② 署名（Signature）

最後に署名（Signature）欄がおかれるが，下記のように署名者（Signatory）の名をタイピングする。会社である場合は会社名を上に記載し，署名者の名の下にその署名者の代表権限を示す肩書（Title）を記載する。署名者が代理人（Agent）として署名する場合は"For and on behalf of……"（本人のためにかつこれに代理して）という文言を添えて代理関係を明らかにする。

3　法律文書編集のための諸用具他(Instruments for Edition of Legal Documents, etc.)

---例文---
ABC Corporation
Taro Kohyama
Representative Director President

(注)　署名の傍らにDateを書き署名日を明らかにすることがある。

　法律・法的文書の発効日（Execution Date）は，通常，冒頭に書かれることが多いが，，末尾の署名のそばに書かれることもある。署名の傍らに添えられた署名日（Signature date）が発効日（Execution Date）が違うことがある。国際間の法律・法的文書のように署名者が隔たった場所に所在する場合は，一方が署名してから他方に送るので署名日が異なることは当然あり得る。この場合，当事者の合意は，発効日（Execution Date）から法律効果を発効させようというものであり，それを署名で署名日に確認するのであるから，署名日が頭書の発効日と違っていてもよい，と考えてよいのである。

　ページの差し替えによる内容の変造を防ぐために，署名者はページごとにイニシャルでサインしておく。ページ数の多いものは，袋綴じするか又はリボン綴じして封蝋をたらしてシールする。

　最終清書タイプをして署名の前に訂正，補遺などがあった場合は，元の語がわかるようにした上でその語を線で消しその傍らに訂正語を入れて，傍らにイニシャルでサインしておく。訂正したという確認のためのサインである。

③　副署（Attestation）

　署名が署名者の署名に違いないことを証するために，署名者をよく知っている人が副署（アテステーション）することがある。副署をした証人が法律上の権利義務を有するものではない。会社の署名にあっては，PresidentやGeneral Managerが署名者としてサインするが，これらの署名者が正式の権限を持つ代表者であることを証明する意を含めて会社の秘書役（Corporate Secretary）や法務部長職（In-house Legal Counsel）が副署を行うことが多い。この場合，権限を持ってい

2編　文章作成上の注意

ることの証明文言を添えることもある。

④ 認証又は公証（Acknowledgment or Notarization）

更に，法律・法的文書を公証人によって認証する必要がある場合がある。これをAcknowledgment（認証）又はNotarization（公証）と呼んでいる。公証人のところへ持ち込んで公証してもらうのである。アメリカなどでは公証人の任期が決まっているので，任期を公証人署名の傍らに書く。

例文

BE IT REMEMBERED, that on first day of December, 2012, before me, the subscriber, a Notary Public of the State of New York, personally appeared Marie Ann who is the person named in and who executed the within Instrument and thereupon she acknowledged that she signed, sealed and delivered the same as her act and deed, for the uses and purposes therein expressed.
(seal)
Notary Public
My Commission expires January 5, 2014--.

　2012年12月1日，ニューヨーク州公証人である下記署名者の本職の面前において，上記記名者であるマリー・アンは，本人自身による本人としての行為としてかつ記載された使用と目的のために，添付の文書に署名，捺印，交付してこれを発効せしめたものである旨，陳述した。
（署名捺印）
公証人
当職の任期は2014年1月5日に終了する。

(注)　アメリカの場合は公証人をNotary Publicと呼ぶが，日本の公証人は対外的な英語表示ではNotaryとのみ称している。職務内容に大きな違いがあるからである。

---

⑤　外国公館証明（Certification by Embassy）

書名に副署を付けこれに公証人認証を付けても，更にその公証人の証明の真正を証明しなければならないときがある。このときは大使館や領事など外国公館に持ち込むことになる。順序としては次の通りとなる。

3 法律文書編集のための諸用具他 (Instruments for Edition of Legal Documents, etc.)

> 1．公証人の認証を得る。
> 2．公証人が所属する法務局で，その公証人の署名印が真正なものであることの法務局長の証明を得る。
> 3．次に外務省で法務局長の証明印が真正なものであることの証明を得る。
> 4．これを外国公館に持ち込み，その国の言語で外務省の証明印が真正である旨の証明を得る。

以上のような手続で本人の署名が真正である証明とするわけである。

⑥ 商工会議所の証明（Certification by The Chamber of Commerce）

上記のような繁雑な証明に代えて，商工会議所が署名証明の業務をやっているから，相手方が受け入れるのであればこれを利用することもできる。商工会議所で署名を登録しておき，この証明をもらう。

⑦ 翻訳証明（Certification of Translation）

法律文書の中で，戸籍謄本，会社・法人の登記事項証明書，公正証書など官公庁の作成するものは日本語のものしか作成されないから，これを翻訳した場合に，その翻訳が真正なものであることの証明をつけなければならない場合がある。

この場合，公的な翻訳証明を出す行政機関はないから，翻訳者が「上記は添付された文書の正確な翻訳であることを証明する」旨の文言を付して署名する。

翻訳者以外の者に証明させる場合は，著名な翻訳会社か又は一般社団法人日本翻訳協会のような翻訳業界の団体が適当であろう。

例文

The undersigned hereby certifies that the document attached hereto is the exact English translation of the Japanese original of the attached legal instrument.

下記に署名した証明者は，添付の文書は添付した法律文書の日本語原本の正確な英語訳であることを証明する。

第3編 各種書式例

1章 個人の履歴関係

第1節　出生証明書

以下はハワイ州の出生証明書の例である。

1章　個人の履歴関係

〈例41　出生証明書〉

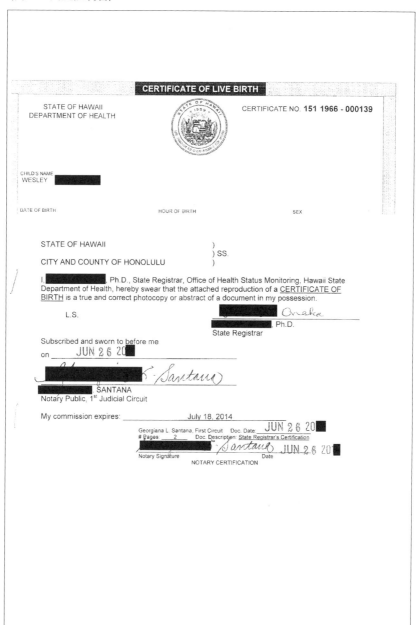

第1節　出生証明書

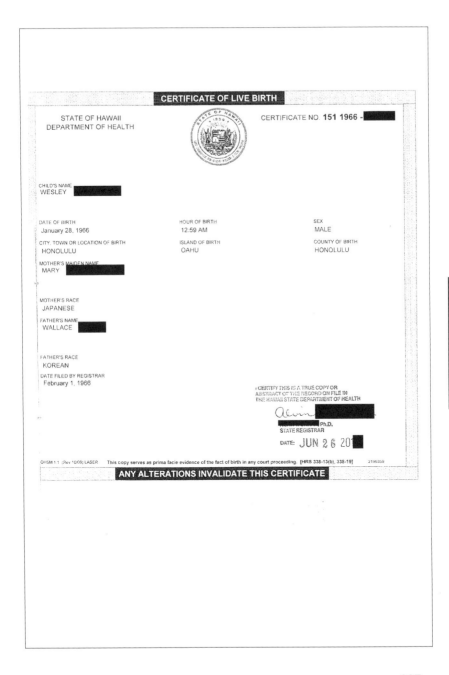

287

1章　個人の履歴関係

(日本語訳)

ハワイ州
ホノルル市郡

私、ハワイ州保健省健康状態監視局の州登録官である███████博士は、添付の「出生証明書」の複製が私の所持している原本の真正なコピー若しくは要約であることをここに宣誓する。

(サイン)
_____
███████博士
州登録官

2014年6月26日
私の面前で署名し宣誓した

_____(サイン)_____
███████ サンタナ
公証人、第一巡回裁判所

私の任務は20█年7月18日に終了する

███████ サンタナ、第一巡回裁判所　書類の日付：20█年6月26日
ページ数：2　書類の種類：州登録官の証明書

(サイン)　　　　20█年6月26日
公証人署名　　　日付

288

第 1 節　出生証明書

（日本語訳）

出生証明書

ハワイ州
保健局

（ハワイ州 1959）

証明書番号　151　1966-■■■■

子の名前
ウェズレー　■■■■■■

出生年月日	出生時刻	性別
1966 年 1 月 28 日	午前 12 時 59 分	男

生まれた市、町あるいは場所	生まれた島	生まれた郡
ホノルル	オアフ	ホノルル

母の旧名
マリー　■■■■■■

母の人種
日本人

父の名前
ウォレス　■■■■

父の人種
韓国人

登録官の記録日
1966 年 2 月 1 日

これはハワイ州保健省に保管されている記録の真正なコピー若しくは要約であることを証明する。
（サイン）
■■■■■■■■■博士
州登録官
日付：20■■年 6 月 26 日

本コピーはどのような法廷手続においても出生の事実の一応の証拠となる
どのような変更があっても本証明書は無効となる

3 編　各種書式例

289

1章　個人の履歴関係

第2節　婚姻証明書

〈例42　テキサス州の婚姻許可書（Marriage License）〉

Original Marriage License

JULIAN ▇▇▇ and GINA ▇▇▇
MALE　　　　　　　　　　　　　　FEMALE

TIME LICENSE ISSUED　3:48PM
DATE LICENSE ISSUED　9/7/20▇
DATE LICENSE EXPIRES　10/7/20▇
APPOINTED PROXY (IF ANY)

TO ANY REGULARLY LICENSED OR ORDAINED MINISTER OF THE GOSPEL, JEWISH RABBI, JUDGE OF THE DISTRICT COURT, JUDGE OF THE COUNTY COURT OR JUSTICE OF THE PEACE:

EFFECTIVE JANUARY 1, 1988, A MARRIAGE MAY NOT TAKE PLACE DURING A 72-HOUR PERIOD IMMEDIATELY FOLLOWING THE ISSUANCE OF THE MARRIAGE LICENSE UNLESS:

1) AN APPLICANT IS A MEMBER OF THE ARMED FORCES OF THE UNITED STATES AND IS ON ACTIVE DUTY; OR
2) AN APPLICANT MAY REQUEST A JUDGE OF A COURT WITH JURISDICTION IN FAMILY LAW CASES, A JUSTICE OF THE SUPREME COURT, A JUDGE OF THE COURT OF CRIMINAL APPEALS, A COUNTY JUDGE, OR A JUDGE OF A COURT OF APPEALS FOR A WRITTEN WAIVER AS PROVIDED BY SUBSECTION (c), SECTION 2.204, TEXAS FAMILY CODE.

BY MY SIGNATURE I AFFIRM THAT I HAVE DISTRIBUTED TO EACH APPLICANT THE PRINTED MATERIALS RELATING TO AIDS AND HIV INFECTION PREPARED BY THE TEXAS DEPARTMENT OF HEALTH AS REQUIRED BY SECTION 3, CHAPTER 1195 SUBSECTION (E), SEC 1.07, ACTS OF THE 71ST LEGISLATURE SESSION 1989.

Doc# 2▇▇▇▇ 0837672
09/07/2011 3:48PM
Filed & Recorded in the
Official Public Records of
BEXAR COUNTY
GERARD RICKHOFF COUNTY CLERK
Fees $66.00

COUNTY CLERK, BEXAR COUNTY, TEXAS

BY ▇▇▇
DEPUTY

VOL ▇▇▇　　PG ▇▇▇

Mail to:
JULIAN ▇▇▇
GINA ▇▇▇
▇ SW 13TH ST ▇
MIAMI, FL ▇▇▇

〈例43　テキサス州の婚姻証明書（Marriage Certificate）〉

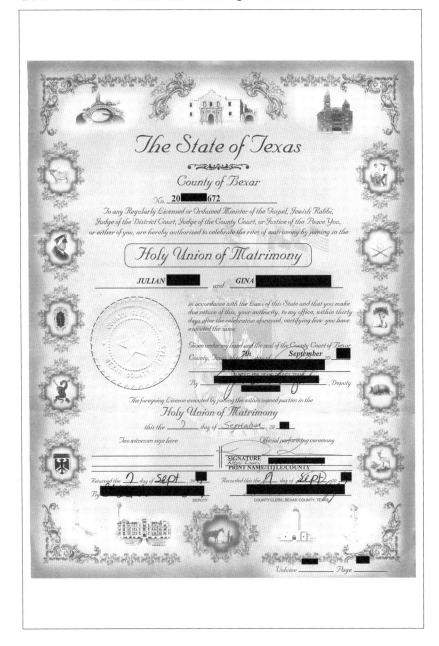

1章　個人の履歴関係

第3節　離婚証明書

〈例44　ワシントン州の離婚証明書〉

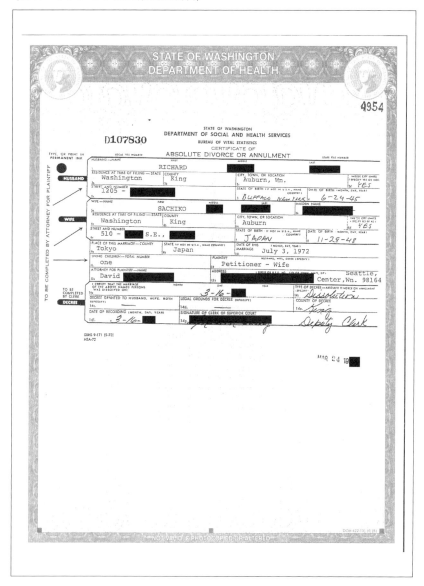

第3節　離婚証明書

（日本語訳）

ワシントン州
保健省

4954

ワシントン州
社会保健省
公的個人記録統計局

絶対離婚または失効
証明書

D█████████
地区ファイル番号　　　　　　　　　　　　　　　　　　　　　　　　　　　　　　　　　　　　州ファイル番号

	夫の名	ミドルネーム	姓	
夫	リチャード			
	申請時の原住地 — 州名	郡名	市、町、または所在地	市境界の内外の別
	ワシントン州	キング郡	オーバーン、ワシントン	はい・いいえ　はい
	通り名及び地番		出生の州　米国でない場合、国名	出生年月日
	24番通り 1205番		バッファロー、ニューヨーク	1945年6月24日

	妻の名	ミドルネーム	姓	旧姓
妻	サチコ			
	申請時の原住地 — 州名	郡名	市、町、または所在地	市境界の内外の別
	ワシントン州	キング郡	オーバーン	はい・いいえ　はい
	通り名及び地番		出生の州　米国でない場合、国名	出生年月日
	510番 S.E.		日本国	1948年11月28日

本籍地の場所 — 郡名	婚姻の州　米国でない場合、国名	婚姻年月日
東京	日本国	1972年7月3日

生存する子ども — 総数	原告、夫、妻、他
1人	離婚訴訟の原告 — 妻

原告側の弁護士 — 氏名	住所
デイヴィド	〒98164　ワシントン州シアトル市

原告に代わり、弁護士が完成のこと

書記官が完成のこと	私は、上記人物名の婚姻が解消されたことをここに証明いたします。	離婚年月日 19██年3月16日	判決の種類　—　絶対離婚または失効 婚姻解消
判決	夫、妻、両方に与えられた判決 —	判決の法的根拠 —	判決の郡名 キング郡
	記録年月日 19██年3月16日	高等裁判所の副書記官の署名 （署名）	副書記官名

3編　各種書式例

293

1章　個人の履歴関係

第4節　死亡証明書

以下は日本の法務局が発行した死亡証明書の例である。

〈例45　死亡証明書〉

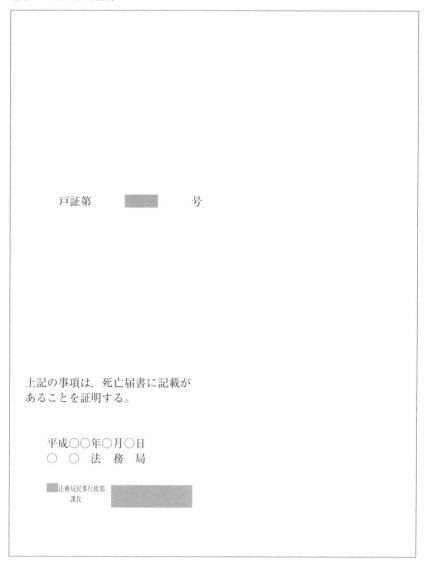

第4節 死亡証明書

死亡診断書（死体検案書）

この死亡診断書（死体検案書）は、我が国の死因統計作成の資料としても用いられます。かい書で、できるだけ詳しく書いてください。

記入の注意

氏名		1男 ②女	生年月日	明治 昭和 大正 平成	年 12 月 日 午前・午後 時 分

- 生年月日が不詳の場合は、推定年齢をカッコを付して書いてください。
- 夜の12時は「午前0時」、昼の12時は「午後0時」と書いてください。

(11) 死亡したとき　平成　年 5 月　日頃　午前・午後　時　分

(12)(13) 死亡したところ及びその種別

死亡したところの種別　1病院 2診療所 3介護老人保健施設 4助産所 5老人ホーム ⑥自宅 7その他

死亡したところ　東京都　港　区　六本木

（死亡したところの種別1～5）施設の名称

- 「老人ホーム」は、養護老人ホーム、特別養護老人ホーム、軽費老人ホーム及び有料老人ホームをいいます。

(14) 死亡の原因

I
(ア) 直接死因　向精神薬中毒　　発病（発症）又は受傷から死亡までの期間　数時間
(イ) (ア)の原因
(ウ) (イ)の原因
(エ) (ウ)の原因

II 直接には死因に関係しないがI欄の傷病経過に影響を及ぼした傷病名等

◆I欄、II欄ともに疾患の終末期の状態としての心不全、呼吸不全等は書かないでください。

◆I欄では、最も死亡に影響を与えた傷病名を医学的因果関係の順序で書いてください。

◆I欄の傷病名の記載は各欄一つにしてください。

ただし、欄が不足する場合は(エ)欄に残りを医学的因果関係の順序で書いてください。

- 傷病名等は、日本語で書いてください。
- I欄では、各傷病について発病の型（例：急性）、病因（例：病原体名）、部位（例：胃噴門部がん）、性状（例：病理組織型）等もできるだけ書いてください。
- 妊娠中の死亡の場合は「妊娠満何週」、また、分娩中の死亡の場合は「妊娠満何週の分娩中」と書いてください。
- 産後42日未満の死亡の場合は「妊娠満何週産後満何日」と書いてください。

手術　①無 2有　部位及び主要所見　　手術年月日　平成 昭和　年 月 日

解剖　①無 2有　主要所見

- I欄及びII欄に関係した手術について、術式又はその診断名と関連のある所見を書いてください。紹介状や伝聞による情報についてもカッコを付して書いてください。

(15) 死因の種類

1病死及び自然死
外因死　不慮の外因死　2交通事故 3転倒・転落 4溺水 5煙、火災及び火焔による傷害
　　　　　　　　　　　6窒息 7中毒 8その他
　　　　　その他及び不詳の外因死　⑨自殺 10他殺 11その他及び不詳の外因
12不詳の死

(16) 外因死の追加事項

傷害が発生したとき　平成 昭和　年 5 月　日　午前・後　時　分　頃

傷害が発生したところの種別　①住居 2工場及び建築現場 3道路 4その他

傷害が発生したところ　東京　都⑬府県　港　市⑳郡　町村

手段及び状況　向精神薬（ベゲタミン）多量服用による死亡

- 「2交通事故」は、事故発生からの期間にかかわらず、その事故による死亡が該当します。
- 「5煙、火災及び火焔による傷害」は、火炎による一酸化炭素中毒、窒息等も含まれます。
- 「1住居」とは、住宅、庭等をいい、老人ホーム等の居住施設は含まれません。
- 傷害がどういう状況で起こったかを具体的に書いてください。

(17) 生後1年未満で病死した場合の追加事項

出生時体重　　　グラム　　単胎・多胎の別　1単胎 2多胎（　子中第　子）　　妊娠週数　満　週

妊娠・分娩時における母体の病態又は異常　1無 2有　3不詳

母の生年月日　昭和 平成　年 月 日

前回までの妊娠の結果　出生児　　人　死産児　　胎（妊娠満22週以後に限る）

- 妊娠週数は、最終月経、基礎体温、超音波計測等により確定し、できるだけ正確に書いてください。
- 母子健康手帳等を参考に書いてください。

(18) その他特に付言すべきことがら

(19) 上記のとおり診断（検案）する　診断（検案）年月日　平成　年 6 月　日

本診断書（検案書）発行年月日　平成　年 6 月　日

病院、診療所若しくは介護老人保健施設等の名称及び所在地又は医師の住所

文京区　四丁目21番18号
監察医務院

(氏名)　医師　東京都監察医

3編　各種書式例

295

1章　個人の履歴関係

死亡届

受理 平成　年6月　日 第　　　号	発送 平成　年　月　日	長印
送付 平成　年　月　日 第　　　号		
書類調査	戸籍記載	記載調査	調査票	附票	住民票	通知

平成　年6月　日 届出

港区 長 殿

(1)	（よみかた）				
(2)	氏　名	氏　　　　　名	□男 ☑女
(3)	生年月日	昭和　年12月　日	(生まれてから30日以内に死亡したときは生まれた時刻も書いてください)	□午前 □午後　　時　分
(4)	死亡したとき	平成　年 5 月　日頃	□午前 □午後　　時　分
(5)	死亡したところ	東京都港区六本木	番地 番　　号
(6)	住　所 （住民登録をしているところ）	東京都港区六本木	番地 番　　号
		世帯主の氏名	
(7)	本　籍 （外国人のときは国籍だけを書いてください）	東京都港区赤坂	番地 番
		筆頭者の氏名	
(8)(9)	死亡した人の夫または妻	□いる（満　　歳）　□いない（□未婚　☑死別　□離別）
(10)	死亡したときの世帯のおもな仕事と	□1.農業だけまたは農業とその他の仕事を持っている世帯 □2.自由業・商工業・サービス業等を個人で経営している世帯 □3.企業・個人商店等（官公庁は除く）の常用勤労者世帯で勤め先の従業者数が1人から99人までの世帯（日々または1年未満の契約の雇用者も5） □4.3にあてはまらない常用勤労者世帯及び会社団体の役員の世帯（日々または1年未満の契約の雇用者も5） □5.1から4にあてはまらないその他の仕事をしている者のいる世帯 ☑6.仕事をしている者のいない世帯
(11)	死亡した人の職業・産業	(国勢調査の年…　年の4月1日から翌年3月31日までに死亡したときだけ書いてください) 職業　　　　　　　　　　産業

その他

下記のとおりと認め受理しました。　東京都港区長
(5)及び(6)の住所の（　）は「22-　号」が正当
届出人の住所の（　）は「2番　号」　届出人の氏「　　」が正当
届出人の本籍の（　）は「　番地」

届出人	□1.同居の親族　☑2.同居していない親族　□3.同居者　□4.家主　□5.地主 □6.家屋管理人　□7.土地管理人　□8.公設所の長　□9.後見人 □10.保佐人　□11.補助人　□12.任意後見人
	住所　東京都港区赤坂　　　　　　　　　　番地 　　　　　　　　　　　　　　　　　　　番　号
	本籍　東京都港区赤坂　　　番地 　　　　　　　　　　　　　　番　　筆頭者の氏名
	署名　　　　　　　　　　　　　　大正　年 4 月　日生

事件簿番号

記入の注意

鉛筆や消えやすいインキで書かないでください。

死亡したことを知った日からかぞえて7日以内に出してください。

死亡者の本籍地でない役場に出すときは、2通出してください（役場が相当と認めたときは、1通で足りることもあります）。2通の場合でも、死亡診断書は、原本1通と写し1通でさしつかえありません。

→「筆頭者の氏名」には、戸籍のはじめに記載されている人の氏名を書いてください。

→内縁のものはふくまれません。

□には、あてはまるものに☑のようにしるしをつけてください。

→死者について書いてください。

届け出られた事項は、人口動態調査（統計法に基づく基幹統計調査、厚生労働省所管）、がん登録等の推進に関する法律に基づく全国がん登録（厚生労働省所管）にも用いられます。

第4節　死亡証明書

（英語訳）

Family Register Certification No. ▮▮▮▮

This is to certify that the above description is duly recorded in the Notification of Death.

　　　March 2, ▮▮▮

　　　▮▮▮▮ LEGAL AFFAIRS BUREAU
　　　▮▮▮▮ Legal Affairs Bureau, Department of Civil Administration
　　　Family Register Division, Manager HISAE ▮▮▮▮▮▮▮ [SEAL]

▮▮▮ P

1章　個人の履歴関係

POSTMORTEM CERTIFICATE

NAME:		SEX: Female	DATE OF BIRTH:	
DATE & TIME OF DEATH:			(approx.)	
PLACE OF DEATH:	Type of Place	Home		
	Location	Minato-ku, Tokyo (Roppongi #)		
	Name of Facility			
CAUSE OF DEATH:	I (a) Direct Cause:	Psychotropic poisoning		
	Period between onset and death:	several hours		
	Surgery:	None		
	Autopsy:	None		
TYPE OF DEATH:	Death by external cause, suicide			
Additional Notes on External Cause of Death	Time of Incident	(approx.)	place of Incident	Minato-ku TOKYO
	Type of Place	Home		
	Method and Circumstance: death from overdose on psychotropic (Vegetamin).			

Examined as stated above. Date of examination: 06/12/
Date of Issuance of This Certificate: 06/12/

4-21- Otsuka Bunkyo-ku, Tokyo
Tokyo Medical Examiner Office
Tokyo Medical Examiner, M.D. [SEAL]

298

第4節　死亡証明書

<table>
<tr><td colspan="2" align="center">Notification of Death
Notified on June ___ , _____
Attn: Director of Minato Ward</td><td colspan="3">Received on 06/ ___ / _____
No. _____</td></tr>
<tr><td>(1)</td><td>(syllabic Japanese scripts)</td><td colspan="3"></td></tr>
<tr><td></td><td></td><td>_____</td><td>tazuko</td><td></td></tr>
<tr><td></td><td></td><td>Last</td><td>First</td><td>Sex</td></tr>
<tr><td>(2)</td><td>NAME</td><td>_____</td><td>_____</td><td>Female</td></tr>
<tr><td>(3)</td><td>Date of Birth</td><td colspan="3">___ /3/ ___</td></tr>
<tr><td>(4)</td><td>Date of Death</td><td colspan="3">___ /16/ ___ (approx.)</td></tr>
<tr><td>(5)</td><td>Place of Death</td><td colspan="3">_____ Minato-ku, Tokyo
(___ Roppongi Residence # ___)</td></tr>
<tr><td>(6)</td><td>Address
(Resident Registration)</td><td colspan="3">_____ Minato-ku, Tokyo
(___ Roppongi Residence # ___)
head of household: Tazuko ___</td></tr>
<tr><td>(7)</td><td>Registered Domicile</td><td colspan="3">_____ Minato-ku, Tokyo
head of family register: Takashi ___</td></tr>
<tr><td>(8)</td><td>Spouse of the Deceased</td><td colspan="3">Bereaved</td></tr>
<tr><td>(10)</td><td>Family Occupation at the Time of Passing</td><td colspan="3">Household without working member.</td></tr>
<tr><td>(11)</td><td>Occupation of the Deceased</td><td colspan="3"></td></tr>
<tr><td colspan="2">Other</td><td colspan="3">Received upon approving the following revisions. Director of Minato Ward, Tokyo "22 # ___" should be the correct description in ( ) for address under (5) and (6).
Address of the person filing this notification should be "2- ___" in ( ). The last name of the person filing this notification should be "_____ (logographic Chinese characters)".
The registered domicile of the person filing this notification should be "○○" in ( ).</td></tr>
<tr><td rowspan="4">Notified By</td><td colspan="4">a relative who does not reside with the deceased.</td></tr>
<tr><td>Address</td><td colspan="3">_____ Minato-ku, TOKYO</td></tr>
<tr><td>Registered Domicile</td><td colspan="3">_____ Minato-ku, TOKYO
head of the family register: Fumio _____</td></tr>
<tr><td>Signature</td><td colspan="3">_____ [seal]　Born on 4/ ___ / ___</td></tr>
<tr><td colspan="2">Case Number</td><td colspan="3">481</td></tr>
</table>

第3編　各種書式例

___ P

1章　個人の履歴関係

〈例46　添付している死亡証明書の正確な翻訳である旨の翻訳者による宣誓供述書〉

AFFIDAVIT OF MEGUMI ▮▮▮▮ RE:
CERTIFICATION OF ACCURACY

STATE OF HAWAII ）
CITY AND COUNTY OF HONOLULU ） SS.
FIRST JUDICIAL CIRCUIT ）

　MEGUMI ▮▮▮▮ , being first duly sworn on oath, deposes and says that she has command of both the English and Japanese languages; and that she has made the attached English translation from the annexed document in the Japanese language and hereby certifies that the same is a true and correct translation to the best of her Knowledge, ability and belief.

　　　　　　FURTHER AFFIANT SAYETH NAUGHT.

　　　　　　　　　　　　　　MEGUMI ▮▮▮▮

Subscribed and sworn to（or affirmed）before me this 7th day of january, 20▮▮.
　　　　　　Affidavit of Megumi ▮▮▮▮ Re:
Document: 　Certification of Accuracy

Document Date:　 - - -　　No. Pages: 7（w/attachments）

Notary Signature.

Name（printed）:　Rae A.K. ▮▮▮▮
Notary Public, State of Hawaii

My commission expires: 　02/▮▮/▮▮▮▮

▮▮▮ P

〈例47　前記日本文死亡証明書及び翻訳文並びに翻訳者の宣誓書をハワイ州のプロベイト・コートに提出した申請書〉

```
Of Counsel:
                              HASTERT
Attorneys at Law
A Law Corporation

                        4796-0
                        7878-0
            Suite 1600
Honolulu, Hawaii 96813
http://www.          .com
Telephone: (808)
Facsimile: (808)


Attorneys for Applicant


        IN THE CIRCUIT COURT OF THE FIRST CIRCUIT

                    STATE OF HAWAII


THE ESTATE              )   P. NO.      -1-0271
                        )   (Informal)
        OF              )
                        )   DEATH CERTIFICATE
                        )
                        )
        DECEASED.       )
                        )


                    DEATH CERTIFICATE

(Sealed pursuant to H.R.S. §560:1-311 and Hawaii Probate Rule 3 (d)(3))
```

　　　P

1章　個人の履歴関係

〈例48　オレゴン州の死亡証明書（Certificate of Death）〉

第5節　宣誓供述書

〈例49　宣誓供述書（アメリカのある州での検認手続（Probate Court）において，相続人の一人が日本との家庭裁判所で被後見人と宣告され，後見人が選任されている旨プロベイト・コートに申立てをするための翻訳者が正確である旨の宣誓供述書）〉

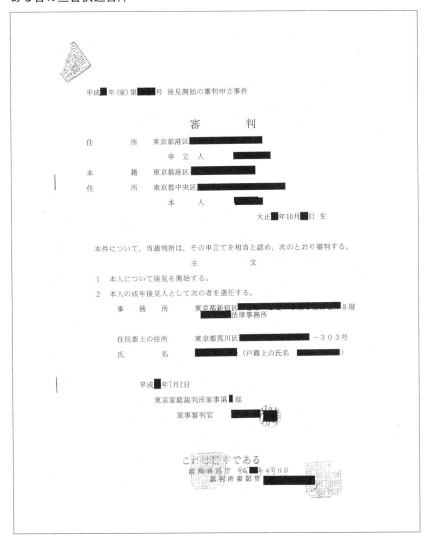

1章　個人の履歴関係

平成■■年登簿第 333 号

認　　証

嘱託人　司法書士　■■■■■　は、別添文書における署名が自己のものに相違ない旨、本公証人に対し自認した。

よって、これを認証する。
　　　平成■■年 4 月 21 日、本公証人役場において
　　　東京都■■■■町1番10号
　　　　　東京法務局所属
　　　　　公　証　人
　　　　　　Notary

証　　明

上記署名は、東京法務局所属公証人の署名に相違ないものであり、かつ、その押印は、真実のものであることを証明する。
　　　平成■■年 4 月 21 日
　　　東　京　法　務　局　長

APOSTILLE
(Convention de La Haye du 5 octobre 1961)

1. Country: JAPAN
   This public document
2. has been signed by ■■■■■
3. acting in the capacity of Notary of the Tokyo Legal Affairs Bureau
4. bears the seal/stamp of ■■■■■, Notary

Certified

5. at Tokyo　　　　　　6. APR. 2 1, 20■■
7. by the Ministry of Foreign Affairs
8. 10- № 00■■■
9. Seal/stamp:　　　　10. Signature

For the Minister for Foreign Affairs

第5節　宣誓供述書

(英訳)

AFFIDAVIT OF ████████ RE:
CERTIFICATION OF ACCURACY

████████, being first duly sworn on oath, deposes and says that she has command of both the English and Japanese languages; and that she has made the attached English translation from the annexed document in the Japanese language and hereby certifies that the same is a true and correct translation to the best of her knowledge, ability and belief.

FURTHER AFFIANT SAYETH NAUGHT.

Registered No. ████

NOTARIAL CERTIFICATE

This is to certify that ████████ has acknowledged herself in my very presence that the signature on the foregoing document is her own.

Dated this ___21st___ day of _____April_____, ████.

Notary

1章　個人の履歴関係

Petition for ruling of commencement of guardianship
No. ▮▮▮ (Family court) 20▮ （平成 ▮ 年（家）第 ▮▮▮ 号）

Decision

Petitioner: ▮▮▮▮▮▮▮▮▮▮
▮▮▮▮▮ 7 cho-me, Minato-ku, Tokyo

Principal: ▮▮▮▮▮▮▮▮▮
Date of birth/October, ▮, ▮▮▮▮
Home address/ ▮▮▮▮▮▮▮▮, Chuo-ku, Tokyo
Registered domicile/ ▮▮▮▮▮ 1 cho-me, Minato-ku, Tokyo

Regarding this matter, our family court judges as follows to find appropriate this ruling.

Main text of judgment

1. Guardianship shall commence about Principal.
2. Our family court appoints the following person as her guardian of adult:
   Name / ▮▮▮▮▮▮ (Name on the family registry: ▮▮▮▮▮▮▮)
   Office / ▮▮▮▮▮▮ general law firm
   ▮▮▮▮▮▮▮ bldg. ▮▮▮▮▮, Shinjuku-ku, Tokyo
   Address on Residence registry / ▮▮▮▮▮▮ 3 cho-me, Arakawa-ku, Tokyo

July ▮, ▮▮▮▮

▮▮▮▮▮▮▮
Judge of Family Affairs
First division of Family Affairs of Tokyo family court

This is transcript. ▮▮▮▮▮▮▮ / Court clerk at Tokyo Family Court on April 1▮, ▮▮▮▮

Stamp

第6節　健康診断書

〈例50　健康診断書（Certificate of Health）〉

```
■■ University
For exchange students

Please print NEATLY and CLEARLY

健康診断書
Certificate of Health

注意事項　IMPORTANT NOTE
この健康診断書は、現在の健康状態で問題なく留学生活を送れるかどうかを把握するためのものです。
*医師に診断を受け正確に記入してもらってください。感染症の免疫が確認できない場合にはワクチン接種を強く推奨します。
The purpose of this form is to understand the student's health conditions that may affect his/her studies before he/she comes to Japan.
*This form must be completed by a medical physician. If a student does not have antibodies against the infectious diseases listed below, we strongly recommend that he/she to gets vaccinated.

医療機関印
Official Stamp of Institution/Clinic

診断日 Date _____
医療機関名 Institution/Clinic _____
所在地 Address _____
医師氏名 Name of Physician _____
署名 Signature _____
```

氏名 Name	姓 Family	名 Given	ミドルネーム Middle
生年月日 Date of Birth	19__ 年 __ 月 __ 日 (Year/Month/Day)	性別 Sex	□ 男 Male　□ 女 Female

診断事項・健康の状態　Examination Report・Current State of Health

視力 Eye-sight	左 (L) _____　右 (R) _____	□ 裸眼 Without glasses or contact lenses □ 矯正 With glasses or contact lenses
聴力 Hearing	□ 正常 Normal　□ 異常 Impaired	

胸部X線検査 Chest X-ray	□ 正常 Normal　□ 異常 Impaired　撮影日 Date ____年__月__日

所見があれば記入してください。Describe the condition in detail.

※ 1年以内に実施したPPDまたはIGRA検査（結核の血液検査）の結果、陰性だった場合には、胸部X線は省略可。
検査日、検査結果を以下に記載してください。
Chest X-ray can be omitted if the results of an examination for PPD or IGRA (TB blood test) within one year are negative.
Please indicate the date and results of the examination below.

□ PPD　□ IGRA　　□ Negative　□ Positive　　Date __/__/__ (Year)(Month)(Day)

感染症などの病歴について　Record of infectious diseases and immunization

以下の感染症にかかったこと、および予防接種を受けたことがありますか。
Has the student ever had the following diseases and/or received vaccination?

麻疹 Measles	□ Yes　□ No　□ Vaccinated Date of Recovery/Vaccination: __/__/__	風疹 Rubella	□ Yes　□ No　□ Vaccinated Date of Recovery/Vaccination: __/__/__
流行性耳下腺炎 Mumps	□ Yes　□ No　□ Vaccinated Date of Recovery/Vaccination: __/__/__	水痘 Varicella	□ Yes　□ No　□ Vaccinated Date of Recovery/Vaccination: __/__/__

学業上配慮すべき健康上の問題　Medical conditions which might affect the student's academic performance

主な既往症や持病はありますか。Does the student have any serious past medical history or chronic illness?　□ 有 Yes　□ 無 No
有の場合、病名と治療完了日を記入してください。If "Yes", please indicate the name of the disease and recovery date.
例）気管支喘息、心臓病、てんかんなど。eg) Bronchial asthma, Cardiac diseases, Epilepsy etc.

心身の疾病または障害に関する所見 Are there any physical or mental conditions that may limit the student's ability to study?　□ 有 Yes　□ 無 No
有の場合、具体的に症状を記入してください。If "Yes", please describe the conditions in detail.

食物・薬物アレルギーがあれば記入してください。Does the student have any food or drug allegies? If "Yes", please describe.

この学生は精神的及び身体的に、海外での留学に適した状態にあるとお考えになりますか。Do you consider the student to be in adequate mental and physical health for full and successful participation in the study abroad program?
□ はい Yes (Adequate)　□ いいえ No (Inadequate)
いいえの場合、具体的な理由を述べてください。If "No", please describe the reason.

1章　個人の履歴関係

第7節　履歴書

〈例51　履歴書〉

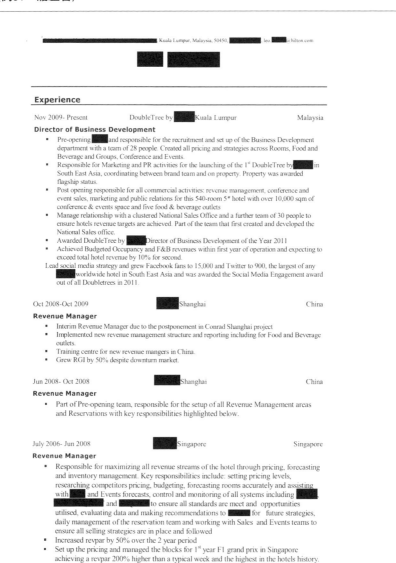

June 2005- Jun 2006   ███ Sydney   Australia
Magic Centre Manager
- Responsible for the opening and creation of MAGIC (Managing All Guest Incoming Calls) call centre at ███ Sydney. Pre Opening duties included instillation of all software and IP phone system, recruitment and training, purchasing, setting of all standards and procedures, office set up and design. Post opening responsible for day-to-day management of department of 30 team members, including supervisors, telephonists and runners
- Set up and managed the 1st IP telephone system in Asia Pac
- Created the MAGIC opening manual for new and existing properties which was rolled out across all of Asia Pac.

May 2004- Jun 2005   ███ Cluster (███ Brighton Metropole   UK
                              and ███ West Pier)
Yield Manager
- Responsible for revenue maximisation and accuracy of system information across both Brighton ███ Hotels reporting to the Director of Revenue. Key areas or responsibility include availability management and setting of selling strategy across rooms and C&B, commercial awareness, revenue analysis, maintenance of system and procedures, team management across reservations and C&B sales

Sept 2002- July 2004   ███ Prague and ███ Brighton Metropole   UK and Czech Republic
███ Elevator Management Trainee
- 18 month ███ graduate management training programme split into modules for all departments of the hotel. Various positions and responsibilities held including duty manager, café bar manager, headwaiter and front office shift leader. Several projects managed including implementation of departmental targets at ███ Brighton and creation of a Guest Service Centre at ███ Prague.

Jan 2000- Dec 2000   ███ Amsterdam Schipol Airport   Holland
F&B Management Traniee
- Mandatory placement year for University. Full time work in Food and Beverage department on both the floor and in a supervisor's position.

Education

Sept 1998- June 2002   University of ███   ███ UK
BSc (hons) degree in Hotel and Catering Managment
- 2:1 Achieved

References

References are available on request.

第8節　居住者証明書

〈例52　居住者証明書（Certificate of Residence）〉
租税条約上の特典を求めるための税務署からの証明書である。

居住者証明書
Certificate of Residence

　私は，届出者＿＿＿＿＿＿＿＿＿＿＿＿＿＿＿＿＿＿＿＿＿が，
日本国と＿＿＿＿＿＿＿＿＿＿＿＿＿＿＿＿＿＿＿＿＿との間の
租税条約第＿＿条第＿＿項＿＿に規定する居住者であることを証明します。

　I hereby certify that (the applicant:)＿＿＿＿＿＿＿＿＿＿
is a resident under the provisions of the Income Tax Convention between
Japan and ＿＿＿＿＿＿＿＿＿＿＿＿＿＿＿＿＿＿＿＿＿,
Article ＿＿＿＿, para.＿＿＿＿.

年月日　＿＿＿＿＿＿＿
Date＿＿＿／＿＿＿／＿＿＿

　　　　　　　　署　名　＿＿＿＿＿＿＿＿＿＿＿＿＿＿
　　　　　　　Signature　＿＿＿＿＿＿＿＿＿＿＿＿＿＿

　　　　　　　　官　印
　　　　　　Official Stamp

2章　会社関係の証明

第1節　宣誓供述書

〈例53　宣誓供述書（会社代表者居住地証明）〉

Affidavit

My name is John Doe. I am 55 years old, am working as a Plumber, and currently reside 12345 Cheny Lane, Anytone, Idaho 12345.

I have lived at the above address, 12345 Cherry Lane, in Anytown Idaho starting February 21st, 2007. I have not moved.

（日本語訳）

宣誓供述書

　私はジョン・ドゥーです。年齢は35歳で，プランマー社で勤務しています。現住所はアイダホ州エニトン・チェニー街12345です。
　私は，2007年2月21日より上記アイダホ州エニトン・チェニー街12345に居住しており，一度も転居しておりません。

2章　会社関係の証明

第2節　取締役会等関係

外国会社が親会社であり，その現地法人である日本法人の定時株主総会開催の手続に関して，定時株主総会招集に関する取締役会，株主総会を親会社が所在しているフランス・パリで開催する際の電話会議による議事録等の一連の書面である。

第1　送付状

〈例54　送付状〉

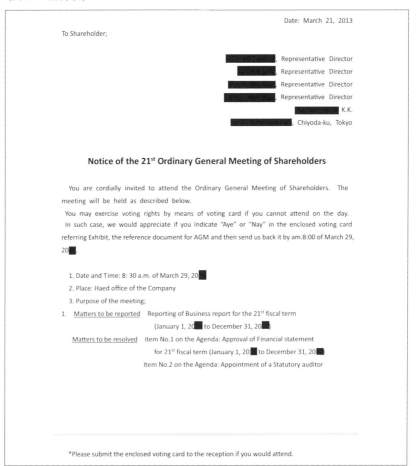

(日本語訳)

平成■■年3月21日

株主各位

東京都千代田区■■■■■16号
■■■■■■■■株式会社
代表取締役 ■■■■■■■■■
代表取締役 ■■■■■■■■■
代表取締役 ■■■■■■■■■
代表取締役 ■■■■■■■■■

第21回定時株主総会招集ご通知

拝啓、ますますご清祥のこととお慶び申し上げます。
　さて、当社定時株主総会を下記のとおり開催いたしますので、ご出席くださいますようご通知申し上げます。
　なお、当日ご出席願えない場合には、書面によって議決権を行使することができますので、お手数ながら別紙の株主総会参考書類をご検討のうえ、同封の議決権行使書面に賛否をご表示いただき、平成■■年3月29日（■曜日）午前8時00分までに到着するようご返送お願い申し上げます。

敬具

記

1. 開催日時　平成■■年3月29日午前8時30分
2. 開催場所　当社本店、
　　　　　　フランス国パリ市■■■■■■■■■■の■■■■■■■■■■社
3. 会議の目的事項
　　報告事項　第21期（自　平成■■年1月1日　至　平成■■年12月31日）
　　　　　　　事業報告の報告の件

　　決議事項　第1号議案　第21期（自　平成■■年1月1日　至　平成■■年12月31日）計算書類等の承認の件
　　　　　　　第2号議案　監査役選任の件

　当日ご出席の際は、お手数ながら同封の議決権行使書面を会場受付にご提出くださいますようお願い申し上げます。

第2 議事録

〈例55 取締役会議事録〉

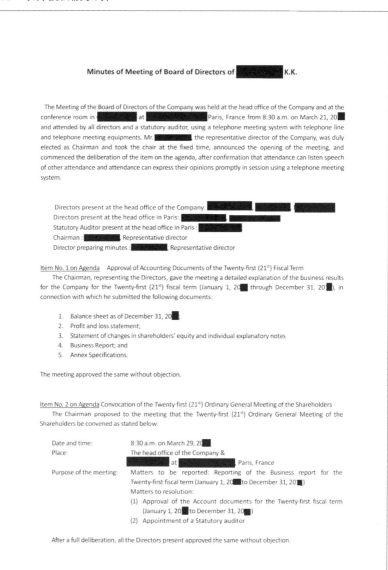

第2節　取締役会等関係

There being no further business to discuss, the Chairman declared the meeting adjourned at 9:00 a.m.

In order to confirm the above resolution, these minutes have been prepared, and the seals were affixed or the signatures were appended by all the directors and statutory auditor who were present at the meeting and whose names appear below.

March 21, 20■
Board of Directors of ■■■■■■ K.K.

Chairman
Representative Director

Director　　　　　　　　　　　　　　　　Director

Director　　　　　　　　　　　　　　　　Director

Statutory auditor

3編　各種書式例

315

2章　会社関係の証明

（日本語訳）

█████████株式会社　取締役会議事録

　平成█年3月21日午前8時30分、当会社本店およびフランス国パリ市█████████番地の█████社会議室において取締役会が開催され、電話回線並びに電話会議装置からなる電話会議システムを用いて、取締役および監査役全員が出席した。代表取締役█████が選ばれて議長となり、議長席につき開会を告げ、電話会議システムにより、出席者の音声が他の出席者に伝わり、出席者が一堂に会するのと同等に適時的確な意思表明が互いにできる状態になっていることが確認されて、議事の審議に入った。

　　　　当社本店出席取締役█████、█████、█████子
　　　　パリ本店出席取締役：█████
　　　　パリ本店出席監査役：█████
　　　　議長：代表取締役█████
　　　　議事録の作成に係る職務を行った取締役：代表取締役█████

第1号議案　第21期計算書類等の承認の件
　議長は、取締役を代表して、第21期(自 平成█年1月1日 至 平成█年12月31日)における当会社の営業状況を詳細に報告し、下記計算書類等を提出して、その承認を求めた。

　　1　貸借対照表
　　2　損益計算書
　　3　株主資本等変動計算書および個別注記表
　　4　事業報告
　　5　上記の附属明細書

　取締役会は別段異議なく、これを承認可決した。

第2号議案　第21回定時株主総会招集の件
　議長は、下記の要領で当会社の第21回定時株主総会を招集したい旨提案した。

　開催日時：　平成█年3月29日　午前8時30分
　開催場所：　当社本店
　　　　　　　フランス国パリ市█████1番地の█████ル社
　招集目的：　報告事項
　　　　　　　　第21期(平成█年1月1日から平成█年12月31日)事業報告の報告の件
　　　　　　　決議事項
　　　　　　　　第1号議案　第21期(平成█年1月1日から平成█年12月31日)計算書類等の
　　　　　　　　　承認の件
　　　　　　　　第2号議案　監査役選任の件

　慎重審議の結果、出席取締役は上記提案を全員一致で異議なく承認した。

　以上をもって本取締役会の議事を終了したので、議長は、午前9時00分閉会を宣した。

316

第2節　取締役会等関係

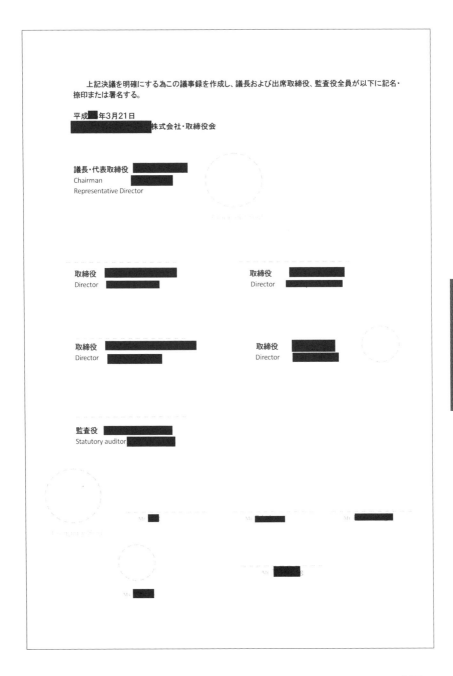

2章　会社関係の証明

〈例56　株主総会議事録(1)〉
　100パーセント子会社における定時株主総会の日英両文で作成された議事録である。

　　　　　　　　　　　　　株式会社 定時株主総会議事録
Company Seal

Minutes of the Ordinary General Meeting of Shareholders of ▆▆▆▆ K.K.
　平成26年▆▆▆▆日午前10時30分，当会社本店において，当社定時株主総会を開催した。
　The Ordinary General Meeting of Shareholders of the company was held at the head office of the Company from 10:30 a.m. on ▆▆▆▆, 2014.

　　発行済株式の総数　　　　　　　　　　　　　　　　200個
　　議決権を行使することができる株主の総数　　　　　　1名
　　議決権を行使することができる株主の議決権の数　　200個
　　出席した当該株主の数　　　　　　　　　　　　　　1名
　　出席した当該株主の有する議決権の数　　　　　　　200個

All of issued shares: 200
Total number of shareholder entitled to exercise the right to vote at this shareholders meeting: 1
Number of votes of shareholder entitled to exercise the right to vote at this shareholders meeting: 200
Number of shareholders who are present at this shareholders meeting: 1
Number of votes which shareholders who are present at this shareholders meeting hold: 200

　　出席取締役：▆▆▆▆▆▆▆▆▆▆▆▆▆▆▆▆▆▆▆▆
　　出席監査役：▆▆▆▆▆▆▆▆▆▆▆▆▆▆▆▆▆▆▆▆
　　議長：　　　代表取締役 ▆▆▆▆▆▆▆▆
　　議事録の作成に係る職務を行った取締役：　代表取締役 ▆▆▆▆▆▆
　Directors present: ▆▆▆▆▆▆▆▆▆▆▆▆▆▆▆▆
　Statutory Auditor present:
　Chairman: ▆▆▆▆▆▆▆, *Representative Director*
　Director preparing minutes: ▆▆▆▆▆▆▆, *Representative Director*

　上記のとおり株主が出席したので，本定時株主総会は適法に成立した。よって，定刻に，定款の規定により代表取締役▆▆▆▆は議長席に着き，開会を宣し，議事の審議に入った。
　Shareholders being present as described above, the Ordinary General

318

Meeting of the Shareholders was duly convened. ▇▇▇▇ , *Representative Director, took the chair at the fixed time in accordance with the provision of articles of incorporation, announced the opening of the meeting, and commenced the deliberation of the item on the agenda.*

第1号議案　▇▇年度（自　平成▇年4月1日　至　平成▇年3月31日）計算書類の承認および事業報告の内容報告の件
　議長は，当期における事業状況を事業報告書により詳細に説明報告し，下記の書類を提出して，その承認を求めた。

Item No.1 on the Agenda: Approval of the account documents and Reporting of the business report for the ▇▇▇▇ *Fiscal Term (From April 1, ▇▇▇▇ to March 31, ▇▇▇▇)*
　The Chairman explained the contents of the Business Report for the current business term in detail and submitted following documents to the shareholders and asked for the approval thereof.

　　1．貸借対照表　　　　　The Balance Sheet;
　　2．損益計算書　　　　　The Profit and Loss Statement;
　　3．株主資本等変動計算書　The Shareholders' equity variation statement;
　　4．個別注記表　　　　　The Schedule of individual notes

総会は，別段の異議なく，承認可決した。
The Shareholders meeting approved the proposal without opposition.

第2号議案　剰余金処分の件
　議長は，招集通知の参考書類に基づき当期の期末配当につき説明した後，次のとおりとしたい旨提案した。
　　1．配当財産の種類および総額：金銭，総額　金▇▇▇▇円
　　2．株主に対する配当財産の割当てに関する事項
　　　　当会社普通株式1株につき，金▇▇▇▇円
　　3．剰余金の配当が効力を生ずる日：平成▇年▇▇▇▇
　次いで，議長が本議案についての賛否を議場に諮ったところ，総会は別段の異議なく，原案どおり承認可決した。

Item No.2 on the Agenda: Dividends of Surplus to Shareholders
　The chairman proposed to shareholders that the Company would distribute Surplus as follows after explaining the dividends for end of the current period on the reference documents attached to the notice of the shareholder meeting.
　　1. The kind of total book value of the dividend property: Money, JPY
　　2. The matters regarding the assignment of the dividend property to shareholders: ▇▇▇▇ *JPY per an Ordinary share of the Company*
　　3. The day on which such distribution of dividend of surplus takes effect ▇▇▇▇ ,

The Shareholders meeting approved the proposal as the original without opposition.

第3号議案　定款一部変更の件

　議長は，現行定款の事業年度を変更する必要性並びにその理由について説明し，定款第29条及び▇▇▇▇▇▇▇▇▇▇▇▇を次のとおり変更したい旨を述べ，総会にその賛否を問うたところ，総会は満場異議なく賛成したので，これを承認可決した。

（事業年度）

　第29条　当会社の事業年度は，毎年1月1日から同年12月31日までとする。

（基準日）

　第▇条　当会社は，毎年12月31日の最終の株主名簿に記載または記録された株主をもって，その事業年度の定時株主総会において権利を行使することができる株主とする。

（中間配当）

　第▇条　当会社は，取締役会の決議により毎年6月30日現在の株主名簿上の株主または登録質権者に対し，会社法第454条5項の規定に従い，中間配当をすることができる。

Item No.3 on the Agenda: Alteration of a part of the Articles of Incorporation

The chairman proposed to shareholders that the Company would alter Article 29, ▇▇▇▇ of Articles of Incorporation as follows after explaining the necessity and reason for alteration of business year of current Articles of Incorporation and asked for the approval thereof. The Shareholders meeting approved the proposal without opposition.

(Business year)

Article 29 The business year of the Company shall commence on January 1st every year and end on December 31st of the same year.

(Record date)

Article ▇▇▇ The Company shall deem shareholders who possess voting rights and are registered on the final shareholders record book as of December 31st every year to be the shareholders who shall be entitled to exercise their rights at the Annual General Meeting of Shareholders for such term.

(Interim dividends)

Article ▇▇▇ The company may distribute the interim dividend to the shareholders or the registered pledgees of record as of June 30 every year by resolution of the board of directors pursuant to the provision of Article 454, paragraph 5 of Companies act.

　以上をもって本株主総会の議事を終了したので，議長は，午前11時00分閉会を宣した。

第2節　取締役会等関係

Whereupon, all matters before the present General Meeting having been completed, the Chairman presented his closing address, and declared this meeting dissolved at 11:00 a.m.

上記決議の経過の要領およびその結果を明確にする為本議事録を作成し，議事録の作成にかかる職務を行った代表取締役■■■■が記名押印をする。

In order to confirm the above resolution, these minutes have been prepared, and the seal was affixed and the stamp beside printed name was appended by Representative Director ■■■■ who performed the duty for preparing the minutes.

平成26年■■■日
■■■ 2014
■■■株式会社・定時株主総会
The Ordinary General Meeting of Shareholders of ■■■ K.K.

議長兼出席代表取締役兼議事録作成者■■■
　　Chairman & Representative Director Present
　　& Person who prepared these minutes: ■■■

Company Seal

3編　各種書式例

321

〈例57　株主総会議事録(2)〉

Minutes of the 21st Ordinary General Meeting of Shareholders

of ▇▇▇▇▇▇ K.K.

The 21st Ordinary General Meeting of Shareholders of the company was held at the head office of the Company and at the conference room in ▇▇▇▇▇ at ▇▇▇▇▇▇▇, Paris, France from 8:30 a.m. on March 29, 20▇, using a telephone meeting system with telephone line and telephone meeting equipments.

All of issued shares: ▇4,200
Total number of shareholder entitled to exercise the right to vote at this shareholders meeting: 1
Number of votes of shareholder entitled to exercise the right to vote at this shareholders meeting: ▇4,200
Number of shareholders who are present at this shareholders meeting including by proxy: 1
Number of votes which shareholders who are present at this shareholders meeting hold: ▇4,200

Directors present: ▇▇▇▇▇▇▇▇▇▇▇▇▇▇▇▇
Directors present in Paris: ▇▇▇▇▇▇▇▇▇▇
Statutory Auditor present in Paris: ▇▇▇▇▇▇
Chairman : ▇▇▇▇▇▇, Representative director
Director preparing minutes : ▇▇▇▇▇▇, Representative director

Shareholders being present as described above, the Ordinary General Meeting of the Shareholders was duly convened. ▇▇▇▇▇▇, Representative Director, took the chair at the fixed time in accordance with the provision of articles of incorporation, announced the opening of the meeting, and commenced the deliberation of the item on the agenda, after confirmation that attendance can listen speech of other attendance and attendance can express their opinions promptly in session using a telephone meeting system.

Item No. 1 on the Agenda: Approval of the account documents and Reporting of the business report for the twenty-1st Fiscal Term (January 1, 20▇ to December 31, 20▇)
The Chairman explained the contents of the Business Report for the current business term in detail and submitted following documents to the shareholders and asked for the approval thereof.
　　　(1) The Balance Sheet;
　　　(2) The Profit and Loss Statement;
　　　(3) The Shareholders' equity variation statement;
　　　(4) The Schedule of individual notes
The Shareholders Meeting approved the proposal without opposition.

Item No.2 on the Agenda: Appointment of a Statutory auditor
The chairman reported the attention of the meeting to the fact that the term of office of a statutory auditor would expire at the close of this meeting, and explained that it was accordingly necessary to elect

his successor. On motion duly made and seconded, the person stated below was unanimously elected serve as Satutory auditor :

(Reappointment) Statutory auditor : ▓▓▓▓▓▓
The above Staturoy auditor appointed accepted his election to office .

Whereupon, all matters before the present General Meeting having been completed, the Chairman presented his closing address, and declared this meeting dissolved at 9: 00 a.m.

In order to confirm the above resolution, these minutes have been prepared, and the seal was affixed and the stamp beside printed name was appended by Representative director ▓▓▓▓▓▓ who prepared them.

March 29, 20▓
The Ordinary General Meeting of Shareholders of ▓▓▓▓▓▓ K.K.

    Chairman & Representative Director Present
    & Person who prepared these minutes: ▓▓▓▓▓▓

2章 会社関係の証明

(日本語訳)

株式会社

第21回定時株主総会議事録

　平成■年3月29日午前8時30分、当社会社本店およびフランス国パリ市■■■■■■■■■番地の■■■■■■■■社会議室において、電話回線並びに電話会議装置からなる電話会議システムを用いて、当社定時株主総会を開催した。

発行済株式の総数	■4,200個
議決権を行使することができる株主の総数	1名
議決権を行使することができる株主の議決権の数	■4,200個
出席した当該株主の数(委任状による出席を含む。)	1名
出席した当該株主の有する議決権の数	■4,200個

出席取締役：
パリ本社出席取締役：
パリ本社出席監査役：
議長：代表取締役
議事録の作成に係る職務を行った取締役：代表取締役

　上記のとおり株主が出席したので、本定時株主総会は適法に成立した。よって、定刻に、定款の規定により代表取締役■■■■■■■は議長席に着き、電話会議システムにより、出席者の音声が他の出席者に伝わり、出席者が一堂に会するのと同等に適時的確な意思表明が互いにできる状態になっていることが確認されて、開会を宣し、議事の審議に入った。

第1号議案　第21期（自　平成2■年1月1日　至　平成■年12月31日）計算書類の承認および事業報告の報告の件
　議長は、当期における事業状況を事業報告書により詳細に説明報告し、下記の書類を提出して、その承認を求めた。
　　　1. 貸借対照表
　　　2. 損益計算書
　　　3. 株主資本等変動計算書
　　　4. 個別注記表
　総会は、別段の異議なく、承認可決した。

第2号議案　監査役選任の件
　議長は、監査役が本総会終了をもって任期が満了する旨を報告し、その後任の監査役を選任する必要があることを説明した。ついで議長が本議案について賛否を議場に諮ったところ、以下の氏が全員一致をもって監査役に選任され、可決確定した。

第２節　取締役会等関係

　　　　　　（再任）監査役　████████████
　選任された監査役は、その場で就任を承諾する旨を表明した。

　以上をもって本株主総会の議事を終了したので、議長は、午前9時00分閉会を宣した。

　上記決議の経過の要領およびその結果を明確にする為本議事録を作成し、議事録の作成にかかる職務を行った代表取締役████████████が記名押印をする。

　平成██年3月29日
　████████████株式会社・定時株主総会

　議長兼出席代表取締役兼議事録作成者　████████████

3編　各種書式例

325

2章 会社関係の証明

第3 議決権行使書

〈例58 議決権行使書（VOTING CARD）〉

VOTING CARD

To ▇▇▇▇▇ K.K.

I exercise my voting rights as follows (please circle "Aye" or "Nay") on the proposal of the Ordinay General Meeting of Shareholders on March 29, 20▇.
Please treat as "Aye" if there is no indication.

Number of voting righs: ▇4,200 shares

Proposal	Approval or Opposition
Proposal 1 Approval of Financial statement for 21st fiscal term	Aye ・ Nay
Proposal 2 Appointment of a Statutory auditor	Aye ・ Nay

Shareholder's name

(日本語訳)

議決権行使書

　　　　　　　　　　　株式会社　御中

　私は、平成■年3月29日に開催の貴社定時株主総会の各議案につき、下記（賛否を○印で表示）のとおり議決権を行使致します。
なお、賛否の表示をしない場合は、賛としてお取扱いください。

　　　　　　　　　　　　　　　　　議決権行使株式数　■万4千200　株

　　　　　　　　　　　　　　　記

議　案	原案に対する賛否
第1号議案（第21期計算書類等の承認の件）	賛　・　否
第2号議案（監査役選任の件）	賛　・　否

　　　　　　　　　　　　　　株　主

第3節　抵当権解除証書

〈例59　抵当権解除証明書（Discharge of Mortgage）〉

　パナマ船籍貨物船に日本の金融機関がパナマ会社法に基づき設立された会社を債務者として，パナマ登録事務所において抵当権設定登録をしていたが，弁済を受けたため，その抵当権の解除を証するため，日英文で作成し，日本の金融機関の支配人の代理人として職員が日本の公証人の面前において認証を受け，パナマの代理人事務所へ送付したものである。

抵当権解除証書
Discharge of Mortgage

　日本の法律の元に成立した，株式会社████████の██支店（日本国████市████地の1）の営業に関し裁判上，裁判外の行為をなす一切の権限を有する支配人であり，日本国████県████████50番地2に居住する私，████勉は，下記のとおり宣誓するものである。
I, Tsutomu ████ of ████████, Higashitonami-gun, ████████, Japan, Agent/Manager of ████ Branch of The ████ Bank Ltd. which is located in ████████, ████-shi, ████-ken, Japan (hereinafter, "Company"), being authorized to do on behalf of the Company of the business all judicial and extra-judicial acts relating to business under the Japanese Law, do make oath and say that the facts hereinafter set forth are true and correct:

1．下記船舶に対し，当社及び████████・エス・エー（本店：パナマ共和国パナマ市████，████████████16階）との間で1998年10月5日締結した抵当権設定契約（██年11月30日パナマ共和国公共登録事務所にマイクロフィルム　マーチャンタイル　セクションのインデックス・カード██リール██イメージ██をもって登録された██年11月19日付抵当権設定契約証書）に付き，██年（平成██年）3月31日弁済を受けたので，本日，解除いたします。

1．With regard to the vessel described below, and in acknowledgement that an amount in full settlement of the mortgage dated October 5, ██████ (as recorded on Card Number ██████, Reel ██████, Image ██ of the Republic of Panama Registry Microfilm Mercantile Section since November 30, ██████, by Public Deed dated November 19, ██) made in favor of the ████████ Bank Ltd. was received by

第3節　抵当権解除証書

the mortgagee on March 31, ____, the undersigned company and ____ S.A, a company duly organized and existing under the laws of the Republic of Panama, with its registered office at ____, ____ Bancosur, 16 floor, City of Panama, Republic of Panama, hereby agree to release the abovementioned mortgage.

2．なお，上記抵当権抹消手続に関しては，パナマ共和国パナマ市ワールドトレードセンターPOボックス 0832-00232 ____タワー16階の____アンド____法律事務所へ依頼いたします。

2．For the purpose of carrying out all matters necessary for the release of the abovementioned mortgage, the Mortgagee hereby appoints the Law Firm in Panama, ____ & ____ of ____ Tower, 16th Floor, ____, P.O.Box 0832-00232 World Trade Center, Panama, Republic of Panama, as legal agent.

　　　　　　　　　平成　年（　年）　月　日
　　　　　　　　　Dated this 　　day of 　　, 　　2.
　日本国____1丁目2番26号
　1-2-26 ____, Japan.
　株式会社____
　The ____ Bank Ltd.
　日本国____番地ノ1
　1-1 ____, Japan.
　　　　　法定代理人・支配人　____
　　　　　　　　　Agent/Manager

船舶の表示（Details of Vessel）

船舶名（Name of Vessel）	____（____）
船籍地（Flag）	パナマ共和国（Republic of Panama）
総トン数（Gross tonnage:）	2,717.00
純トン数（Net tonnage）	1,161.00
長さ（Length）	87.74meters
幅（Breadth）	14.50meters
深さ（Depth）	8.60meters
主機関の表示及び数	Kawasaki MAN B&W ____
(Description and number of main engines)	
速度（Speed of the Vessel）	13.70 knots
航行制約（Navigation Limit）	23,600sea-mile
船質（Classification character）	N. K.
建造（Built）	清水市・____株式会社
	(By ____ Co., Ltd. in Shimizu, Japan)

329

2章 会社関係の証明

登録番号（Registration No.）　　　-KJ
呼出状（Call Letters）　　　O8

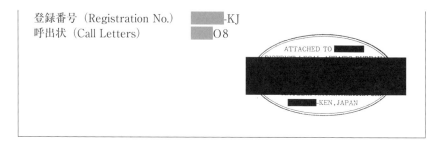

第3節　抵当権解除証書

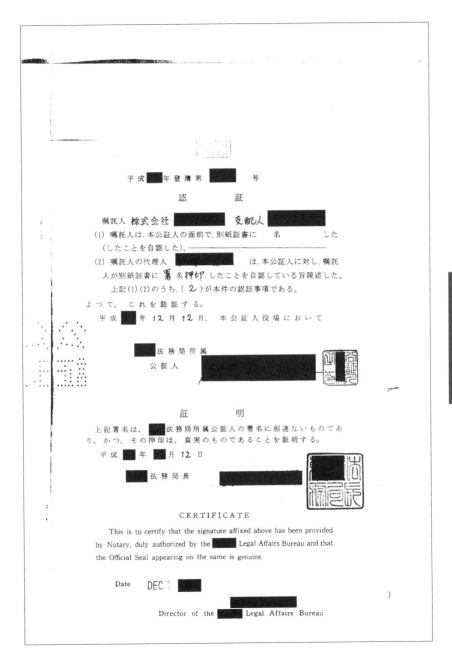

2章　会社関係の証明

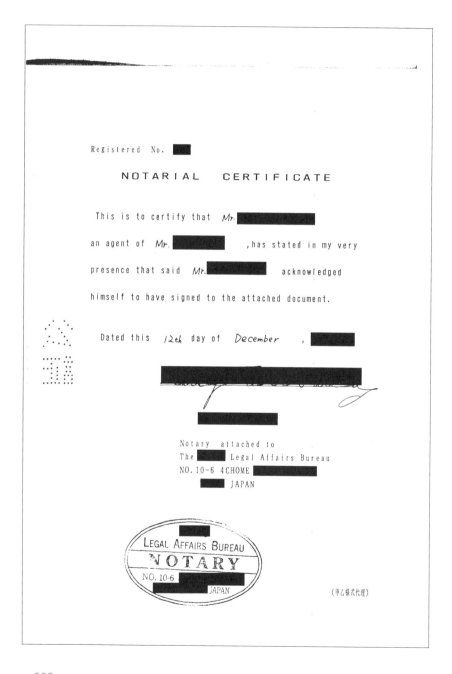

第1節　宣誓供述書

3章　財産処分・管理関係

第1節　宣誓供述書

第1　遺産分割協議のための宣誓供述書

〈例60　遺産分割協議のための宣誓供述書(1)〉

　日本在住の日本人相続人が日本にある遺産を相続し，公証人（Notary Public）の面前においてアメリカ籍相続人が相続分相当の代償金の支払いを受けることに合意した日本の遺産分割協議内容である。

遺産分割協議のための宣誓供述書
Affidavit for "Agreement for Division of Inherited Property"

　アメリカ合衆国フロリダ州タンパ，サウス・▓▓▓▓▓・▓▓▓▓▓に居住する，米国籍の私，ディーン・▓▓▓▓▓は，以下のとおり宣誓をし，供述する。
　I, Dean ▓▓▓▓▓, a citizen of the United States of America, domiciling at ▓▓ S. ▓▓▓▓▓ Tampa, FL USA 33609, hereby swear that;

Ⅰ．私の氏名，現在の住所及び生年月日は次のとおりである。
　　氏名：ディーン・▓▓▓▓▓
　　住所：アメリカ合衆国フロリダ州タンパ，サウス・▓▓▓▓▓
　　生年月日：1968年8月12日
ⅰ　My name, address and date of birth are as follows:
　　Name: ▓▓▓▓▓
　　Address: ▓▓▓▓▓. Tampa, FL USA 33609
　　Date of Birth: August 12, 1968
Ⅱ．私の母である亡▓▓信江の氏名，最後の住所及び本籍は次のとおりである。
　　氏名：▓▓信江
　　最後の住所：アメリカ合衆国フロリダ州タンパ，サウス・▓▓▓▓▓
　　本籍：東京都▓▓▓▓▓緑町三丁目831番地
ⅱ　The name, one's last address and registered domicile of Deceased Nobue ▓▓▓▓▓, who was my mother are follows:

333

3章　財産処分・管理関係

　　　　Name: Nobue ▓▓▓
　　　　Last address: ▓▓▓▓▓▓▓mpa, FL USA
　　　　Registered Domicile: 3-831, ▓▓▓▓▓▓▓▓▓▓ Tokyo, JAPAN

Ⅲ．亡▓▓信江は，平成16年11月22日に死亡した。
iii　The deceased Nobue ▓▓▓▓ died on November 22, 2004.

Ⅳ．亡▓▓信江には，相続人として長女リサ・▓▓▓▓▓（西暦1964年3月18日生）及び長男ディーン・▓▓▓▓▓（西暦1968年8月12日）の2名があり，これ以外に相続人はいない。
iv　The Deceased Nobue ▓▓▓ had two heirs, her daughter Lisa ▓▓▓▓ (born on March 18, 1964) and her son Dean ▓▓▓▓▓ (born on August 12. 1968). There exists no her heir other than Lisa and Dean ▓▓▓▓.

Ⅴ．私は，被相続人▓▓▓▓▓▓の共同相続人間で以下のとおり遺産分割協議が成立したことを確認した。
v　I hereby confirmed that the Agreement for Division of Inherited Property among the coheir of deceased ▓▓▓▓ ▓▓▓▓ was settled as follows.

　　被相続人▓▓▓▓（本籍　東京都▓▓▓▓▓▓▓三丁目831番地，平成22年10月30日死亡）の下記遺産に関する相続につき，共同相続人である▓▓静子，▓▓享子，▓▓知子，▓▓正江，▓▓明，リサ・▓▓▓▓（Lisa ▓▓▓▓）並びにディーン・▓▓▓▓（Dean ▓▓▓▓）（以下，「相続人等」という）において協議した結果，下記の通り遺産分割協議が成立した。
　　相続人等は，亡▓▓▓▓▓及び亡▓▓信江（本籍　東京都▓▓▓▓▓▓三丁目831番地，平成16年11月22日死亡）には上記以外に相続人がいないことを相互に確認した。
　　We, Shizuko ▓▓▓▓, Kyoko ▓▓▓▓, Tomoko ▓▓▓▓, Masae ▓▓▓▓, Akira ▓▓▓▓, Lisa ▓▓▓▓ and Dean ▓▓▓▓ ("Heirs"), as the coheir of deceased ▓▓▓▓ ▓▓▓▓ (Domicile of origin: 3-831, ▓▓▓▓, Tokyo, JAPAN, Date of death: October 30, 2010) do hereby agree to partition the Inheritance as follows;
　　Heirs confirmed each other that there are no heirs to deceased ▓▓▓▓ ▓▓▓▓ and Nobue ▓▓▓▓ (domicile of origin: 3-831, ▓▓▓▓▓▓ Tokyo, JAPAN, Date of death: November 22, 2004) other than the above Heirs.
1．相続人▓▓静子は，次の資産を相続する。
1．One of heirs, Shizuko ▓▓▓▓ shall succeed the following property.
(1) 不動産
　　所　　在　　▓▓▓▓市▓▓三丁目
　　地　番　　830番6

　　　　　地　　　目　　宅地
　　　　　地　　　積　　227.99㎡

　　　　　所　　　在　　　　　市　　　三丁目
　　　　　地　　　番　　831番9
　　　　　地　　　目　　宅地
　　　　　地　　　積　　90.21㎡

　　　　　所　　　在　　　　　市　　　三丁目830番地
　　　　　家屋番号　　830番2
　　　　　種　　　類　　店舗・居宅
　　　　　構　　　造　　木造陸屋根2階建
　　　　　床 面 積　　1階　59.50㎡，2階　59.50㎡

(1) Description of the realty
　　Location of the land：　　　3 cho-me,　　　-shi, Tokyo, JAPAN
　　Number of the lot：830-6
　　Land use type：Site for dwellings
　　Area of the land：227.99㎡

　　Location of the land：　　　3 cho-me,　　　-shi, Tokyo, JAPAN
　　Number of the lot：831-9
　　Land use type：Site for dwellings
　　Area of the land：90.21㎡

　　Location of the house：830,　　　cho-me,　　　-shi, Tokyo, JAPAN
　　House no.：830-2
　　House use type：Shop and residence
　　Construction：Two-story wooden deck roof
　　Floor space：1F 59.50㎡, 2F 59.50㎡

(2) 預貯金等
　　①　　　信用金庫　　　支店　普通預金　口座番号
　　②　　　信用金庫　　　支店　定期預金　口座番号
　　③　国内株式　11,000株（銘柄名：　　　，コード：　　　0）
　　④　追加型公社債投資信託　174,863口（銘柄名：　　　，コード：　　　-4111-0）
　　⑤　　　銀行総合口座　定期預金　口座番号

(2) Saving deposit etc.
　　1）Account No. of Ordinary deposit；　　　,　　　branch of 　　　Shinkin Bank
　　2）Account No. of Fixed deposit；3　　　,　　　branch of 　　　Shinkin Bank

3章　財産処分・管理関係

　　　　3）Domestic equities; 11,000 shares（Stock: ▓▓▓, Code: ▓▓-0）
　　　　4）Money Management Fund; 174,863（Name: ▓▓, Code: ▓▓-4111-0）
　　　　5）Account No. of Fixed deposit; ▓▓, Multipurpose account of ▓▓ Bank
　(3)　車
　　　車名・型式　　トヨタ　R-EE98V
　　　車台番号　　　EE98-▓▓▓
　　　種　　別　　　小型
　　　登録番号　　　▓▓▓
　(3)　Car
　　　Cars name／Type：TOYOTA, R-EE98V
　　　No. of Model：EE98-▓▓▓
　　　Class：Compact
　　　No. of VIN：TAMA▓▓

２．相続人　▓▓享子は，次の資産を相続する。
2．One of heirs, Kyoko ▓▓ shall succeed the following property.
　(1)　預貯金等
　　　①　▓▓銀行　▓▓支店　普通預金　口座番号▓▓
　　　②　▓▓銀行　▓▓支店　定期預金　口座番号▓▓
　(1)　Saving deposit etc.
　　　1）Account No. of Ordinary deposit; ▓▓, ▓▓ branch of ▓▓ Banking Corporation
　　　2）Account No. of Fixed deposit; ▓▓, ▓▓ branch of ▓▓ Banking Corporation

３．相続人　▓▓知子は，次の資産を相続する。
3．One of heirs, Tomoko ▓▓ shall succeed the following property.
　(1)　預貯金等
　　　①　▓▓銀行　▓▓支店　普通預金　口座番号▓▓
　　　②　▓▓銀行　▓▓支店　定期預金　口座番号▓▓
　(1)　Saving deposit etc.
　　　1）Account No. of Ordinary deposit; ▓▓, ▓▓ branch of ▓▓ Bank
　　　2）Account No. of Fixed deposit; ▓▓, ▓▓ branch of ▓▓ Bank

４．相続人　▓▓正江は，次の資産を相続する。
4．One of heirs, Masae ▓▓ shall succeed the following property.
　(1)　預貯金等
　　　①　▓▓銀行総合口座　普通貯金　口座番号▓▓
　(1)　Saving deposit etc.

1）Account No. of Ordinary deposit；▢▢▢▢, Multipurpose account
　　　　of ▢▢▢▢ Bank

5．相続人　▢▢明は，次の資産を相続する。
5．One of heirs, Akira ▢▢▢▢ shall succeed the following property.
(1)　不動産
　　　所　　在　　那須塩原市▢▢▢▢
　　　地　　番　　1084番22
　　　地　　目　　山林
　　　地　　積　　297㎡

　　　所　　在　　富里市▢▢▢▢目
　　　地　　番　　26番16
　　　地　　目　　宅地
　　　地　　積　　168.25㎡

　　　所　　在　　富里市▢▢▢三丁目26番地16
　　　家屋番号　　26番16
　　　種　　類　　居宅
　　　構　　造　　木造スレート葺2階建
　　　床 面 積　　1階　61.27㎡，2階　44.71㎡
(1)　Description of the realty
　　　Location of the land：Aza-▢▢▢▢, Nasushiobara-shi, Tochigi, JAPAN
　　　Number of the lot：1084-22
　　　Land use type：Site for Mountain forest
　　　Area of the land：297㎡

　　　Location of the land：▢▢▢▢, Tomisato-shi, Chiba, JAPAN
　　　Number of the lot：26-16
　　　Land use type：Site for Mountain forest
　　　Area of the land：168.25㎡

　　　Location of the house：26-16, ▢▢▢▢, Tomisato-shi, Chiba, JAPAN
　　　House no.：26-16
　　　House use type：Residence
　　　Construction：Two story wooden roof with slates
　　　Floor space：1F 61.27㎡, 2F 44.71㎡

6．相続人▢▢静子は，上記遺産を相続する代償として，その他の相続人等に対し，以下のとおり支払う。

6. One of heirs, Shizuko ▮▮▮▮▮ shall pay other Heirs the following amount in return money.
　ⅰ）リサ・▮▮▮▮▮（Lisa ▮▮▮▮▮）　金100万円
　ⅱ）ディーン・▮▮▮▮▮（Dean ▮▮▮▮▮）　金100万円
　　1）1,000,000 JPY（One million yen）for Lisa ▮▮▮▮▮
　　2）1,000,000 JPY（One million yen）for Dean ▮▮▮▮▮

7. 被相続人▮▮▮▮▮の遺産に関し，他に財産がないことを確認するとともに，本協議書に記載なき遺産（負債を含む）で後日発覚したものについては，後日改めて分割協議を行うことを相互に確認した。

7. Heirs confirmed each other that there are no other assets of deceased Fukashi ▮▮▮▮▮ and in the event of revelation of new assets of deceased Fukashi ▮▮▮▮▮ (including the debt), Heirs should divide the inherited property at a later date and another day.

　以上のとおり協議が真正に成立したことを証するため，本遺産分割協議書7通を作成して各自署名押印し，相続人各1通を所持する。
　IN WITNESS WHEREOF, we have executed this agreement hereto in seven duplicates with the signatures and seals affixed below, and each shall retain 1 original.

平成　　年　　月　　日
DATE

　　（相続人　ディーン・▮▮▮▮▮・▮▮▮▮▮様, Dean ▮▮▮▮▮）

　　（住所, Address）▮▮▮▮▮

　　（氏名, Name）

　　――――――――――――――――――――
　　　　　　　Sign here before Notary

私の面前にて宣誓のうえ署名した。
平成　　年　　月　　日

Subscribed and sworn to before me
This　　　day of

　　―――――――――――――――
　　　　　Notary Public

第 1 節　宣誓供述書

〈例61　遺産分割協議のための宣誓供述書(2)〉

　戦前の被相続人の遺産につき，遺産の一部が東京都の道路拡幅事業のため土地収用の対象となっているため，共同相続人間においてその相続人の一人が単独相続のうえ，東京都に対象土地を売却し，その売却代金について，各相続人の相続分相当額を代償金として支払う旨の合意が成立した場合のアメリカ籍相続人による遺産分割協議についてのアメリカ公証人の面前における宣誓のうえ署名する宣誓供述書である。

遺産分割協議のための宣誓供述書
Affidavit for "Agreement for Division of Inherited Property"

　アメリカ合衆国ニュージャージー州▓▓▓▓▓に居住する，米国籍の私，▓▓▓▓▓は，以下のとおり宣誓し，供述する。
　I, ▓▓▓▓▓ a citizen of the United States of America, domiciling at ▓▓▓▓▓ NJ, USA, hereby swear that;

Ⅰ．私の氏名，現在の住所及び生年月日は次のとおりである。
　　氏名：
　　住所：アメリカ合衆国ニュージャージー州▓▓▓▓▓
　　生年月日：19▓▓▓▓▓日
i　My name, address and date of birth are as follows:
　　Name：
　　Address：▓▓▓▓▓, NJ, USA
　　Date of Birth：

Ⅱ．私の母である亡▓▓▓▓▓の氏名，最後の住所及び本籍は次のとおりである。
　　氏名：
　　最後の住所：アメリカ合衆国ニュージャージー州▓▓▓▓▓
　　本籍：東京都
ii　The name, one's last address and registered domicile of Deceased ▓▓▓▓▓, who was my mother are follows:
　　Name：
　　Last address：▓▓▓▓▓ NJ, 07111 USA
　　Registered Domicile：▓▓▓▓▓ Tokyo, JAPAN

Ⅲ．私の母▓▓▓▓▓は，平成▓▓▓▓▓日に死亡した。
iii　My mother, ▓▓▓▓▓ died on

339

Ⅳ．私は，私の母である＿＿＿＿＿＿の相続人は，その配偶者である＿＿＿・＿＿＿（西暦＿＿日生），長女＿＿＿＿＿（西暦195＿日生）及び長男＿＿＿＿＿＿（西暦＿＿日）のみであり，他に相続人がいないことを確認し宣誓する。

iv I confirm and swear that there are no heirs to deceased ＿＿＿ who is my mother other than her husband her oldest son ＿＿＿ (born on ＿＿＿), her oldest daughter ＿＿＿ (born on ＿＿＿) and her oldest son ＿＿＿ (born on ＿＿＿).

Ⅴ．私は，被相続人＿＿＿＿＿＿の共同相続人間で以下のとおり遺産分割協議が成立したことを確認し宣誓する。

v I hereby confirm and swear that the Agreement for Division of Inherited Property among joint heirs of decedent ＿＿＿ was settled as follows.

（遺産分割協議）
被相続人＿＿＿と数次相続人の表示
　　　被相続人最後の本籍　東京都＿＿＿
　　　登記簿上の住所　　　東京都＿＿＿番地
　　　被　相　続　人
　　　第 一 次 相 続 人　昭和16年12月8日
　　　　　　　　　　　　戸主＿＿＿子家督相続
　　　第 二 次 相 続 人　昭和16年12月16日
　　　　　　　　　　　　戸主＿＿＿家督相続
　　　第 三 次 相 続 人　昭和＿＿＿死亡

(Agreement for Division of Inherited Property)
Description of the decedent, ＿＿＿ and the successive heirs;

The decedent's last registered domicile: ＿＿＿ Tokyo
Address Recorded in the Registry Database: ＿＿＿ Tokyo
The Decedent　　　＿＿＿
First Heir　　　　＿＿＿
　　　　　　　　　Due to Retirement of householder, ＿＿＿
　　　　　　　　　＿ inherited the family estate on the same day
Second Heir　　　December 16, 1941
　　　　　　　　　Due to Retirement of householder, ＿＿＿
　　　　　　　　　＿ inherited the family estate on the same day
Third Heir　　　　death of ＿＿＿

第1節　宣誓供述書

　　昭和　　　　　　　日に死亡した　　　　（本籍　東京都　　　　　番地）の遺産について，相続人　　　　　　　　　　　　　　　　　　　　　　は，他に相続人がいないことを確認し，次のとおり分割することに合意する。
　　In respect to the estate of the late 　　　　　（Registered Domicile: 　　　　　　　　　　　　　　　, Tokyo, who died on 　　　　　　, the heirs, 　　　　　　　　　　　　　　　　　hereby confirm that there exists no other heirs, and agree with following allocation.

１．相続人　　は次の土地を取得する。
　　　所　在　
　　　地　番　
　　　地　目　畑
　　　地　積　135平方メートル
１．One of the heirs, 　　　　　acquires the following land.
　　　Location:
　　　Lot Number:
　　　Classification: Field
　　　Area: 135 square meters
２．相続人　　は，上記不動産の一部を東京都に売却し，遺産取得の代償として，売却代金から諸経費を控除した金額を下記の法定相続分の割合で各相続人に按分して支払うものとする。
２．The heir 　　　　　shall sell a portion of the above-mentioned property to the Tokyo Metropolitan Goverment and pay the amount that deducts the expenses from the sales price, in consideration of the acquisition of the estate, to the respective heirs on the following pro rata basis based on the heirship percentage.

　　　　　　　　　　　　　　記
　　　相続人　　　　　に対し，7分の1
　　　相続人　　　　　対し，21分の1
　　　相続人　　　　　に対し，21分の1
　　　相続人　　　　　に対し，21分の1
　　　相続人　　　　　　　　　　　　　に対し，14分の1
　　　相続人　　　　　　　　　　に対し，28分の1
　　　相続人　　　　　　　　　　　　　に対し，28分の1
　　　相続人　　　　　し，7分の1
　　　相続人　　　　　対し，7分の1
　　　相続人　　　　　に対し，7分の1

3章 財産処分・管理関係

<u>Recitals</u>
One seventh to the heir ▆▆▆▆▆
One twenty-first to the heir ▆▆▆▆▆
One twenty-first to the heir ▆▆▆▆▆
One twenty-first to the heir ▆▆▆▆▆
One fourteenth to the heir ▆▆▆▆▆
One 28th to the heir ▆▆▆▆▆
One 28th to the heir ▆▆▆▆▆
One seventh to the ▆▆▆▆▆
One seventh to the ▆▆▆▆▆
One seventh to the ▆▆▆▆▆

　上記のとおり，相続人全員による遺産分割協議が成立したので，これを証するため本書作成する。
IN WITNESS WHEREOF, this document is made that the agreement is lawfully concluded by all of the heirs with respect to division of the estate as above.

　上記は真実に相違ない。
The foregoing is true and correct.
平成　　年　　月　　日
DATE

　　　　（相続人 ▆▆▆▆▆▆▆▆▆▆▆▆▆▆▆▆▆）

　　　　　（住所，Address）▆▆▆▆▆▆▆

　　　　　（氏名，Name）▆▆▆▆▆
――――――――――――――――――――――
　　　　　Sign here before Notary

私の面前にて宣誓の上，署名しました。
平成　　年　　月　　日
Subscribed and sworn to before me
This　　　　day of

――――――――――――――――――――
(Notary)

第2　相続分がない旨の証明書

　日本籍の被相続人の相続人間のうち，その一人である相続人の代襲相続人による，その一人である相続人は，生前に被相続人より相続分以上の贈与を受けているため，被相続人の遺産については相続分は存しない旨を，アメリカ公証人の面前において，宣誓のうえ署名し，公証人による認証を受ける旨の宣誓し供述する宣誓供述書である。

〈例62　宣誓供述書〉

相続分がない旨の証明書
Affidavit for "Certification not to have share in inheritance"

　アメリカ合衆国フロリダ州ジャクソンヴィル，＿＿＿＿＿＿＿＿＿＿10541に居住する，米国籍の私，ダイアナ・＿＿＿＿＿＿＿＿（Diana ＿＿＿＿＿＿＿＿）は，以下のとおり宣誓をし，供述する。

　I, Diana ＿＿＿＿＿＿＿, a citizen of the United States of America, domiciling at 10541 ＿＿＿＿＿＿ Jacksonville, FL USA 32225, hereby swear that;

Ⅰ．私の氏名，現在の住所及び生年月日は次のとおりである。
　　氏名：ダイアナ・＿＿＿＿＿＿＿＿＿
　　住所：アメリカ合衆国フロリダ州ジャクソンヴィル，＿＿＿＿＿＿＿＿＿＿10541
　　生年月日：1956年3月31日
ⅰ．My name, address and date of birth are as follows:
　　Name: Diana ＿＿＿＿＿＿＿
　　Address: 10541 ＿＿＿＿＿＿＿＿ Jacksonville, FL USA 32225
　　Date of Birth: March 31, 1956

Ⅱ．私の母貴美子＿＿＿・＿＿＿（＿＿貴美子），平成5年8月2日に死亡した。
ⅲ．My mother, Kimiko ＿＿＿＿＿ died on August 2, 1993

Ⅲ．私は，私の祖母である亡＿＿ふみ（本籍　大阪市西区＿＿＿一丁目24番，最後の住所　大阪市浪速区＿＿＿四丁目12番26-710号，昭和57年11月29日死亡）の相続人は，亡貴美子・＿＿＿・＿＿＿＿＿，＿＿＿一雄，＿＿敦子のみであり，他に相続人がいないことを確認し宣誓する。
ⅲ．I confirm and swear that there are no heirs to deceased Fumi ＿＿＿ (Registered domicile: 1-24, ＿＿＿＿＿, Nishi-ku, Osaka, JAPAN, Last address: 4-12-26-710, ＿＿＿＿＿, Naniwa-ku, Osaka, JAPAN, Date of

343

3章　財産処分・管理関係

death: November 29, 1982) who is my grandmother other than the deceased Kimiko ▒▒ ▒▒, Kazuo ▒▒ and Atsuko ▒▒

Ⅳ. 私は，私の母である亡貴美子・▒▒・ウェイド（▒貴美子，本籍　大阪市西区▒▒一丁目24番，最後の住所　アメリカ合衆国ペンシルベニア州オークス市▒▒▒▒・▒▒▒▒473，平成5年8月2日死亡）の相続人は，その夫エロル・▒▒・▒▒・ジュニア，長女ダイアナ・▒▒・▒▒，長男エロル・▒▒・▒▒・三世，次女シルヴィア・▒▒・▒▒，三女シンシア・▒▒・▒▒，二男亡ジョン・▒▒・▒▒（その相続人であるその妻リンダ・▒▒・▒▒，長男ジョン・▒▒・ジュニア，次男ウェズレイ・▒▒），三男ロバート・▒▒・▒▒のみであり，他に相続人がいないことを確認し宣誓する。

iv. I confirm and swear that there are no heirs to deceased Kimiko ▒▒ ▒▒ (Registered domicile: 1-24, ▒▒▒, Nishi-ku, Osaka, JAPAN, Last address: 437 L. ▒▒▒▒, Oaks, PA, Date of death: August 2, 1993) who is my mother other than her husband's Earl ▒▒▒▒ Jr., her oldest daughter's Diana ▒▒▒▒, her oldest son's Earl ▒▒▒▒ Ⅲ, her second daughter's Sylvia ▒▒▒▒, her third daughter's Cynthia ▒▒▒▒, her second son's deceased John ▒▒▒▒ (his wife's Linda ▒▒▒▒, his oldest son's John Jr., his second son's Wesley ▒▒ who are the heirs of the deceased John Richard ▒▒) and her third son's Robert ▒▒▒▒.

Ⅴ. 私は，以下のとおり証明する。

vii. I hereby testified as follows.

　亡貴美子・▒▒▒▒▒▒（▒貴美子，本籍　大阪市西区▒▒一丁目24番，最後の住所　米国ペンシルバニア州オークス市エル・インディアン▒▒▒▒▒▒473，平成5年8月2日死亡）は，エロル・▒▒・ジュニアとの婚姻の際，被相続人　ふみから既に贈与を受けており，被相続人▒ふみの死亡による相続については，相続する相続分の存しないことを証明します。

　I testified that I have no inheritance share in relation to inheritance through Death of deceased Fumi ▒▒ because the deceased Kimiko ▒▒ ▒▒ (Kimiko ▒▒, Registered domicile: 1-24, ▒▒▒▒ Nishi-ku, Osaka, JAPAN, Last address: 473 L. ▒▒▒▒▒ Rd. Oaks, PA, USA, Date of Death: Aug. 2, 1993) had already received a gift for marriage with Earl ▒ ▒▒▒▒ Jr.

　上記は真実に相違ない。

The foregoing is true and correct.

平成　　年　　月　　日
DATE:

　　(Mrs. Diana Charlotte Pelosi)

　　　(住所, Address)　████████

　　　(氏名, Name)　████████
　　　―――――――――――――――――――
　　　　　　Sign here before Notary

私の面前にて宣誓の上，署名しました。
平成　　年　　月　　日
Subscribed and sworn to before me
This　　　day of

―――――――――――――――――――
(Notary)

第3 相続人であることの証明書

〈例63 宣誓供述書（相続人であることの証明書）〉

AFFIDAVIT

 I, George ▓▓▓▓▓, a citizen of the United States of America, domiciling at 4519 ▓▓▓▓▓ Drive Hood River OR 97031, U.S.A., as one of the heirs of the late Fumiko ▓▓▓▓▓ (Registered Domicile: 596 ▓ ▓▓▓▓▓, Kamidachiuri-dori Senbon Higashi Iru, Kamigyo-ku, Kyoto-city, Kyoto pref., Japan), who died on April 28 1999, do hereby make oath and state that the facts hereinafter set forth are true and correct.

1. My current address, name and date of birth are as follows;
   Address: 4519 ▓▓▓▓▓ Drive Hood River OR 97031, U.S.A.
   Name: George ▓▓▓▓▓ (Name in Japanese: Joji ▓▓▓▓▓)
   Date of birth: June 20, 1949

2. My parents' name, date of birth and date of death are as follows;
   Name of my father: Ed ▓▓▓▓▓
   Date of birth: February 26, 1908
   Date of death: June 30, 1991

   Name of my mother: Shizue ▓▓▓▓▓ (Name in Japanese, before getting US citizenship: Shizue ▓▓▓▓▓)
   Date of birth: April 16, 1924
   Date of death: August 30, 2001

3. I am the only heir and there are no other heirs of the late Shizue ▓▓▓▓▓ (Name in Japanese, before getting US citizenship: Shizue ▓▓▓▓▓) who is one of the heirs of the late Fumiko ▓▓▓▓▓.

4. As a result of legacy division conference between heirs, I hereby agree and confirm that Taizo ▓▓▓▓▓ one of the heirs of the late Fumiko ▓▓▓▓▓, succeeds the real properties described below.

5. The signature, which appears below, is, for all intents and purposes, my true and correct signature.

The foregoing is true and correct.

Date:

―――――――――――――――――
   George ▓▓▓▓▓

Description of Properties
　　Location: ▒▒▒▒, Ichijo-sagaru, Shichihonmatsu-dori, Kamigyo-ku,
　　　　Kyoto-city
　　Number of Lot: 71-13
　　Classification: Housing Land
　　Area: 1109.37 Square Meters
　　　　(Co-ownership Shares of Fumiko ▒▒▒▒: 80/11100)

Description of the Entire Building
　　Location: 71-13, ▒▒▒▒, Ichijo-sagaru, Shichihonmatsu-dori, Kamigyo-
　　　　ku, Kyoto-ku, Kyoto-city
　　Structure: 10 story, Steel-Framed Reinforced Concrete Construction
　　　　with Flat Roof
　　Floor Space: 1st Floor　6119.33 Square Meters
　　　　　　　　2nd Floor　529.78 Square Meters
　　　　　　　　3rd Floor　529.78 Square Meters
　　　　　　　　4th Floor　529.78 Square Meters
　　　　　　　　5th Floor　529.78 Square Meters
　　　　　　　　6th Floor　529.78 Square Meters
　　　　　　　　7th Floor　529.78 Square Meters
　　　　　　　　8th Floor　529.78 Square Meters
　　　　　　　　9th Floor　472.64 Square Meters
　　　　　　　　10th Floor　26.82 Square Meters

Description of the Proprietary Part
　　Building Number: ▒▒▒▒ 71-13-52
　　Name of Building: Unit 208
　　Classification: Housing
　　Structure: 1 story, Steel-Framed Reinforced Concrete Construction
　　Floor Space: 27.36 Square Meters on the 2nd Floor

(THIS DOCUMENT MUST BE ATTESTED AND CERTIFIED BY NOTARY PUBLIC)

SUBSCRIBED AND SWORN TO BEFORE ME
THIS _____ DAY OF _____

第4　贈与書

アメリカでの検認裁判手続（Probate Court Procedure）を回避するための手法として，Trust, POD（Payable on Death），TOD（Transfer on Death），Joint Tenancy等があるか，その一つとして，生前贈与も挙げられている。その生前贈与証のひな型である。

〈例64　贈与書（Gift）〉

Gift

BE IT KNOWN that I, Marrisa Wade, of 666 First Street, San Francisco, California, do hereby gift, transfer and convey to my daughter Anie Wade the below described property of assets:

One brilliant cut diamond of the first water, 100 carat

It is further acknowledged that this transfer and gift shall be considered an advance against any testamentary bequest I may choose to make to said donee under any trust or last will and testament. Said gift has a stipulated value of $10,000,000 and shall be so deducted from any future testamentary bequest I may make to the donee.

This gift shall inure to the benefit of the donee, her successors, assigns and personal representatives.

Signed under seal this　　　day of December 25, 2011

―――――――――――――――――――――――――――

Marrisa Wade, Donor

In the presence of:

―――――――――――――――――――――――――――

Witness : Robert Wade

(日本語訳)

贈与書

本書をもって次のことを証する。

私，カリフォルニア州サンフランシスコ市ファーストストリート666のマリッサ・ウェイドは，下記に記載したる財物を，私の娘であるアニー・ウェイドに，本書をもって贈与し，譲渡し，権利を移転する。

第1級品ブリリアント・カット・ダイアモンド100カラット1個

なお，本贈与・譲渡は，私が信託又は最終遺言書により上記の受贈者に対して行うことあるべき遺贈に対する前渡しと考えるべきものであると認識されている。本贈与は，1,000万ドルの価値あるものと予定するものとし，私が受贈者に対して行うことあるべき将来の遺贈の額よりこの額を控除するものとする。本贈与は，受贈者，その相続人権利承継人及び人格代表者（受贈者死亡の場合の遺産財団の管理者）の利益のために効力を生ずるものである。

2011年12月25日署名捺印

マリッサ・ウェイド
贈与者

ロバート・ウェイド
証人

3章　財産処分・管理関係

第2節　登記事項証明書

信託不動産に対する登記申請完了後の登記事項につき，英文による登記事項証明書を作成したものである。

〈例65　登記事項証明書〉

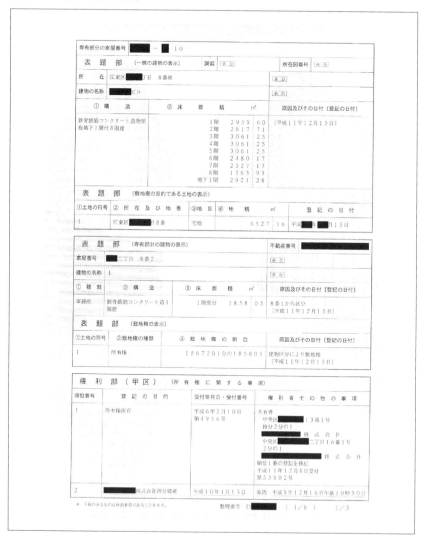

第２節　登記事項証明書

順位番号	登記の目的	受付年月日・受付番号	権利者その他の事項
		第７８６号	東京地方裁判所破産宣告 順位２番の登記を移記 平成１１年１２月８日受付 第５３８０２号
３	▨▨株式会社持分全部移転	平成１１年１２月２８日 第５７４９２号	原因　平成１１年１２月１３日共有物分割 所有者　中央区▨▨▨▨二丁目１６番１号 持分２分の１ ▨▨▨▨株式会社
４	所有権移転	平成１２年８月１０日 第４０９１７号	原因　平成１２年８月１０日信託 受託者　中央区▨▨▨▨７番１号 ▨▨▨▨信託銀行株式会社
	信託	(余白)	信託原簿第２４号
付記１号	４番登記名義人表示変更	平成１３年１月２６日 第３１６１号	原因　平成１２年１２月４日本店移転 本店　港区▨▨▨▨３番１号
５	２番破産登記抹消	平成１２年１０月２６日 第５３１９２号	原因　平成１２年８月１０日信託

信託目録　　　　　　　　　　　　　　　　　　　調製　平成２３年１月１７日

番号	受付年月日・受付番号	予備
第２４号	平成１２年８月１０日 第４０９１７号	平成１７年法務省令第１８号附則第１４条の規定により移記 平成２３年１月１７日

1	委託者に関する事項	東京都中央区▨▨▨▨二丁目１６番１号 ▨▨▨▨株式会社
2	受託者に関する事項	東京都港区▨▨▨▨３３番１号 ▨▨▨▨信託銀行株式会社
3	受益者に関する事項等	受益者　東京都港区▨▨▨▨５番２６号赤坂ＤＳビル ▨▨▨▨株式会社 受益者名称変更 平成２３年１月２４日 第２３９２号 原因　平成１７年１月１日商号変更 商号　▨▨▨▨株式会社
4	信託条項	一、信託の目的 　信託不動産を受益者のために管理・運用すること。 二、信託財産の管理及び運用方法 　（一）受益者は、信託不動産の管理・運用について、受託者に対し、その指図を行うことができるものとし、受託者はその指図に基づいて信託不動産の管理・運用を行うものとする。尚、受託者が受益者の指図に従い行動することが予定されている場合を除き、特段の指図がない限り、受託者は、▨▨▨▨▨▨▨▨▨▨株式会社（以下、「▨▨▨」という。）に対し、受託者と▨▨▨▨▨▨▨▨▨▨▨▨▨エルエルシー（以下、「▨▨▨▨」という。）が締結した平成１３年１月２５日付不動産賃貸借契約書（兼管理業務委託契約書）（同当事者間で締結された平成１３年５月１５日付賃貸借物件の追加に関する覚書、ならびに受託者、▨▨▨及び▨▨▨▨間で締結された平成１３年１２月２７日付債権譲渡及び受益権買取オプション等に関する覚書によって変更されたものを含む。以下、「マスターリース契約」という。）また、マスターリース契約におけるその時々の信託不動産の賃借人を、以下、「賃借人」という。）に基づき信託不動産を一括賃貸する方法により信託不動産を運用するものとする。

＊　下線のあるものは抹消事項であることを示す。　　　整理番号　Ｄ▨▨▨▨▨（1/8）　2/3

3章　財産処分・管理関係

4　信託条項	（二）受益者から別段の書面による指図がなされた場合を除き、受託者は、信託財産の負担において受託者と受益者が合意する内容の損害保険を付するものとする。但し、経済環境の著しい変化、信託財産内の高度危険物その他によってこれらの条件が合理的でなくなったと受託者が判断した場合には、受託者は、受益者又はその代理人と協議を行った上で、適宜条件の見直しを行い、受託者が相当と認める条件の保険を受益者の承諾を得て信託財産の費用負担で付することができる。 （三）受託者は、信託不動産の管理事務を遂行するために必要があるときは、その必要な限度で信託不動産の一部を無償で使用することができる。受託者が賃借人にその管理の一部を委託する場合には、賃借人をして信託不動産の一部を無償にて使用させることができる。 三、信託終了の事由 （一）本信託は、左記の何れかに該当したときにそれぞれ終了するものとする。 ①信託期間〔平成12年8月10日から平成23年1月24日までとする。但し、この期間は、受託者及び受益者による協議が調った場合、これを延長することができる。〕満了のとき ②信託契約が解約されたとき ③信託契約がその目的達成不能により終了したとき 四、その他の信託条項 （一）受託者は、本契約に基づく受益権を証するため、受益権証書を作成し、受益者に交付するものとする。 （二）本信託の受益権は、これを放棄することができない。 （三）受益者は、本契約の定めるところに従って信託の配当金を請求することができる。 （四）受益権は、受託者の事前の書面による承諾（但し、かかる承諾は不合理に留保又は遅延してはならないものとする。）を得なければ、これを譲渡又は買入その他の方法により処分することができない。 （五）受託者は、信託財産に属する金銭が信託事務処理に必要な費用の支払並びに信託報酬の受入に不足することが明らかであることを書面により合理的理由を付して通知した場合、又は、受益者からその支払を受けることができないために当該信託事務処理に必要な費用を立替えた場合、当該不足額の支払は当該貸金の返済について受益者に書面にて告知した後15営業日以内にかかる支払又は返済が完了しないときには、受託者は受益者と協議を行うことなく受託者が相当と認める方法・価額をもって、信託財産の全部又は一部を売却し、当該売却代金を立替貸金の返済、信託事務処理に必要な費用の支払及び信託報酬に充当し、若しくは弁済期の到来しない債務の支払のために留保することができる。 （六）受託者は、前項の売却処分をもってしても債務の弁済に不足する場合、受益者に対して不足額の支払を請求することができる。 （七）不可抗力罹災で信託不動産の全部又は一部が滅失又は毀損した場合、受託者は、受益者の指図に従い信託不動産を現状有姿で売却することができるものとする。この場合の売却手続は、受益者の指図によるものとする。但し、本契約の解約を妨げないものとする。 （八）信託が終了したときは、受託者は、信託不動産について信託の登記の抹消及び受益者への所有権移転の登記を申請し、現状有姿でこれを受益者に引渡す。 信託終了事由変更 平成23年1月24日 第2393号 原因　平成23年1月24日変更 三、信託終了の事由 （一）本信託は、左記の何れかに該当したときにそれぞれ終了するものとする。 ①信託期間〔平成12年8月10日から平成33年1月24日までとする。但し、この期間は、受託者及び受益者による協議が調った場合、これを延長することができる。〕満了のとき ②信託契約が解約されたとき ③信託契約がその目的達成不能により終了したとき

これは登記記録に記録されている事項の全部を証明した書面である。ただし、登記記録の乙区に記録されている事項はない。

平成23年1月28日
東京法務局墨田出張所　　　　　　登記官

＊　下線のあるものは抹消事項であることを示す。　　　　　整理番号　D■■■■　（1/8）　3/3

(英訳)

English Translation by Juristor International Office
Copy of the Property Registry Database
Property: ▇▇▇▇ 2-chome, 8-2

Housing Number of the Proprietary Part: 8-2〜8-10
Description of the Entire Building
    Location: 8, ▇▇▇▇ 2-chome, Koto-ku
    Name of Building: ▇▇▇▇ Kyodo Building
    Structure: 8 Story with 1 Basement Floor, Steel-Framed Reinforced Concrete Construction with Flat Roof
    Floor Space: 1st Floor 2959.60 square meters
              2nd Floor 2817.71 square meters
              3rd Floor 3061.25 square meters
              4th Floor 3061.25 square meters
              5th Floor 3061.25 square meters
              6th Floor 2480.17 square meters
              7th Floor 2327.17 square meters
              8th Floor 1563.93 square meters
              1st Basement Floor 2921.28 square meters
    Date of Registration: December 15, 1999

Description of the Land in which the Entire Building is Built on
    Location: 8, ▇▇▇▇ 2-chome, Koto-ku
    Classification: Building Land
    Area: 6527.16 square meters
    Date of Registration: December 15, 1999

Description of Proprietary Part of the Building
    Property Number: ▇▇▇▇
    Housing Number: ▇▇▇▇ 2-chome, 8-2
    Name of Building: 1
    Classification: Office
    Structure: 1 story steel-framed reinforced concrete construction
    Area: 1858.05 square meters on the 1th floor
    Cause of Registration and Date thereof: Sectionalized from 8-1 on December 15, 1999

Description of Proprietary Part of the Land
    Type of Right: Ownership
    Share of Right: 185805/1567201

Cause of Registration and Date thereof: Due to partition of the building on December 15, 1999

Matter Regarding Title *(Kou-ku)*
 1. Purpose of Registration: Preservation of Ownership
    Registration Number & Date: No. 4956 on February 10, 1994
    Co-owner: 13-1, ▓▓▓▓ 3-chome, Chuo-ku
        Ownership of one-half
            ▓▓▓▓ REAL ESTATE CO., LTD.
        16-1, ▓▓▓▓ 2-chome, Chuo-ku
        Ownership of one-half
            ▓▓▓▓ TOCHI TATEMONO K.K.

 2. Purpose of Registration: Bankruptcy of Ownership Shares of ▓▓▓▓ TATEMONO K.K.
    Registration Number & Date: No. 786 on January 13, ▓▓
    Cause: Declaration of Bankruptcy by Tokyo District Court at 10:30 AM on December 16, ▓▓

 3. Purpose of Registration: Transfer of Entire Ownership Shares of ▓▓▓▓ REAL ESTATE CO., LTD.
    Registration Number & Date: No. 57492 on December 28, ▓▓
    Cause: Division of Joint Possession on December 13, 1999
    Owner: 16-1, ▓▓▓▓ 2-chome, Chuo-ku
        Ownership of one-half
            ▓▓▓▓ TATEMONO K.K.

 4. Purpose of Registration: Transfer of Ownership
    Registration Number & Date: No. 40917 on August 10, 2000
    Cause: Trust on August 10, 2000
    Trustee: 7-1, ▓▓▓▓ 1-chome, Chuo-ku
        Ownership of 20374975/40084810
            The ▓▓▓▓ Trust and Banking Company, Limited
    Trust Detail *(Shintaku Genbo)* No. 24
    Rider 1
    Purpose of Registration: Change in Name of Title Holder of the Entry No. 4
    Registration Number & Date: No. 3161 on January 26, 2001
    Cause: Relocation of the Head Office on December 4, 2000
    Head Office: 33-1, ▓▓▓▓, Minato-ku

 5. Purpose of Registration: Deletion of the Entry No. 2

Registration Number & Date: No. 53192 on October 26, 2000
Cause: Trust on August 10, 2000

Trust Detail (*Shintaku Mokuroku*)   Prepared on January 17, 2011
No. 24
Registration Number & Date: No. 40917 on August 10, 2000

1. Trustor: 16-1, ▊▊▊▊▊▊▊▊ 2-chome, Chuo-ku, Tokyo
                ▊▊▊▊ TOCHI TATEMONO K.K.

2. Trustee: 33-1, ▊▊▊▊▊▊▊ Minato-ku, Tokyo
                The ▊▊▊▊▊▊ Trust and Banking Company, Limited

3. Beneficiary: ▊▊▊▊▊ Building, 5-26, ▊▊▊▊▊▊, Minato-ku, Tokyo
                ▊▊▊▊▊ Co., Ltd.

    Change in Name of Beneficiary
    January 24, 2011
    No. 2392
    Cause: Change in Company Name on January 1, 2005
    Company Name: ▊▊▊▊ Co., Ltd.

4. Provisions of Trust
   1. Purpose of the Trust
   To manage and invest the trust property on behalf of the Beneficiary.
   2. Management and Investment of the Trust Property
       ⅰ. The Beneficiary may give instructions to the trustee about the management and investment of the trust property, and the Trustee shall manage and invest the trust property in accordance with such instructions. Excluding those cases in which the trustee is expected to comply with the Beneficiary's instructions, the Trustee shall, unless otherwise instructed, invest the trust property in such a manner that the trust property is wholly leased to ▊▊▊▊▊▊ Co., Ltd. (hereinafter referred to as "▊▊▊")in accordance with the Real Estate Lease Contract (and property management contract) dated January 25, 2001 between the Trustee and the ▊▊▊▊▊▊▊ Real Estate LLC (hereinafter referred to as "▊▊▊▊▊"). This contract includes the amendments made by the memorandum regarding adding lease properties dated May 15, 2001 between Trustee and ▊▊▊▊, and the memorandum regarding assignment of leasehold rights and the option to purchase beneficiary

rights dated December 27, 2001 between ▆▆ and ▆▆▆▆▆. These contracts are hereinafter referred as the "Master Lease Agreement" and the lessee at each time under the Master Lease Agreement is hereinafter referred to as the "Lessee."

ⅱ. Excluding those cases in which the Beneficiary gives specific instruction in writing, Trustee shall insure the trust property against damage based on the terms and conditions agreed upon between the Trustee and the Beneficiary, allotting part of the trust assets for payment of the premiums. In case where the Trustee considers that such terms and conditions have become unreasonable as a result of a significant change in the economic environment or for any other reason, the Trustee may revise the terms and conditions to those that the Trustee considers fit after due consultation with the Beneficiary or its representative, and may insure the trust property on the terms and conditions that the Trustee considers appropriate, allotting part of the trust assets for payment of the premiums, subject to the Beneficiary's consent.

ⅲ. The Trustee may make use of a part of the trust property, free of charge to the extent that it is necessary to exercise management of the trust property. In the event that the Trustee commissions part of the management to the lessee, the Trustee may cause the lessee to use a part of the trust property free of charge.

3. Reasons for Termination of the Trust

ⅰ. This trust shall terminate in a case where any of the following applies.

1. When the term of this trust, from August 10, 2000 to January 24, 2011, provided that the term may be extended upon the agreement between the Trustee and the Beneficiary, expires.
2. In a case where the trust agreement is cancelled.
3. In a case where the trust agreement is terminated due to frustration of purpose of the trust.

4. Other Provisions Regarding this Trust

ⅰ. The Trustee shall prepare a beneficiary certificate to certify the beneficiary right under this agreement and deliver it to the Beneficiary.

ⅱ. The beneficiary right to the trust shall not be waived.

ⅲ. The Beneficiary may claim a dividend on the trust in accordance with the provisions of this agreement.

ⅳ. The beneficiary right shall not, unless otherwise priorly authorized by the Trustee in writing, provided that such agreement shall not be reserved or delayed without justifiable reason, be assigned,

pledged, or disposed in any manner.
v. In the event that the Trustee informs the Beneficiary in writing with justifiable reasons that the money in the trust assets is insufficient for payment of the expenses for trust business and /or the trust fee, or in the event that the Trustee has already made advance payment of such expenses for trust business for the Beneficiary due to the fact that the Beneficiary did not make payment hereof, and in the event that the Beneficiary fails to complete payment of the said shortage or reimbursement of the said advance money within 15 business days after the Trustee demands such payment or reimbursement in writing to the Beneficiary, the Trustee may sell the whole or part of the trust assets in the manner and at the price that the Trustee thinks fit without consultation with the Beneficiary and may appropriate such proceeds for payment of undue liabilities.
vi. In the event that the proceeds as referred to in the preceding sub-article are still insufficient for payment of due liabilities, the Trustee may demand payment of the shortage from the Beneficiary.
vii. If the whole or a part of trust property is lost or damaged, the Trustee may sell the trust property in an as-it-is state in accordance with the Beneficiary's instruction. In this case, the procedures for sale of the property shall be in accordance with the Beneficiary's instructions, unless the Trustee otherwise cancels this agreement.
viii. The trust property shall be delivered to the Beneficiary on an as-it-is basis, after the Trustee files for the cancellation of the registration of the trust and the registration of the passage of title to the Beneficiary.

Change in "Reasons for Termination of the Trust"
January 24, 2011
No. 2393
Cause: Change on January 24, 2011
3. Reasons for Termination of the Trust
   i. This trust shall terminate in a case where any of the following applies.
      1. When the term of this trust, from August 10, 2000 to January 24, 2021, provided that the term may be extended upon the agreement between the Trustee and the Beneficiary, expires.
      2. In a case where the trust agreement is cancelled.
      3. In a case where the trust agreement is terminated due to frustration of purpose of the trust.

This is the document that certifies all entries recorded in the registry database.

There is no information recorded in the Otsu-ku.

January 28, 2011

▇▇▇▇▇▇▇
Registrar
▇▇▇ Branch
Tokyo Legal Affairs Bureau

Official Seal

Underlined items are deleted matters.

Processing Number: ▇▇▇▇▇ (1/8)

第3節　登記原因証明情報

　香港籍中国人が日本のマンションの一室を日本に居住する日本人に売却し，その所有権移転登記申請の際の添付書面である登記原因証明情報につき日英文で作成し，日本文が読めない香港籍中国人に対し提供し，署名を求めたものである。

〈例66　登記原因証明情報〉

登記原因証明情報
INFORMATION FOR CERTIFICATION OF REGISTRATION CAUSE

１．登記申請情報の要項
1. Information element for the application of registration

　　　登記の目的　所有権移転及び　　　　　　持分全部移転
　　　Subject matter of registration: Transfer of Ownership and Transfer of all of 　　　　's own share
　　　原　　因　平成22年　　　　日売買
　　　Cause for Registration thereof: Sale and Purchase as of 　　　, 2010
　　　権　利　者（甲）　東京都
　　　The name and the address of the transferee （"Transferee"）:
　　　　　Address: 　　　　　　　　　　　　　　Tokyo, JAPAN
　　　　　Name:
　　　義　務　者（乙）　中華人民共和国香港特別区

　　　The name and the address of the transferrer （"Transferrer"）:
　　　　　Address: 　　　　　　　　　　　　　　Hong Kong
　　　　　Name:
　　　不動産の表示　後記のとおり
　　　Description of the real property: As described below

２．登記の原因となる事実又は法律行為
2. Fact or Juridical act of Registration cause

　　　①　乙は，平成22年　　　　，後記不動産を甲に売り渡した。
　　　a) Transferor sold the following real estate to Transferee as of July 1, 2010.

② 本契約には所有権移転の時期は売買代金完済時とする旨の特約がある。
b) This agreement has a special provision that the ownership of the property shall be transferred from Transferrer to Transferee upon the payment by Transferee and the receipt by the Transferrer of the Purchase price in full.
③ 甲は平成22年　　　　　日売買代金金額の支払いを完了し，乙は受領した。
c) Transferee paid the Purchase price in full as of　　　　2010, and Transferrer received it.
④ よって，同日，後記不動産の所有権は乙から甲に移転した。
d) Consequently, Ownership of the following real estate transferred to Transferee from Transferrer on the same day.

不動産の表示
　　　所　　在
　　　地　　番
　　　地　　目　　宅地
　　　地　　積　　　　　平方メートル
　　　持　　分
　（一棟の建物の表示）
　　　所　　在
　　　構　　造
　　　床 面 積

　（専有部分の建物の表示）
　　　家屋番号
　　　建物の名称
　　　種　　類　　居宅
　　　構　　造　　鉄筋コンクリート造1階建
　　　床 面 積　　　　　　　　　平方メートル

Description of the real estate:
　(1) Location of the land:
　　　Number of the lot
　　　Land use type: Site for dwellings
　　　Area of the land:
　　　Proportion of Share:
　(2) (Description of a block of condominium)
　　　Location of the condominium:
　　　Construction: Seven-story of deck roof reinforced concrete structure

Floor space:
4th floor 7
（Description of proprietary site）
　　House number:
　　Building names:
　　Type: Housing
　　Construction:
　　Floor space: 7

　　　　　　年　　月　　日　　東京法務局　　　御中
To 　　　　　　　of Tokyo Legal Affairs Bureau / Date:
上記登記原因のとおり相違ありません。
The above registration cause is true and correct.

中華人民共和国香港特別区
　　　　　　　　　　　　　　　　　　　Hong Kong
　　登記義務者
　　Transferrer

　　　　　　　　　　　　　　　- - - - - - - - - - - -
　　　　　　　　　　　　　　　Sign here Mrs.

3章　財産処分・管理関係

第4節　登記識別情報

〈例67　英文登記識別情報の書式〉

<Translation>

Notification of Identification Code for Registration

It hereby notifies the Identification Code for Registration of the following registration.

【Property】
Land
447, ▆▆▆▆▆ 3-chome, ▆▆▆▆▆

【Property Number】
▆▆▆▆▆04810

【Date and Application Number】
March ▆, ▆▆▆▆　No. ▆▆▆

【Purpose of Registration】
Transfer of all Ownership of ▆▆▆▆▆▆▆

【Title Owner】
▆▆▆▆▆▆▆▆▆▆ Manila, ▆▆▆ City, Philippines
▆▆▆▆▆▆

*Entries with underlines have been deleted.

Identification Code for Registration

[Seal]

March 27, ▆▆▆▆
Tokyo Legal Affairs Bureau, ▆▆▆▆ Branch
Registration Officer　▆▆▆▆▆▆▆

[Official Seal]

1/1

第4節　登記識別情報

〈例68　英文登記識別情報の取扱いの書式〉

重　要

　　　　　　　　登記識別情報管理の注意点
　　　　　　　　　　Notice

※別紙封筒には「登記識別情報通知書」が入っており、この通知書には法務局より交付された「登記識別情報」が記録されています。

※Identification Code for Registratoin (Toki-shikibetu-joho) is in the clear envelope.

※登記識別情報は、次回の登記申請の際に、登記名義人であることの証明材料として、登記所に対して提供するための情報です。

※Identification Code for Registratoin (Toki-shikibetu-joho) is to be used for identifying that who has the title of the properties.

※「登記識別情報」は英数字の組み合わせでできており、従来の「登記済証」に代わるものです。

※Identification Code for Registratoin (Toki-shikibetu-joho) is made of 12 alphabet characters and numbers.

※登記識別情報が盗まれた場合、その情報が不正な登記申請に用いられることがないようにするため、登記識別情報の失効の申出をすることができます。
詳しい手続きにつきましては、当事務所または登記所にご相談ください。

※In case of theft, you can let the code lapse. In this case, please ask our office or Legal Affairs Bureau.

※　シールは秘密保持のため、｜剥がさないこと｜を強くお勧めいたします。

※ We strongly suggest you not to remove the seal for secret maintenance.

3編　各種書式例

3章 財産処分・管理関係

第5節 不動産売買契約書

〈例69 不動産売買契約書（日本文及び英文）〉

不動産売買契約書

1．不動産の表示

(a) 建物の表示						
住居表示	▇区▇▇▇▇▇▇					
所　在	▇区▇▇▇▇▇▇					
家屋番号	▇▇▇▇▇▇					
種　類	居宅					
構　造	木造　スレート葺　2階建					
床面積	登記簿　1階	▇ ㎡	2階	▇ ㎡	合計	▇ ㎡
建築時期	平成　▇　日新築					
(b) 土地の表示						
所　在	▇区▇▇▇▇					
地　番	▇番					
地　目	宅地					
地積（登記簿）	▇ ㎡　合計（一筆）　▇ ㎡					
実測面積	▇ ㎡					
土地の売買対象面積	登記簿（公簿）面積による					
測量図面						
権利の種類	所有権					
特記事項	1．上記の土地のうち、約6㎡は建築基準法第42条第2項により道路とみなされる部分（セットバック部分）です。 2．境界の状況を▇▇土地家屋調査士事務所により作製された現況地積測量図（写）と登記簿記載の面積とに差異が生じておりますが、売主は地積更正登記は行いません。以下余白					

2．売買代金および支払方法等

(a) 売買代金（第1条）	金　▇　円 （内訳：土地金　▇　円 　　　　建物金　▇　円）
(b) 手付金（第2条）本契約締結時支払い	金　▇　円
(c) 残代金（第2条2項）	金　▇　円
(d) 残代金支払日（第2条2項）及び引渡日（第5条）	平成　▇　日 3月31日以前の買主が別途指定する日
(e) 違約金の額（第14条1項）	金　▇　円
(d) 融資利用の有無（第15条）	有 申込先：▇▇▇ 融資金額：金　▇　円 融資承認取得期日：平成　▇　年　3月　31日

364

	融資利用の特約に基づく契約解除期日（第15条第2項）：平成　年　3月　31日

3．当事者の表示

売主	
買主	

以下余白

不動産売買契約条項

第1条　売買の目的物及び売買代金
　　売主は、買主に対し、「１．不動産の表示」記載の(a)建物（以下「建物」という。）及び同記載の(b) 土地（以下「土地」といい、建物及び土地を総称して以下「本物件」という。）を「２．売買代金及び支払い方法等」規定の(a)売買代金（以下「売買代金」という。）で売り渡し、買主は、これを買い受けました。

第2条　手付金
　１．買主は、売主に対し、「２．売買代金及び支払い方法等」記載の(b)手付金（以下「手付金」という。）を本契約締結と同時に支払います。
　２．売主、買主は、手付金を同(c)残代金支払のときに、売買代金の一部に無利息にて充当します。

第3条　売買対象面積
　　売主及び買主は、本物件の売買対象面積を、「１．不動産の表示」記載の登記簿上の地積とし、同面積が測量による面積と差異が生じたとしても、互いに売買代金の変更その他なんらの請求もしません。

第4条　所有権の移転の時期
　　本物件の所有権は、買主が売主に対して売買代金全額を支払い、売主がこれを受領した時に売主から買主に移転します。

第5条　引渡し
　１．売主は、買主に対し、本物件を、「２．売買代金及び支払い方法等」の(d)引渡日に引き渡します。
　２．売主及び買主は、本物件の引渡に際し、引渡を完了した日（以下「引渡完了日」という。）を記載した書面を作成します。

第6条　抵当権等の抹消
　　売主は、買主に対し、本物件について、第５条の所有権移転時期までに、その責任と費用負担において、先取特権、抵当権、根抵当権等の担保権、地上権、賃借権等の用益権、条件付所有権移転仮登記を含む仮登記、差押、仮差押その他名目形式の如何を問わず、買主の完全な所有権の行使を阻害する一切の負担を除去抹消します。

第7条 所有権の移転登記等
1. 売主は、買主に対し売買代金全額の受領と同時に、前条に規定する売主の義務を完全に履行したうえで本物件を引き渡すものとし、本物件について買主の名義に所有権の移転登記申請手続をします。
2. 前項の登記申請に要する費用は、買主の負担とします。なお、本物件に関する売主の所有権の登記名義人の住所、氏名の変更登記を要する場合の費用は、売主の負担とします。

第8条 引渡完了前の滅失・毀損
1. 売主及び買主は、本物件の引渡完了前に天変地異、その他売主、買主いずれの責にも帰すことのできない理由により、本物件が滅失または毀損して本契約の履行が不可能となったとき、互いに書面により通知して、本契約を解除することができます。ただし、修復が可能なとき、売主はその責任と費用負担により本物件を修復して、買主に引き渡します。
2. 前項により本契約が解除されたとき、売主は、買主に対し、受領済の金員を無利息にてすみやかに返還します。

第9条 物件状況等報告書
売主は、買主に対し、本物件について、本契約締結時における状況等を別紙「物件状況等報告書」に記載して説明します。

第10条 公租公課等の負担
1. 売主及び買主は、本物件から生ずる収益又は本物件に対して賦課される固定資産税、都市計画税等の公租公課並びに各種負担金等の諸負担について、引渡完了日の前日までの分を売主の収益又は負担とし、引渡完了日以降の分を買主の収益又は負担として、引渡完了日において清算します。なお、公租公課の記載日は1月1日として、上記に従い日割計算するものとします。
2. 売主は、その責任と負担において、本物件引渡時までに固定資産税等の滞納額を全て納付するものとします。買主が要求した場合は、売主は買主に対して、かかる納付を証明する書類を、本物件引渡時までに提出するものとします。本物件引渡時に滞納額がある場合には、かかる滞納額相当額を第1条の売買代金から差し引くものとします。

第11条 瑕疵の責任
1. 売主は、買主に対し、本物件の隠れたる瑕疵について責任を負います。
2. 売主は、買主に対し、前項の瑕疵について、引渡完了日から2年以内に請求を受けたものにかぎり、責任を負うものとし、買主は、売主に対し、前項の瑕疵により生じた損害の賠償を請求することができます。

3. 買主は、売主に対し、第1項の瑕疵により、本契約を締結した目的が達せられないとき、引渡完了日から2年以内に限り、本契約を解除することができます。
4. 売主は、買主に対し、本契約締結時に第1項の瑕疵の存在を知らなくても、本条の責任を負いますが、買主が本契約締結時に第1項の瑕疵を知っていたときには、売主は本条の責任を負いません。

第12条 設備の引渡し
　売主は、買主に対し、別紙「設備表」中「設備の有無」欄に「有」とした各設備を引渡します。

第13条 手付解除
　売主、買主は、その相手方が本契約の履行に着手するまでは、互いに書面により通知して、買主は、売主に対し、手付金を放棄して、売主は、買主に対し、手付金等受領済みの金員を無利息にて返還し、かつ手付金と同額の金員を買主に支払うことにより、本契約を解除することができます。

第14条 契約違反による解除・違約金
1. 売主、買主は、その相手方が本契約にかかる債務の履行を怠ったとき、その相手方に対し、書面により債務の履行を催告したうえで、本契約を解除して、「2. 売買代金及び支払い方法等」の(e)違約金（以下「違約金」という。）の支払を請求することができます。なお、違約金に関し、現に生じた損害額の多寡を問わず、相手方に違約金の増減を請求することができません。
2. 違約金の支払い、精算は次のとおり行います。
   1) 売主が違約した場合は、売主は、買主に対し、すみやかに受領済みの金員を無利息で返還するとともに、違約金を支払います。
   2) 買主が違約した場合、支払い済みの金員が違約金を上回るときは、売主は、買主に対し、受領済みの金員から違約金相当額を控除して、すみやかに残額を無利息にて返還します。

第15条 融資利用の特約
1. 買主は、売買代金に関して、本契約締結後速やかに「2. 売買代金及び支払い方法等」の(d)融資金（以下「融資金」という。）の申込み手続きをします。
2. 同(d)に記載される融資承認取得期日までに、融資金の全部または一部につき承認が得られないとき、または否認されたとき、買主は、売主に対し、同(d)記載の契約解除期日までであれば、本契約を解除することができます。
3. 前項により本契約が解除されたとき、売主は、買主に対し、受領済みの金員を無利息にてすみやかに返還します。

第16条 印紙の負担区分
　　売主及び買主は、法令所定の印紙を貼付につき、その費用を折半します。

第17条 準拠法及び管轄裁判所に関する合意
　　本契約は日本法に従い解釈されます。売主、買主は、本契約に関する専属的管轄裁判所を本物件所在地を管轄する裁判所とします。

第18条 契約書原本
　　売主、買主は、売買契約書の原本1通を作成し、買主が原本を保有し、売主はその写しを保有するものとします。

以下余白

3章　財産処分・管理関係

平成 26 年　　月　　日

〈売主〉　　　(住所)
Seller　　　Address

　　　　　　　(氏名)
　　　　　　　Print Name

　　　　　　　(署名)
　　　　　　　Signature

　　　　　　　(日付)
　　　　　　　Date

〈立会人〉　　(住所)
Witness for　Address
Seller　　　(氏名)

　　　　　　　Print Name

　　　　　　　(署名)

　　　　　　　Signature

〈買主〉　　　(住所)
Buyer　　　Address

　　　　　　　(氏名)　　　　　　　　　　　　　　　　　　(印)　Seal
　　　　　　　Print Name

　　　　　　　(日付)
　　　　　　　Date

(英訳)

English translation for reference

Real Estate Sales and Purchase Agreement

Title Chart

1. Property

(a) Building	
Address	,
Location	,
Building Number	
Type	Residence
Structure	Wooden, slate roof, two stories
Floor Area	(Registered) 1F ㎡ 2F ㎡ Total ㎡
Completion	,
(b) Land	
Location	, -ku
Lot Number	-
Land Category	Residential area
Registered Land Area	㎡ Total (One piece of land) ㎡
Actual Land Area	㎡
Property for sale	Calculated based on the registered land area
Measurement	
Type of right	Title Ownership
Special Remarks	1. Approximately 6 ㎡ of the Land stated above is deemed to be part of the road pursuant to Article 42.2 of Construction Standard Law (so called "set back"). 2. Although there is difference between the registered land area and actual land area (as per the measurement by Real Estate Surveyor), Seller will not modify the registration in this respect.

2. Purchase Price and Payment Conditions etc.

(a) Purchase Price (Section 1)	Total: JPY (Land: JPY Building: JPY)
(b) Deposit (Section 2) Due at the time of the execution of this Agreement	JPY
(c) Remaining Balance (Section 2.2)	JPY
(d) Remaining Balance Due Date (Section 2.2) and Delivery Day (Closing) (Section 5)	Any date to be designated by the Buyer, which is in no event later than 31 March
(e) Penalty (Section 14.1)	JPY
(d) Use of Loan (Section 15)	Yes/No Bank: Bank The amount of loan: JPY

3章　財産処分・管理関係

English translation for reference

	Deadline for the loan approval : 31 March Cancellation Deadline（Section 15.2）：_31 March

3. Parties

Seller	
Buyer	

[Intentionally left blank]

English translation for reference

Provisions of this Real Estate Sales and Purchase Agreement

Section 1 (Sale and Purchase and Purchase Price)

The Seller hereby sells the building specified in item 1(a) of the Title Chart" (the "Building") and the land specified in the item 1(b) thereof (the "Land", and the Building and Land are collectively referred to as "Property") to the Buyer and the Buyer hereby purchases the Property for the purchase price specified in column 2(a) thereof ("Purchase Price").

Section 2 (Deposit)

2.1　　The Buyer pays the Seller the amount specified in column 2(b) of the Title Chart ("Deposit") upon the execution of this Agreement.

2.2　　The paid Deposit shall form part of the Purchase Price paid by the Buyer at the time the remaining balance of column 2(c) of the Title Chart is settled. No interest shall accrue on the paid Deposit.

Section 3 (Floor Area for the Sale)

In the event that the floor area or the land area of the Property specified in Column 1(a) and (b) of the Title Chart differs from the area actually measured, the Seller and Buyer shall agree to neither object to the difference nor claim to decrease or increase the Purchase Price, or any other requirements.

Section 4 (Timing to Transfer Ownership)

The ownership to the Property shall be transferred to the Buyer from the Seller at the time the Buyer pays the Purchase Price, and the Seller receives it.

Section 5 (Delivery)

5.1　　The Seller shall agree to deliver the Property to the Buyer on the say indicated in 2(d) the Title Chart as the Delivery Day (Closing).

5.2　　Upon closing, the Seller shall prepare and provide the Buyer a written form indicating completion of the transaction ("Delivery Completion Day") for confirmation.

Section 6 (Removal of Encumbrances)

Before or at the time when the ownership transfers from the Seller to the Buyers, the Seller shall remove or cause to be removed any and all existing encumbrances that may hinder Buyer's complete ownership of the Property at Seller's expense. Such encumbrances

English translation for reference

include, without limitation, liens, mortgages, and other defects in title such as leasehold rights, any type of provisional registration, or other restrictions.

Section 7 (Registration of Title Transfer)

7.1　The Seller shall fulfill all obligations set out under Section 6 and all necessary procedures (and conditions) for registering the title transfer from the Seller to the Buyer upon Seller receiving the complete payment of the Purchase Price from the Buyer.

7.2　In respect of the title transfer from the Seller to Buyer set out in the preceding clause, the Buyer shall pay necessary cost of such registration, provided, however, the Seller shall pay all necessary costs or fees to correct any defects in the registration (such as the address and/or name of the Seller) prior to title transfer.

Section 8 (Force Majeure)

8.1　In the event that natural calamity, disaster or any other cause beyond the Seller's control renders destroys or demolishes the Property prior to the transfer of title from Seller to Buyer, or as a consequence of such event any Party is hindered from completing its obligations under this Agreement, the Seller and the Buyer are entitled to discharge this Agreement by a prior written notice. In the event the Property is not completely demolished and reasonably repairable, the Seller shall fix the Property and deliver it to the Buyer, at Seller's responsibility and expense.

8.2　In the event that this Agreement is discharged pursuant to 8.1 hereof, the Seller shall reimburse all amount paid by the Buyer without interest or delay.

Section 9 (Report of the Actual Status of the Premises)

The Seller shall explain all relevant details to the Buyer the actual status of the Premises when concluding this Agreement, by indicating such details in the form of "Confirmation Note of Inspection of the Property".

Section 10 (Payment Liability for Taxes and Public Dues)

10.1　Liability for all taxes and public dues including the fixed asset tax and city planning tax (in the year of sale) pertinent to the Property and other liabilities shall be divided into pre-sale and post sale periods by the Delivery Completion Day. The Seller shall be liable to pay the accrued taxes and dues payable and assessed during the term of the pre-sale period, and the Buyer shall be liable to pay the same for the day of title transfer onward. The starting date for the

English translation for reference

purposes of calculating taxes and public dues hereunder shall be January 1 in the year of sale.

10.2 Seller shall pay all outstanding tax and public dues (including real estate tax) at its own responsibility and expense before the delivery of the Property. Upon request by the Buyer, Seller will submit the proof of such payment on or before the delivery of the Property. In the event that there is any outstanding tax or public dues as at the closing date, then such outstanding amounts shall be deducted from the Purchase Price as set out in Section 1 of the Agreement.

Section 11 (Liability for Defects)

11.1 The Seller shall be responsible for all hidden defects not otherwise disclosed at the time of sale.

11.2 The liability referred to in the previous section 11.1 shall persist for a period of two years from the date of title transfer and shall include physical injury caused by any such defect,

11.3 If, because of the defect referred to in section 11.1, this Agreement is not fully consummated, the Buyer shall be entitled to terminate it within 2 years of the closing date.

11.4 While the Seller remains liable pursuant to this clause 11 for defects whether or not known to the Seller at the time of sale, the Seller shall have no liability for defects which are known to the Buyer at the time of sale.

Section 12 (Transfer of Movables)

Any contents of the Property to be included in the sale shall be set out in a separate form attached hereto called the "Contents included in the sale of the Property".

Section 13 (Voluntary Termination)

Prior to transfer of title from the Seller to the Buyer pursuant to the terms of this Agreement, either party shall be entitled to terminate this Agreement upon notice to the other Party. If the Buyer seeks to terminate this Agreement, the Seller shall be entitled to retain the Deposit in full and final satisfaction of the Buyer's remaining obligations under this Agreement. If the Seller seeks to terminate this Agreement, the Seller shall return the Deposit to the Buyer and also pay to the Buyer an additional amount equal to the Deposit in full and final satisfaction of the Seller's obligations under the Agreement.

English translation for reference

Section 14 (Termination for Breach of this Agreement and Damages)

14.1　In the event that either the Seller or the Buyer commits a material breach of this Agreement, the non-breaching Party shall be entitled, to provide a notice to the breaching Party providing details of the breach and, upon failure of the breaching party to remedy the breach, terminate this Agreement and claim damages (the amount of the Penalty as set out in (e) of the Title Chart) from the breaching Party. However, in no case shall a Party be entitled to claim any greater damages than as is set out in (e) of the Title Chart, notwithstanding that the actual damages incurred may be greater.

14.2　The payment of damages shall be as follows:

A) in cases in which termination is predicated on the default of the Seller, the Seller shall pay damages to the Buyer equal to the gross amount of the Penalty specified without interest; and

B) in cases in which the termination is predicated upon the Buyer's default, the Seller shall deduct the Penalty amount from the Deposit and reimburse to the Buyer any positive balance without interest or delay. Should the damages be in excess of such amounts paid by the Buyer, the Buyer shall promptly pay the deficient amount to the Seller.

Section 15 (Special Provision Related to the Financing)

15.1　In the event that the Buyer finances any portion of the Purchase Price the Buyer should proceed to complete all necessary documentation in connection with such financing promptly upon the execution of this Agreement.

15.2　In the event that the Buyer in unable to obtain financing of all or any portion of the Purchase Price, the Buyer shall be entitled to terminate this Agreement with no further liability to Seller provided that it notifies the Seller by the date set out in 2.(D) Purchase Price and Payment Conditions.

15.3　In the event that the Buyer terminates this Agreement pursuant to this Section 15, the Seller shall promptly return the Buyer's deposit.

Section 16 (Stamp Duty)

Each of the Seller and the Buyer agree to equally share the stamp duty to be posted on the original Agreement.

Section 17 (Governing Law and Interpretation)

English translation for reference

17.1 This Agreement shall be governed by and interpreted in accordance with the laws of Japan. The court have jurisdiction over the area the Property is located shall have exclusive jurisdiction in respect of any disputes arising out of this Agreement.

Section 18 (Execution Copies)

The Seller and Buyer hereby agree to each execute one original version of this Agreement. The Buyer will retain the original copy and Seller will retain the photocopied version thereof.

[Date]

[Signature Column]

3章 財産処分・管理関係

第6節 住宅賃貸借契約書

〈例70 住宅賃貸借契約書〉

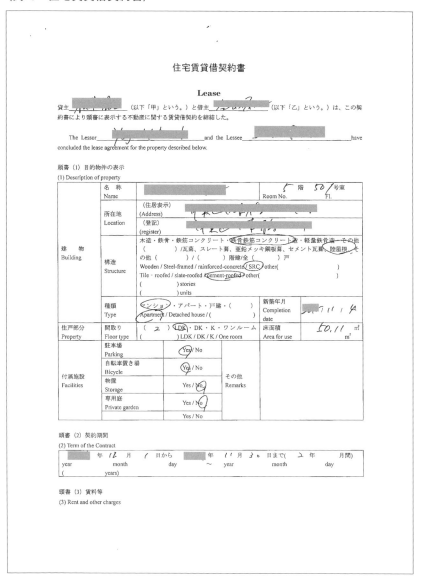

第6節　住宅賃貸借契約書

月　額 Monthly payment						
賃　料 Rent	150,000	円 yen	共益費 Common area charge	30,000	円 yen	火災保険料 Household insurance	20,000	円 yen
		yen			yen			yen

一時払い Lump sum payment						
敷　金 Deposit	100,000 (賃料 2 カ月) quivalent to ( ) month's rent	円 yen		equivalent to ( ) month's rent	yen			yen
備　考 Remarks							

貸与する鍵 Keys					
鍵 No. Key No.		鍵 No. Key No.		鍵 No. Key No.	
本　数 Number	2	本　数 Number	3	本　数 Number	

支払期限 Due date	
賃料等の支払い時期：翌月分を前月 Rent for next month to be paid by the (Last) day of every month.	

賃料等の支払い方法 Payment method	
□ 振込 Bank transfer	振込先： to:
□ 持参 Brought in person	持参先： to:
□ 口座引落 Direct debit	委託会社名： Company Name:

頭書（4）借主、緊急連絡先及び入居者
(4) Emergency contact of Lessee and residents

借主氏名 Lessee				
緊急連絡先 Emergency contact	（自　宅） (Home)	電話：(Phone. (	)) -	
	（勤め先） (Office)	電話：(Phone. (	)) -	会社名 Company name	
	（携　帯） (Cellphone)	電話：(Phone. (	)) -	

3章　財産処分・管理関係

380

第6節　住宅賃貸借契約書

本契約の締結を称するため、本契約書を2通作成し、貸主及び借主が記名押印の上、各自1通を保有する。
This Lease Agreement is made and entered into by and between the Lessor_____, and the Lessee_____, in witness of this Contract, the parties hereto have caused the Contract to be executed in duplicate, signed and sealed, each retaining one (1) copy thereof respectively.

日付
Date:

甲・貸主 Lessor	氏名 Name			Seal
	住所 Address			
	電話 Phone.	(	)	-

乙・借主 Lessee	氏名 Name			Seal
	住所 Address			
	電話 Phone.	(	)	

連帯保証人 Joint and several guarantor	氏名 Name			Seal
	住所 Address			
	電話 Phone.	(	)	

保証機関 Joint and several guarantor	氏名 Name			㊞ Seal
	住所 Address			
	電話 Phone.	(	)	

宅地建物取引業者 Guarantee Agency		

宅地建物取引業者 Real estate agency A	商号又は名称 Business name	
	代表者の氏名 Name of representative	
	事務所所在地 Location	

3編　各種書式例

3章　財産処分・管理関係

	免許番号 License No.	
	免許年月日 License date	
宅地建物取引士 Real estate transaction specialist	氏名 Name	㊞　　　　Seal
	登録番号 Registration No.	
	業務に従事する事務所名 Location of office	
	電話 Phone.	(　　　) (　　　　)　-

	商号又は名称 Business name	
	代表者の氏名 Name of representative	
宅地建物取引業者 Real estate agency B	主たる事務所所在地 Location	
	免許番号 License No.	
	免許年月日 License date	
宅地建物取引士 Real estate transaction specialist	氏名 Name	㊞　　　　Seal
	免許番号 Registration No.	
	業務に従事する事務所名 Location of office	
	電話 Phone.	(　　　) (　　　　)　-

382

契約条項

Contract provisions

第一条（契約の締結）

Article 1. (Conclusion of the Contract)

貸主（以下「甲」という。）及び借主（以下「乙」という。）は、頭書（1）に記載する目的物件（以下「本物件」という。）について、住居のみを目的とする賃貸借契約（以下「本契約」という。）を以下のとおり締結した。
The Lessor and the Lessee have concluded the housing contract (hereinafter referred to as the "Contract") for the premises specified in (1) above (hereinafter referred to as the "Property").

第 2 条（契約期間）

Article 2. (Term of the Contract)

契約期間及び本物件の引き渡し時期は、頭書（2）に記載のとおりとする。
1. The term of the Contract is specified in (2) above.
2. 甲及び乙は、協議のうえ、本契約を更新することができる。
2. The Lessor and the lessee may renew the Contract after the mutual consultation.

第 3 条（賃料）

Article 3. (Rents)

乙は、頭書（3）の記載に従い、賃料を公に支払わなければならない。
1. The Lessee shall pay rent to the Lessor in accordance with (3) above.
2. 甲及び乙は、次の各号の一に該当する場合には協議の上、賃料を改定することができる
2. The Lessor and the Lessee may revise the rent after the mutual consultation, if any of the following events occurs.
  一 土地または建物に対する租税その他の負担の増減により、賃料が不相当となった場合。
  a) If any increased or decreased tax or public charge on the land or building makes the rent inappropriate;
  二 土地または建物の価格の上昇または低下やその他の負担の増減により、賃料が不相当となった場合
  b) If any increased or decreased land or building price, or any other fluctuated economic circumstance makes the rent inappropriate; or
  三 近傍類維持の建物の賃料の変動が生じ、賃料が不相当となった場合。
  c) If there are changes of rents for similar buildings in the vicinity, making the rent inappropriate.
3. 1ヶ月に満たない期間の賃料は、一カ月を 30 日として日割り計算した額とする。
3. The rent for a period less than one (1) month shall be calculated on the prorated daily basis with one (1) month considered to be thirty (30) days.

第 4 条（共益費）

Article 4. (Common Area Charges)

乙は、階段、廊下等の共用部分の維持管理に必要な光熱費、上下水道使用料、清掃費等（以下「維持管理費」という。）に充てるため、共益費を頭書（3）の記載に従い甲に支払うものとする。
1. The Lessee shall pay the common area charges specified in (3) above which are applied for the electricity and gas expenses, the water and sewage expenses, the cleaning expenses and the like required for the maintenance of the common areas such as

3章 財産処分・管理関係

staircases and hallways (hereinafter referred to as the "Maintenance Expenses").

2. 甲及び乙は、維持管理費の増減により共益費が不相当となったときは、協議のうえ、共益火を改定することができる。
2. The Lessor and the Lessee may revise the common area charge after the mutual consultation if any increase or decrease in the Maintenance Expenses makes the common area charge inappropriate.
3. 1ヶ月に満たない期間の共益費は、1ヶ月を30日として日割り計續した額とする。
3. The Maintenance Expenses for a period less than one (1) month shall be calculated on the prorated daily basis with one (1) month considered to be thirty (30) days.

第5条 (負担の帰属)

Article 5. (Allocation of Burdens)

甲は、本物件に係る公租公課を負担するものとする。
1. The Lessor shall bear the taxes and public charges imposed on the Property.
2. 乙は、電気・ガス・水道・その他専用設備に係る使用料金を負担するものとする。
2. The Lessee shall bear the charges for electricity, gas, water, telephone, etc.

第6条 (敷金)

Article 6. (Security Deposits)

乙は、本契約から生じる債務の担保として、頭書 (3) に記載する資金を甲に預け入れるものとする。
1. The Lessee shall deposit with the Lessor the amount specified in (3) as security for any obligation arising from the Contract.
2. 乙は、本物件を明け渡すまでの間、敷金をもって賃料、共益費その他の債務と相殺をすることができない。
2. The Lessee shall not offset its Rent or any other obligation by the security deposit until the evacuation of the Property.
3. 賃料が増額された場合、乙は、頭書 (3) に記載する月数担当分の新家賃料額と旧賃料額の差額を敷金に補填するものとする。
3. Should the Rent be increased, the Lessee shall pay an additional amount as is necessary to ensure that the deposit is equal to (   ) times of the revised monthly rent, specified in (3) above.
4. 甲は、明け渡しまでに生じた乙の本契約から生じる乙の一切の債務を敷金から控除しなお残額がある場合には、本物件の明け渡し後、遅滞なく、その残額を無利子で乙に返還しなければならない。
4. The Lessor shall return the balance of security deposit to the Lessee without delay when the evacuation of the Property has been completed and all the obligations of the Lessee have been paid in full.
5. 前項の規定により乙の債務額を差し引くときは、甲は、敷金の返還とあわせて債務の額の内訳を明示しなければならない。
5. In the above case, the Lessor shall specify a breakdown of the amount of liabilities deducted from the deposit.

第7条 (禁止または制限される行為)

Article 7. (Prohibited and Limited Activities)

乙は、甲の書面による承諾を得ることなく、本物件全部または一部につき、賃借権を譲渡し、または転貸してはならない。
1. The Lessee shall not assign or sublease its lease of the Property in all or in part without the written consent of the Lessor.

2. 乙は甲の書面による承諾を得ることなく、本物件の増築、改築、移動、改造もしくは模様替または本物件の敷地内における工作物の設置を行ってはならない。
2. The Lessee shall not add onto, alter, move, remodel, or redecorate the Property, or install any work on its premises without the written consent of the Lessor.

3. 乙は、本物件の使用にあたり、次の各号に掲げる行為を行ってはならない。
3. The Lessee shall not engage in any of the acts listed below in using the Property.
一 鉄砲、刀剣類または爆発性、発火性を有する危険な物品等を製造または保管すること。
a) To manufacture or keep any firearm, sword or the like, or any dangerous objects with explosive or flammable property;
二 大型の金庫そのほかの重量の大きな物品等を搬入し又はそなえつけること。
b) To carry in and install a heavy weighted safe or any other heavy objects or the like;
三 排水管を腐食させる恐れのある液体を流すこと。
c) To drain any liquid that might corrode the drainpipe or any other things that might cause any trouble;
四 大音量でテレビ、ステレオ、カラオケ等の操作、ピアノ等の演奏を行うこと。
d) To play television, stereo, piano, etc. at high volume;
五 猛獣、毒蛇等の明らかに近隣に迷惑をかける動物を飼育すること。
e) To keep animals that might clearly cause public nuisance to neighbors, such as fierce animals and poisonous snakes.
4. 乙は、本物件の使用にあたり、甲の書面による承諾を得ることなく、次の各号に掲げる行為を行ってはならない。
4. The Lessee shall not engage in any of the acts listed below in using the Property without the written consent of the Lessor.
一 犬、猫その他小動物等ペットの飼育。
a) To keep dogs, cats, and other small animals;
二 階段・廊下等共用部分への物品の設置。
b) To install any objects in any common use space such as staircase or hallway;
三 階段・廊下等共用部分への看板・ポスター類の広告物の掲示。
c) To put up any advertisement such as signboards, posters or the like in the common use space such as staircase or hallway.

第8条（乙の管理債務）

Article 8. (Obligation of the Lessee to manage)

乙は、本物件を善良なる管理者を注意をもって使用する義務を負う。
1. The Lessee shall occupy and use the Property with the standard of care appropriate to a bona fide administrator (Zenryo naru Kanri-sya).
2. 乙は、特に本物件の火災発生防止に留意するものとする。
2. The Lessee shall maintain security of the Property by preventing fire.
3. 乙は、管理規約・仕様細則等を遵守するとともに、甲が本物件管理上必要な事項を乙に通知した場合、その事項を遵守しなければならない。
3. The Lessee shall observe the Management Rules, the Detailed Regulations for Usage and any other items necessary for the management of the Property informed by the Lessor.
4. 契約締結と同時に甲は、乙あて入居に必要な本物件の鍵を貸与する。乙は、これらの鍵を善良なる管理者の周囲をもって保管かつ使用しなければならない。万一紛失または破損したときは、乙は、直ちに甲に連絡のうえ、甲が新たに設置した鍵の交付を受けるものとする。ただし、新たな鍵の設置費用は乙の負担とする。
4. Concurrently with the execution of the Contract, the Lessor shall lend the keys to the Property to the Lessee. The Lessee shall keep and use the keys with the standard of care appropriate to a bona fide administrator (Zenryo naru Kanri-sya). In case that the keys should be lost or damaged, the Lessee shall immediately notify the Lessor and receive the exchange; provided that the Lessee shall bear the expenses for such exchange.
5. 乙は、鍵の追加設置、交換、複製を甲の承諾なく行ってはならない。
5. The Lessee shall not make any additional key, replace any key, or exchange any key without the consent of the Lessor.

第9条（契約期間中の修繕）

Article 9. (Repairs during the Term of the Contract)

甲は、本項第一号から第四号に掲げる修繕を除き、乙が本物件を使用するために必要な修繕を行わなければならない。この場合において、乙の故意または過失により必要となった修繕に要する費用は、乙が負担しなければならない。

1. The Lessor shall make repairs necessary for the Lessee to use the Property, except for the repairs listed below. In such case, the Lessee shall bear the expenses for any repairs required due to willful act or negligence of the Lessee.

　一　畳の取り換え、裏返し。
　　a) To replace tatami mats;
　二　障子紙の張替え、ふすま紙の張替え。
　　b) To repaper husuma doors and shoji screens;
　三　電球、蛍光灯、ヒューズ、LED照明の取り換え。
　　c) To repair any damage or breakage of light bulbs, fluorescent lights or fuses;
　四　その他費用が軽微な修繕。
　　d) To make other repairs with minor cost.

2. 前項の規定に基づき甲が修繕を行う場合は、甲は、あらかじめ、その旨を乙に通知しなければならない。この場合において、おつは、正当な理由がある場合を除き、当該修繕の実施を拒否することができない。
2. If the Lessor makes repairs in the preceding paragraph, the Lessor shall inform the Lessee of such. In this case, the Lessee shall not reject the repairs without cause.

3. 乙は、甲の承諾を得ることなく、第1項第一号から第五号に掲げる修繕を自らの負担において行うことができる。
3. The Lessee may make the repairs at their own cost without the consent of the Lessor.

4. 本物件内に破損箇所が生じたとき、乙は、甲に速やかに届け出て確認を得るものとし、その届出が遅れて甲に損害が生じたときは乙は、これを賠償する。
4. If any part of the Property is damaged and the Lessee becomes aware of it, the Lessee shall promptly give a notice to the Lessor. If any delay in giving a notice causes any damage to the Lessor, the Lessee shall compensate for the damage.

第10条（契約の解除）

Article 10. (Cancellation of the Contract)

甲は、乙が次に掲げる義務に違反した場合において、甲が相当の期間を定めて当該義務の履行を催告したにもかかわらず、その期間内に当該義務が履行されないときは本契約を解除することができる。

1. If the Lessee violates any of the obligations listed below and, despite the Lessor's due notice, does not perform such obligations, the Lessor may cancel the Contract.

　一　乙が賃料又は共益費の支払いを2ヶ月以上怠ったとき。
　　a) To pay the Rent or the Maintenance Expenses for two(2) months or more; or
　二　乙の故意又は過失により必要となった修繕に要する費用の負担を怠ったとき。
　　b) To pay any expenses required for any repairs due to willful act or negligence.

2. 甲は、乙が次に掲げる義務に違反した場合において、当該義務違反により本契約を継続することが困難であると認められるに至ったときは、本契約を解除することができる。
2. If any of the events listed below occurs to the Lessee and the Lessor recognizes the continuation of the Contract to be difficult due to the violation of any relevant obligation, the Lessor may cancel the Contract.

　一　本物件を居住の用以外に使用したとき。
　　a) To use the Property for any purpose other than residence;
　二　第8条（第3項第七号から第九号を除く）のいずれかの規定に違反したとき。
　　b) To violate any of the provisions in the Article 7 hereof;
　三　入居時に、乙又は連帯保証人について告げた事実に重大な虚偽があったことが判明したとき。
　　c) The application form for the lease to be proved to have contained any material untruth in its description; and
　四　その他乙が本契約の各条項に違反したとき。
　　d) To violate any other provision in the Contract.

第11条（乙からの解約）

Article 11. (Termination by the Lessee)

乙は、甲に対して30日前までに解約の申入れを行うことにより、本契約を終了することができる。

1. The Lessee may terminate the Contract by making a notice to terminate the Contract to the Lessor not later than thirty (30) days prior to such a termination.

2 前項の規定にかかわらず、乙は解約申入れの日から30日分の賃料又は賃料相当額を甲に支払うことにより、解約申入れの日から起算して30日を経過する日までの間、随時に本契約を終了することができる。

2. Regardless of the preceding paragraph, the Lessee may, by paying to the Lessor the Rent for thirty (30) days from the date on which such an offer is made, terminate the Contract at any time during the period of thirty (30) days from the day of the notice.

第12条（明渡し）

Article 12. (Evacuation and Repairs at the time of Evacuation)

乙は、明渡し日を10日前までに甲に通知の上、本契約が終了する日までに本物件を明け渡さなければならない。

1. The Lessee shall evacuate the Property by the day when the Contract is terminated. The Lessee shall notify the date of the evacuation not later than ten (10) days prior to the evacuation.

2 乙は、第11条の規定に基づき本契約が解除された場合にあっては、直ちに本物件を明け渡さなければならない。

2. The Lessee shall evacuate the Property immediately if the Contract is terminated in accordance with the provisions of the Article 10.

3 乙は、明渡しの際、貸与を受けた本物件の鍵を甲に返還し、複製した鍵は甲に引き渡さなければならない。

3. The Lessee shall return the keys (including all the reproduced keys, if any) to the Lessor at the time of the evacuation.

4 本契約終了時に本物件等内に残置された乙の所有物があり、本物件を維持管理するために、緊急やむを得ない事情がある時は、乙がその時点でこれを放棄したものとみなし、甲はこれを必要な範囲で任意に処分し、その処分に要した費用を乙に請求することができる。

4. The Lessee shall, for evacuation, dispose of any and all remaining objects. If there are any objects left by the Lessee in the Property after termination of the Contract, the objects shall be deemed to be abandoned by the Lessee and may be disposed by the Lessor voluntarily. The Lessor may charge the cost required for such disposal to the Lessee.

5 本物件の明渡し時において、乙は、通常の使用に伴い生じた本物件の損耗を除き、本物件を原状回復しなければならない。

5. At the time of the evacuation, the Lessee shall restore the Property to its original condition except for normal wear and tear.

6 甲及び乙は、本契約時において、本契約に係る明渡時の原状回復の条件については別表の記載によることを確認した。

6. The Lessor and the Lessee shall discuss the details of repairs by the Lessee in accordance with the preceding paragraph.

7 乙が明渡しを遅延したときは、乙は、甲に対して、賃貸借契約が解除された日又は消滅した日の翌日から明渡し完了の日までの間の賃料の倍額に相当する損害金を支払わなければならない。

7. If the Lessee delays in its evacuation of the Property, it shall pay to the Lessor the damages twice as much as the Rent, from the next day of the day on which the Contract is canceled or terminated to the day on which the evacuation has been completed.

第13条（立ち入り）

Article 13. (Entry)

甲は、本物件の防火、本物件の構造の保全その他の本物件の管理上特に必要があるときは、あらかじめ乙の承諾を得て、本物件に立ち入ることができる。

1. The Lessor may enter the Property with the prior consent of the Lessee if it is specially required for the fire prevention, structural safety or any other management of the Property.

3章　財産処分・管理関係

2　乙は、正当な理由がある場合を除き、前項の規定に基づく甲の立入りを拒否することはできない。
2. The Lessee, without cause, shall not reject such entry by the Lessor in accordance with the preceding paragraph.
3　本契約終了後において本物件を賃借しようとする者又は本物件を譲り受けようとする者が本物件の確認をするときは、甲及び物件の確認をする者は、あらかじめ乙の承諾を得て、本物件内に立ち入ることができる。
3. When prospective lessees who either wish to rent or will buy the Property after termination of the Contract come to check the Property, both the Lessor and the prospective lessees may enter the Property with the prior consent of the Lessee.
4　甲は、火災による延焼を防止する必要がある場合その他の緊急の必要がある場合においては、あらかじめ乙の承諾を得ることなく、本物件内に立ち入ることができる。この場合において、甲は、乙の承諾を得ずに立ち入ったときは、その旨を乙に通知しなければならない。
4. The Lessor may enter the Property without any prior consent of the Lessee if it is required to prevent fire or if it is in an emergency. In such a case, if the Lessor enters the Property without any prior consent of the Lessee, the Lessor shall inform the Lessee of such.

第14条（甲の通知義務）

Article 14. (Obligation of the Lessor to Inform)

甲は次の各号の一に該当するときは直ちにその旨を書面によって乙に通知しなければならない。
1. If any of the events listed below occurs, the Lessor shall promptly inform the Lessee of such in writing.
　一　賃料等支払方法の変更。
　　a) In case of any change in methods of payment;
　二　頭書（5）に記載した管理業者の変更。
　　b) In case of any change of the management company specified in (5) above.

第15条（乙の通知義務）

Article 15. (Obligation of the Lessee to Inform)

乙又は連帯保証人は、各号の一に該当するときは、直ちにその旨を書面によって甲に通知しなければならない。
1. If any of the events listed below occurs, the Lessee or the guarantor shall promptly inform the Lessor of such in writing.
　一　1ヶ月以上の不在又は現に不在であること。
　　a) In case of any absence of one (1) month or longer;
　二　頭書（4）に記載する入居者（出生を除く。）を追加すること。
　　b) In case of any increase in the number of the residents specified in (4) above except the childbirth;
　三　連帯保証人の住所・氏名・緊急の連絡先・その他の変更。
　　c) In case of any change of the address, name, emergency contact or others of any of the joint and several guarantors;
　四　連帯保証人の死亡又は解散。
　　d) In case of the death or dissolution of any of the joint and several guarantors.

第16条（延滞損害金）

Article 16. (Default Interest)

乙は、本契約より乗じる金銭債務の支払い延滞したときは、年（365日当たり）　　　　　％の割合による延滞損害金を支払うものとする。
1. If the Lessee delays its payment of any monetary obligation arising from the Contract, the Lessee shall pay default interest at a rate of ＿＿＿＿＿＿ % per annum (365 days).

第17条（連帯保証人）

Article 17. (Joint and Several Guarantors)

連帯保証人は、乙と連帯して、本契約から生じる乙の債務を負担するものとする。

1. Any joint and several guarantor shall bear any and all obligations of the Lessee arising from the Contract jointly and severally with the Lessee.

第18条（免責）

Article 18. (Exemption)

地震、火災、風水害等の災害、盗難等その他不可抗力と認められる事故（前条の場合を含む）、又は、甲若しくは乙の責によらない電気、ガス、給排水等の設備の故障によって生じた甲又は乙の損害について、甲又は乙は互いにその責を負わないものとする。

1. Neither the Lessor nor the Lessee shall be held liable to each other for any damage incurred by the Lessor or the Lessee due to any disaster such as earthquake, fire, wind or flood, theft or the like, any other event recognized as force majeure, any trouble of electric, gas, water supply, sewerage and other facilities not attributable either to the Lessor or to the Lessee.

第19条（協議）

Article 19. (Consultation)

甲及び乙は、本契約書に定めがない事項及び本契約書の条項の解釈について疑義が生じた場合は民法その他の法令及び慣行に従い、誠意をもって協議し、解決するものとする。

1. Any item not provided for in the Contract or any item which causes any doubt in terms of the interpretation of any provision of the Contract shall be settled by the parties hereto after due consultation in good faith, in accordance with the Civil Code, any other statutes and the common practice.

第20条（合意管轄裁判所）

Article 20. (Competent Court)

本契約に起因する紛争に関し、訴訟を提起する必要が生じたときは、本物件の所在地を管轄する地方（簡易）裁判所を第一審管轄裁判所とする。

1. Should any dispute arise in connection with the Contract, it shall be resolved with the court that has jurisdiction over the location of the Property.

第21条（更新に関する事項及び特約事項）

Article 21. (Renewal and Special Stipulation)

前条までの規定以外に、更新に関する事項及び特約事項については、頭書（6）に記載するとおりとする。

1. The renewal and special stipulation specified above shall apply.

著 者 紹 介

石 田 佳 治（いしだ　よしはる）

学　　歴：1956年　神戸大学法学部卒業
　　　　　1979年　ワシントン州立大学ロースクール　サマーセッション
　　　　　1989年　ウィスコンシン州立大学ロースクール　サマープログラム
　　　　　1995年　サンタクララ大学ロースクール　サマープログラム

職　　歴：1956年-1976年　蝶理株式会社（主として法務・審査部門を担当，東京，大阪，ニューヨークに勤務）
　　　　　1976年-1993年　日本ロシュ株式会社（法務部長）
　　　　　1993年-1996年　ジボダン・ルール株式会社（常勤監査役）
　　　　　1997年-現在　　株式会社バベル　監査役
　　　　　2000年-現在　　バベル翻訳大学院プロフェッサー・ディーン（インターナショナルパラリーガル法律翻訳専攻）

関係団体：（一社）日本翻訳協会（1990年より理事）
　　　　　経営法友会（1977年-1985年　幹事）
　　　　　国際企業法務協会（1985年-1995年　理事）
　　　　　著作権法学会
　　　　　日本通訳翻訳学会

主要著書：『リーガルドラフティング完全マニュアル』（バベル・インターナショナル）
　　　　　『欧米ビジネスロー最前線』（民事法研究会，1991）
　　　　　『シネマdeロー』（東京リーガルマインド，1997）
　　　　　『訴訟の国のJACK&BETTY』（共著，東京リーガルマインド，1992）

著者紹介

山 北 英 仁（やまきた　ひでひと）

司法書士・簡裁代理業務認定司法書士
行政書士・入国管理局申請取次行政書士

学　　歴：1970年　中央大学法学部法律学科　卒業

職　　歴：1987年　　　　池袋国際司法行政書士事務所開設
　　　　　1995年‐1997年　東京司法書士会理事
　　　　　1999年　　　　４事務所と共に合同事務所リス・インターナショナルへ新設合併
　　　　　2000年～　　　日本司法書士政治連盟　副会長
　　　　　2007年‐2009年　日本司法書士会連合会　理事
　　　　　2009年　　　　合同事務所ジュリスター・インターナショナル新設

関係団体：NPO法人渉外司法書士協会　会長
　　　　　日本司法書士政治連盟　副会長
　　　　　（一社）民事信託推進センター　専務理事・事務局
　　　　　（一社）国際行政書士協会　副会長

主要著書：『渉外不動産登記の法律と実務２』（日本加除出版，2018）
　　　　　『渉外不動産取引に関する法律と税金』（共著，日本加除出版，2016）
　　　　　『渉外不動産登記の法律と実務』（日本加除出版，2014）
　　　　　『不動産取引とリスクマネージメント』「第３章　物件調査，重要事項説明，契約書」（共著，日本加除出版，2012）など。

渉外相続・不動産登記・会社取引等で役に立つ
英文の法律・法的文書作成に関する実践と書式
―宣誓供述書・証明書・通知書・届出書・許可書・誓約書・保証書・捺印証書・売渡証書・売買契約書・贈与書・委任状・遺言書・遺産分割協議書・株主総会議事録・信託証書等における英文・日本文の作成・翻訳―

平成30年12月14日　初版発行

著　者　　石　田　佳　治
　　　　　山　北　英　仁

発行者　　和　田　　　裕

発行所　　日本加除出版株式会社

本　　社　　郵便番号 171-8516
　　　　　　東京都豊島区南長崎3丁目16番6号
　　　　　　ＴＥＬ （03）3953-5757（代表）
　　　　　　　　　 （03）3952-5759（編集）
　　　　　　ＦＡＸ （03）3953-5772
　　　　　　ＵＲＬ www.kajo.co.jp

営業部　　　郵便番号 171-8516
　　　　　　東京都豊島区南長崎3丁目16番6号
　　　　　　ＴＥＬ （03）3953-5642
　　　　　　ＦＡＸ （03）3953-2061

組版・印刷　㈱郁文　／　製本　㈱川島製本所

落丁本・乱丁本は本社でお取替えいたします。
★定価はカバー等に表示してあります。
Ⓒ K. Ishida, H. Yamakita 2018
Printed in Japan
ISBN978-4-8178-4533-7

```
┌─────────────────────────────────────────┐
│ JCOPY  〈出版者著作権管理機構 委託出版物〉      │
│                                              │
│ 本書を無断で複写複製（電子化を含む）することは、著作権法上の例外を除 │
│ き、禁じられています。複写される場合は、そのつど事前に出版者著作権管理 │
│ 機構（JCOPY）の許諾を得てください。                              │
│ 　また本書を代行業者等の第三者に依頼してスキャンやデジタル化することは、 │
│ たとえ個人や家庭内での利用であっても一切認められておりません。     │
│                                              │
│ 　〈JCOPY〉 ＨＰ：https://www.jcopy.or.jp, e-mail：info@jcopy.or.jp │
│ 　　　　　電話：03-5244-5088, FAX：03-5244-5089              │
└─────────────────────────────────────────┘
```

渉外不動産登記の法律と実務
相続、売買、準拠法に関する実例解説

山北英仁 著
2014年5月刊 A5判 564頁 本体5,000円+税 978-4-8178-4161-2

- ●渉外事案を類型、国籍別に分類し、実務上の判断を盛り込んだ書。
- ●韓国、中国、台湾、タイ、ベトナム等について、難解とされる、「当事者の国籍により適用されるべき外国法の調査」「当事者の身分、権利関係の証明」などを、著者自身の実例を交えながら解説。

商品番号：40551
略　　号：渉不

渉外不動産登記の法律と実務2
相続、売買、準拠法に関する実例解説

山北英仁 著
2018年11月刊 A5判 420頁 本体3,900円+税 978-4-8178-4525-2

- ●渉外事案の難しさとされる「当事者の国籍により適用されるべき外国法の調査」「当事者の身分、権利関係の証明」等を解説。アメリカ（カリフォルニア、ハワイ、フロリダ等8州）の他、パキスタン、マレーシア、ラオスについて、実務の流れ・留意点がイメージできるよう事例で解説。

商品番号：40746
略　　号：渉不2

渉外不動産取引に関する法律と税金
購入・賃貸借・売却・相続・登記・所得税・法人税・相続税・租税条約

山北英仁・清水和友 著
2016年12月刊 A5判 504頁 本体4,300円+税 978-4-8178-4352-4

- ●外国人・外国会社による日本の不動産の購入・賃貸借・売却から保有不動産所有者の相続発生に伴う諸手続を解説。
- ●関連する法律知識や、契約、登記、税務に関する実務までを網羅。
- ●多数の登記添付情報を収録した事例や参考となる書式例・契約書例も収録。

商品番号：40652
略　　号：渉税

契約書が楽に読めるようになる
英文契約書の基本表現
Encyclopedia of Key Words and Expressions in English Contracts

牧野和夫 著
2014年12月刊 A5判 244頁 本体2,400円+税 978-4-8178-4201-5

- ●英文契約書を理解するために必要な表現や用語を精選。
- ●基本表現を対訳・語注つきのシンプルな例文を使って解説。「契約書の英語」を体得できる。
- ●一般条項も同時にマスターできる構成。

商品番号：40573
略　　号：英基

日本加除出版

〒171-8516　東京都豊島区南長崎3丁目16番6号
TEL（03）3953-5642　FAX（03）3953-2061（営業部）
www.kajo.co.jp